2017

宁夏社会蓝皮书

BLUE BOOK OF NINGXIA'S SOCIETY

宁夏社会科学院蓝皮书系列
丛书主编 张 廉

2017
宁夏社会蓝皮书
BLUE BOOK OF NINGXIA'S SOCIETY

主 编
段庆林 李保平

黄河出版传媒集团
宁 夏 人 民 出 版 社

图书在版编目(CIP)数据

2017宁夏社会蓝皮书 / 段庆林，李保平主编. —银川：宁夏人民出版社，2016.12

（宁夏社会科学院蓝皮书系列 / 张廉主编）
ISBN 978-7-227-06596-8

Ⅰ. ①2… Ⅱ. ①段… ②李… Ⅲ. ①社会发展—白皮书—宁夏—2017 Ⅳ. ①D674.3

中国版本图书馆CIP数据核字(2016)第326433号

宁夏社会科学院蓝皮书系列 张　廉　主编
2017宁夏社会蓝皮书 段庆林　李保平　主编

责任编辑　陈　浪
封面设计　张　宁
责任印制　肖　艳

黄河出版传媒集团
宁夏人民出版社　出版发行

出 版 人　王杨宝
地　　址　宁夏银川市北京东路139号出版大厦(750001)
网　　址　http://www.nxpph.com　http://www.yrpubm.com
网上书店　http://shop126547358.taobao.com　http://www.hh-book.com
电子信箱　nxrmcbs@126.com　renminshe@yrpubm.com
邮购电话　0951-5019391　5052104
经　　销　全国新华书店
印刷装订　宁夏精捷彩色印务有限公司
印刷委托书号　(宁)0003910

开本　720 mm×980 mm　1/16
印张　17.25　字数　260千字
版次　2016年12月第1版
印次　2016年12月第1次印刷
书号　ISBN 978-7-227-06596-8
定价　40.00元

目　录

总　报　告

领　域　篇

专　题　篇

调　研　篇

总报告

ZONGBAOGAO

2016—2017年宁夏社会形势分析总报告

陈通明　吴灵捷　朱庆武　杨永芳

2016年以来，面对错综复杂的区内外发展环境，宁夏回族自治区全面落实习近平总书记来宁视察重要讲话和李克强总理指示要求，坚持五大发展理念，主动把握和引领经济发展新常态，在统筹推进供给侧结构性改革的同时，全面做好稳增长、促改革、调结构、惠民生、防风险各项工作，全区经济运行呈现稳中有升、持续向好的态势，各项社会事业健康发展，城乡面貌不断改观，人民生活持续改善，社会运行正常稳定，总体态势向好。

一、2016年宁夏社会发展基本态势

（一）全面实施精准扶贫，脱贫攻坚工作扎实推进

2016年是落实自治区提出“三年集中攻坚，两年巩固提高，力争提前脱贫”目标的第一年。习近平总书记、李克强总理在宁夏视察工作期间，先后到贫困村、贫困户家中看望贫困群众，对宁夏的扶贫开发工作给予了充分肯定。

1.脱贫攻坚责任进一步压实。2016年初，自治区党委、政府召开全区

作者简介　陈通明，宁夏社会科学院研究员，宁夏社会学会会长；吴灵捷，宁夏回族自治区党委政策研究室社会发展处处长；朱庆武，宁夏统计局社会科技和文化产业处副处长，高级统计师；杨永芳，宁夏社会科学院社会学法学研究所副所长，副研究员。

脱贫攻坚誓师大会，建立了区市县领导干部承包联系机制。省级领导干部带头以身作则，区直各联系帮扶单位尽心尽责，联系帮扶成效明显。自治区人大常委会通过了《宁夏回族自治区农村扶贫开发条例》，并于5月1日起施行。各市、县（区）党政一把手切实履行扶贫开发第一责任人职责，结合实际情况，创新工作举措，科学谋划精准扶贫，层层签订了责任书，层层压实了责任。

2.“十三项扶贫行动计划”稳步推进。自治区各厅局、行业部门切实担负起精准扶贫、精准脱贫责任，在村级道路、安全饮水、农村电力、危房改造等领域，加大项目资金支持力度。安排部署并启动“十三五”期间“十三项扶贫行动计划”(包括金融脱贫行动计划、能力提升脱贫行动计划、交通脱贫行动计划等十三项)，已取得初步成效。中南部地区城乡饮水安全工程建成通水，解决了44个乡镇603个行政村113.53万人饮水问题；2016年实现所有县城通高速公路，制约区域性贫困的瓶颈得到缓解。截至9月底，行业部门在交通、水利、美丽乡村建设、危房改造等领域已完成投资150亿元。

3.“五个一批脱贫路径”扎实推进。在精准识别的基础上精准施策，各市、县（区）积极探索创新，创造了一些新的经验。通过发展生产脱贫一批、易地扶贫搬迁脱贫一批、生态补偿脱贫一批、发展教育脱贫一批、社会保障兜底脱贫一批，扶贫开发取得了积极成效，全年脱贫19.3万人。

4.闽宁协作、金融扶贫走在全国前列。闽宁协作扶贫帮扶、持续带动的长效机制进一步健全。闽宁扶贫协作第20次联席会议成功召开，在坚持“联席推进，结对帮扶，产业带动，互学互助，社会参与”的五项机制基础上，会议签订了16个部门合作协议和55个经贸合作项目，涉及装备制造、能源化工、新材料、农业及食品加工、产业园区建设、现代服务业等领域，计划投资总额272亿元。金融扶持“造血”机制进一步完善。2016年1—9月份，各金融机构向重点贫困县和生态移民安置区27.12万农户累计发放贷款149.44亿元，其中为6.78万建档立卡贫困户发放扶贫小额信用贷款27.2亿元，同比增长85.4%。自治区在全国率先为建档立卡贫困户量身打造了“脱贫保”，已投保11万户39.3万人。

（二）抓好基本公共服务，民生保障工程成效明显

习近平总书记来宁视察时指出，“在当前经济下行压力加大、社会矛盾问题增多的情况下，尤其要履行好保基本、保底线、保民生的兜底责任”。一年来，全区基本公共服务、民生保障工作重点做了以下几个方面的工作。

1.优先发展教育，推进教育现代化。2016年，自治区紧紧围绕提高教育质量这个核心任务，不断深化教育综合改革，大力促进教育公平。学前教育重点在增加普惠性资源供给上下功夫，开展政府购买学前教育服务试点工作，新建、改扩建幼儿园74所，新增幼儿班444个，床位13290个；普惠性幼儿园占到幼儿园总数85%以上，受益幼儿达2万人；全区学前三年毛入园率预计将超过73%，比上年提升2个百分点，“入园难”问题得到了缓解。义务教育重点在推动均衡发展上下功夫，继续实施农村义务教育阶段学校营养改善计划，有26万学生受益；在全国率先建立普通高中生均公用经费奖补机制，2016年下达普通高中生均公用奖补经费3270万元；认真落实普通高中建档立卡贫困生免学杂费政策，惠及2.3万学生；将进城务工人员子女纳入当地教育发展规划、纳入当地教育保障体系。职业教育重点在基础能力建设上下功夫，依托现代职业技能公共实训中心资源组建13个职业教育集团，举办海峡两岸（宁夏）职业教育发展对接会，宁夏5所院校与台湾19所院校签署合作办学协议。高等教育重点在推动内涵式发展上下功夫，启动实施普通本科高校向应用型转变试点工作，宁夏医科大学临床医学学科进入世界基本科学指标数据库。

2.积极推动就业创业，促进城乡居民大幅增收。2016年，预计全年城镇登记失业率3.9%，低于控制目标0.58个百分点。城镇新增就业8万人，培训城乡劳动力6.8万人，农村劳动力转移就业74万人，分别完成年度目标任务的109.6%、113.3%和105.7%。

（1）坚持创业带就业，制定出台大众创业万众创新实施意见。新建10家创业园区和孵化基地，发放创业担保贷款10.4亿元，创造新岗位3万多个，带动就业5.5万人。“双创”带动就业倍增效应增大。强化创业孵化园区（基地）建设，打造创业创新载体；完善创业资金扶持平台，化解创

业融资难题；鼓励支持农民工等人员转型创业，开展“塞上骄子回乡行”活动，支持宁夏籍人才返乡创新、创业。

（2）千方百计稳定就业，深入实施大学生就业促进和创业引领计划。引导和鼓励高校毕业生到基层一线就业创业，全区机关事业单位、特岗教师、“三支一扶”等项目招录高校毕业生9871人，并为到机关事业单位实习的高校毕业生增加社会保险补贴。

（3）落实援企稳岗政策，出台化解过剩产能企业职工安置方案。截至2016年10月底共为1518家企业29.6万职工发放补贴1.33亿元，妥善安置神华宁煤涉改职工1.6万余人，全区就业形势稳定。

3.稳步提高社会保障水平，织好基本民生安全保障网。积极扩大参保覆盖面。加快推进“五险合一”经办体制改革，完善基本医疗保险异地就医制度体系，积极推进跨省异地就医结算，城乡低保标准不断提高，城镇低保由每人每年3800元提高到4400元；农村低保标准由每人每年2400元提高到3150元。一年来，加大参保扩面力度。推进全民参保，新登记57.66万人，全区社会保险基本实现全覆盖。社会保险费待遇标准逐步提高；城乡居民基本医疗保险补助标准，年人均财政补助由432元提高到472元；调整退休人员养老金，46.4万企业退休人员基本养老金人均月增加176元，9万机关事业单位退休人员人均月增加257元。建立被征地农民参加养老保险“先保后征”审核机制。全区10.89万被征地农民参加养老保险，参保率62.3%，其中2012年以来被征地农民参保率达到74.6%，超年度目标任务14.6个百分点，政府财政补贴达23亿元。不断完善机关事业单位养老保险制度体系建设，机关事业单位累计参保27.92万人，参保率99.7%（年底前完成目标），8.76万名退休人员养老金实现社会化发放。

4.深入推进综合医疗卫生改革，提升医疗卫生服务能力。

（1）积极推进综合医改试点工作，制定《宁夏回族自治区综合医改试点工作意见》和《宁夏回族自治区综合医改试点工作实施方案》，在全国率先实现试点全覆盖。推进县级公立医院改革配套政策执行，财政补助水平进一步提高，财政补助收入占公立医院总支出的7%，占县级公立医院的23%。开展公立医院药品公开招标集中议价谈判工作，编制直接挂网采购药品目录和《宁夏回族自治区药品供应保障监督管理工作规范》。取消所有公立医院药品加成，同步调整部分医疗服务项目价格。积极推进大病保险、大病救助及疾病应急救助制度实施。制定《鼓励和促进社会资本举办医疗机构的实施办法》和《关于加快发展社会办医的实施意见》。2014—2016年，自治区卫计委区本级新批准设立了20家民营医疗机构，其中营利性医疗机构17家，非营利性医疗机构2家，单采血浆站1家，床位3000余张，投资约41亿元。

(2) 积极开展基本公共卫生服务项目。2016年，公共卫生人均补助经费增加到45元，为4.8万名妇女增补叶酸片；居民健康电子档案建档人数累计572万人，建档率87.4%；完成65岁以上老年人健康管理31.8万人，管理率71.2%；重性精神疾病、高血压、糖尿病管理人数分别为1.9万人、39.5万人、14万人，管理率分别为95%、40.3%、30.5%。

(3) 加强基层医疗卫生事业发展。制定出台全国首部公共卫生地方性法规，全面推进基层医疗卫生服务机构标准化建设，创建群众满意的乡村医疗机构400家；深入开展爱国卫生运动，加强重大疾病防控，没有发生重大突发公共卫生事件；落实计划生育“三项制度”(农村计划生育家庭奖励扶助制度、计划生育家庭特别扶助制度、长效节育措施奖励制度)，落实“两孩”政策，人口自然增长率控制在9‰以内。

5.切实抓好保障房建设，推进城乡协调发展。

(1) 加大投入力度，推进以棚户区改造为重点的保障性安居工程建设。率先建立在商品房和经济适用住房小区中配建廉租住房的制度，实现城市低收入住房困难家庭廉租住房制度全覆盖。截至2016年11月，共实施各类保障性安居工程6.4万套，改造农村危窑危房3.4万户。中央下达宁夏的6.7万套棚改计划任务已全面完成，公共租赁住房累计入住12.3万套，城镇保障性安居工程覆盖面达到43.2%。通过实施城镇保障性安居工程，为全区165万多困难群众改善了住房条件。

(2) 立足城乡一体发展，全面落实美丽乡村建设标准。建立项目实施成效与资金计划安排挂钩机制，梳理、协调、整合项目资金3.96亿元。截至2016年9月底，开工建设美丽小城镇29个，占年度任务的145.0%，完成投资总额7.3558亿元，占年度投资任务总额的113.2%；开工建设美丽村庄点138个，占年度任务的138.0%，完成投资总额9.6631亿元，占年度投资任务总额的148.7%。以开展城乡环境综合整治为重点，促进城乡协调发展。印发《宁夏农村垃圾治理实施方案》，全面启动全区农村垃圾治理工作，共建设垃圾中转站（点）、填埋场18座，购置各类垃圾箱29921个，清理垃圾5.76万吨。完成《宁夏农村环境综合整治方案（2017—2020年）》及《农村污水处理及改厕工作方案》。

（三）强化公共管理措施，提高社会综合治理能力

一年来，全区各地创新公共管理措施，不断强化系统治理、依法治理、综合治理、源头治理，扎实推进社会治安综合治理工作各项措施落实，有力维护了社会稳定、民族团结、宗教和顺的良好局面。

1.社会治安治理能力得以提升。全区各地积极推行城乡社区网格化管理服务，建立和完善立体化治安防控体系，加强特殊人群服务管理和网络舆情监管引导，严厉打击各类违法犯罪活动。

⑴ 积极推进城乡社区网格化服务管理。自治区有关部门印发《关于进一步做好社区网格信息报送对接工作的通知》等指导性文件，督促指导各地“划网格，定人员，定职责，定制度”，积极推进社区网格化服务管理工作。到2016年底，全区530个城市社区共划分了3669个网格，基本实现全覆盖。

⑵ 进一步创新完善立体化社会治安防控体系。大力推行“一村一社区一民警”模式的城乡社区警务战略。2016年全区已建成455个社区（农村）警务室，35个“社区警务示范岗”，配备城乡社区专职民警747人，占全区派出所民警数的37.1%，初步实现了社区警务的全覆盖。近年来，全区累计投资6.35亿元，建成5个市级视频监控中心，26个县（区）级视频监控中心，96个派出所视频监控室，重点部位完成14200个视频监控头，1266处电子卡口，引导社会单位、行业场所建设22234个视频监控，基本实现重点部位和公共场所“天眼”全覆盖。

⑶ 加强特殊人群服务管理和网络舆情监控引导。不断加强流动人口服务管理、严重精神障碍患者救治管理、强化吸毒人员管控和闲散青少年

关爱帮扶。重点强化网络舆情监控和引导。充分发挥自治区网络舆情应对和依法处置协调小组成员单位力量，依托自治区党委宣传部（网信办）、公安厅的网络监控技术平台，建立政法网络舆情监测预警体系，实行网上24小时巡查管理，全网收集，及时通报舆情。

(4) 加大打击各类违法犯罪活动力度。全区部署开展“大收戒、攻命案、破小案、除黑恶、严打涉众型案事件、反诈骗”六大战役，坚持以防为先、以打为要，推动打击整治违法犯罪工作高效开展，确保全区社会治安形势持续向好。2016年1—10月，全区八类主要刑事案件发案数同比下降32.2%。全区各类刑事案件破案数、抓获犯罪嫌疑人数、刑事起诉人数同比分别上升19.3%、12.3%、9.6%，命案破案率98.6%。侵财类案件破案率达到40.1%。在全国率先实现网上督捕涉枪涉爆人员清零目标，侦破一批大案要案，有效遏制了各类突出治安问题。

2.促进社会组织健康发展。稳妥推进行业协会商会与行政机关脱钩工作，召开“自治区行业协会商会与行政机关脱钩暨深化红顶中介专项整治工作推进会”。开展全区涉企收费专项检查，从会员入会、收费标准、收费票据等三个方面对行业协会商会涉企收费情况进行检查，落实服务承诺制和信息披露制度，规范涉企收费基金，提高社会组织的社会公信力。截至2015年底，全区登记注册的社会组织共有5400家，其中，全区性社会组织1120家（社会团体699家、民办非企业单位363家、基金会58家）；各市、县（区）社会组织4280家（社会团体2881家、民办非企业单位1396家、基金会3家）。

3.扎实抓好民族和宗教工作，巩固发展民族团结、宗教和顺大好局面。

(1) 统筹谋划全区民族团结进步创建活动。在全国率先建立民族宗教工作联席会议制度，扎实推进民族团结进步创建，组织开展“民族团结月”“社区邻居节”、党的民族宗教理论政策百场宣讲等活动，吴忠市被国家民委命名为“全国民族团结进步创建活动示范市”。

(2) 坚持寓管理于服务，深入开展社会主义核心价值观、国旗、党报党刊、文化书屋“四进”清真寺，不断完善领导干部与宗教界人士约谈、联系走访制度，不断扩大教职人员生活补助发放覆盖面，引导宗教人士和信教群众开展“念好两本经，再做新贡献”，“看宁夏，知宁夏，爱宁夏”等系列主题教育。坚持依法加强宗教事务管理，认真执行宗教活动安全管理办法，进一步完善大型跨省区宗教活动协作共管机制，继续抓好宗教场所安全隐患排查整改，妥善处置宗教内部矛盾纠纷，严厉打击非法宗教渗透活动，维护了宗教领域稳定。

(3) 针对“清真泛化”“阿化”“沙化”等问题，注重从政治上、大局上、长远上分析，主动做好“导”的文章，修订完善自治区清真食品《管理条例》，全面开展清真食品、清真标识专项检查。认真贯彻全国宗教工作会议精神，深入开展大调研，全面梳理问题，研究制定《关于新形势下我区宗教工作实施意见》。

二、宁夏社会发展中的若干矛盾问题

(一) 基层社会治理不健全，成为矛盾交汇点

社区居委会和村级组织，被称为社会治理的“最后一公里”。如果社区和村庄成为社会治理中比较薄弱的环节，那么，党和政府提供的一些公共产品、公共服务和惠民政策，就会因“最后一公里”的不畅通而难以惠及普通老百姓。

1.*社区成为基层治理的薄弱环节*。一项在2015年针对老年人的大型调查显示，宁夏城镇老年人空巢率为73.6%，农村老年人空巢率为51.7%，城市比农村高21.9个百分点。在老龄化水平进一步加深的背景下，城乡空巢老年人面临着照料和精神的双重困扰。由于缺乏公共活动场所和社会交往的环境，老年人不可或缺的情感交流和精神慰藉减少了甚至没有了，很多空巢老人表现出心情郁闷、沮丧、孤寂等症状，容易引发精神疾病，也极易成为被侵权的对象。仅2015年上半年，就有4.6%的城乡老年人遭受了各种类型的侵权，而且城镇老年人比农村老年人更容易遭受侵权。相比之下，城镇老年人遭受的最主要侵权行为是被不法商家坑蒙拐骗，农村老年人则更容易被打骂或恐吓。近年来针对城镇老年人的各类诈骗活动十分猖獗，而随着电信网络诈骗的泛滥，老年人更是首当其冲的受害者。作为弱势群体，老年人应该得到关爱和帮助，这是基层社会治理的重要职责。老

年人被侵权，反映了基层社会治理的薄弱。调查数据显示，34.4%的老年人没有享受过任何优待；仅有2.1%的老年人接受了来自家政服务和养老机构服务人员的照料服务。[①]一些社区虽然建立了一些养老服务机构和场所，如日间照料中心、“老饭桌”和老年活动中心，但覆盖面有限，一部分还不能够持续健康运转。而部分物业管理服务机构在与社区居民的利益博弈中也只能提供一些有限的简单服务，常常被社区居民所诟病。

2.农村的社会治理失灵。近年来，“治理失灵”成为农村社会治理面临的严峻挑战，特别突出地表现在如下方面。

(1) 乡村公共产品的供给由于集体经济萎缩乃至瓦解，导致公共资源匮乏且严重不足。例如必须依靠集体力量方能完成实施的生态和环境卫生维护、公用道路维修、水源保护及供水等在有的地方难以实施。

(2) 乡村社区整合度低，村民的社区认同感和互助合作的基础减弱，村级组织凝聚力下降，村民政治冷漠化加剧。村民对村委会选举（包括被选举）缺乏热情和责任感，对村庄的公共事务管理的参与程度不高，缺少表达意见的渠道。究其原因，客观上是由于村组合并调整、大村庄建设、农民上楼分户居住，主观上是由于相当一部分农民也不愿意参与，甚至漠不关心。村委会选举和运转过程中家族因素在某些地方仍然是潜在的影响力量。

(3) 政府作为村委会运转资源的提供者，要求村级组织完成许多具体工作任务，比如确定建档立卡的贫困户、确定享受低保的人员等。政府的一些惠农政策和扶贫开发、社会保障的措施通过村委会操作实施，村委会实际上成为乡镇政府的全权代理人或受托人。而在政策执行过程中由于缺乏有效的指导、监督和核查，为一些村干部与民争利、暗箱操作和中饱私囊提供了机会。

3.基层受理群众诉求渠道还不够畅通。村、社区（街道）级信访干部全部是兼职的，相当一部分人兼而不管，造成问题不断堆积，矛盾加剧。少数基层干部对群众反映的问题采用“拖、推、压、顶”等官僚主义态度。

---

①李艳军《2015年宁夏回族自治区城乡老年人口生活状况调查报告》,2016年8月。

群众诉求表达的多，得到妥善解决的少，许多正当的利益诉求得不到有效解决。个别领域的信访问题呈高发态势，一些市场化的截访公司应运而生。总体来看，尽管群体性事件大幅下降，但群众越级上访以人口基数来衡量，仍在高位徘徊，矛盾上行趋势明显，信访总量居高不下。截至 2016 年 11 月，全区县级以上信访部门共受理群众来信、来访、网上投诉 44963 件（人）次，同比上升 13.5%。

3.企业一线工人工资偏低，维权难度大。据调查，宁夏企业一线职工工资收入中还有约 11% 徘徊在当地最低工资标准水平边缘，特别是民营企业、中小微企业的一线职工收入偏低，而且不同地区、不同所有制、不同行业工资收入差距扩大，导致低收入人群扩大。部分企业经营困难，欠薪企业增加。部分企业工资集体协商制度、职工工资“共决机制”和正常增长机制尚不健全。无论是国企还是民企工会，协商能力不足，作用难以发挥；绝大部分民企工资还是由老板单方面决定。宁夏是全国为数不多的未成立“劳动关系处（科、股）”的省区之一，组织机构缺位，职能无从发挥。在一些地区，政府制定工资指导线的科学性、实操性不够，职工和社会参与不充分，指导性和约束力不强，引导企业工资分配的实效性较差。

企业职工对运用法律手段维护自身合法权益缺乏认识，依法维权意识淡薄。资强劳弱的现状使职工权益受侵害现象依然存在。不少企业法人仍然不习惯依法行事，对工会工作不够重视，有选择性地允许工会开展活动，甚至在维权方面阻碍工会正常开展工作，使企业工会组织的作用得不到有效发挥。有些企业不签或违法违规签订劳动合同，不缴或少缴保险、住房公积金，超时加班、拖欠工资，变相使用劳务工、小时工的现象十分普遍。这种情况在一些民营企业，尤其是一些行业的民营中小企业，诸如建筑、商业、餐饮、施工等尤为突出。职工对参与企业管理不关心，企业也缺乏一线职工参与管理发表意见的渠道和平台。

4.人情消费和婚娶消费成为农民的沉重负担，引发社会问题。随着经济发展，农村居民收入逐年上涨，宁夏农村消费中的婚娶彩礼和人情往来数额越来越大，所占收入比重越来越高，成为农民的沉重负担。据国家统计局海原调查队的调查资料，海原县 2016 年上半年农村居民人均现金支出

5781.1 元，其中非经常性转移支出人均 1195.7 元，占比 21%。非经常性转移支出中，婚丧嫁娶礼金支出占比 83%。据了解，一般居民的礼金消费按关系亲密程度不同，支出为 100 元到 2 万元不等。礼金支出过高，已经严重影响到了农村居民的基本生活。农村婚嫁，彩礼更高，绝大多数都在 15 万元到 20 万元之间，很多家庭娶一个媳妇，转眼就从有点积蓄转为负债累累。据国家统计局石嘴山调查队的调查资料，近三年发生婚娶的新移民地区彩礼呈快速上涨的趋势。2012 年以前，新移民彩礼一般为 3 万元左右，2016 年涨至 14 万元左右，五年间，彩礼涨了 4 倍多。婚娶消费致农户普遍负债，其中新移民负债面高达 93.3%。正处在脱贫过程的新移民，收入水平低、生活拮据，高额彩礼已经成为制约生产发展和脱贫致富的"拦路虎"，部分家庭出现返贫；而且高额彩礼扰乱新移民村稳定，影响家庭和睦，使农村乡风恶化。

（二）城镇化过程中需要高度重视的问题

1.城市建设用地管理粗放，土地利用效率低下。据统计，2000—2014 年，全区城镇建设用地年均增长 33.29 平方公里，城镇人口年均增长 16.25 万人，低于建成区每平方公里 1 万人的通行标准。宁夏每亩建设用地产生的国内生产总值 5.33 万元，排在全国第 27 位。一些地方一味满足招商引资企业的需求，放松了用地定额标准，造成投资者多占地、占好地、宽打窄用、粗放浪费。2015 年和 2016 年，全区共清理出批而未供、闲置土地 17 万多亩。开发区（工业园区）数量过多，全区共有各类开发区（工业园区）34 个，部分园区缺乏聚集、引领和示范作用，发展规划、产业结构不合理，缺少大型主导型企业和高新技术企业，致使土地利用效率和效益不高。2014 年度开发区评价中，石嘴山高新技术产业开发区的工业用地固定资产投资强度仅为 339 万元/公顷，远低于国家规定的 625 万元/公顷的最低标准。16 个经国家核准的开发区（工业园区）中，8 个容积率达不到国家规定的最低标准，每亩土地产出不足全国平均值的 1/3、西部省区平均值的1/2。

2.城镇规模扩张与实际发展需要相脱节，存在着盲目性。自治区制定出台的《宁夏空间发展战略规划》贯彻落实不到位，各市、县（区）未能开展资源环境承载能力和空间开发适宜性评价，也未能科学划定各自的生态空间、农业空间和城镇空间，生态红线、永久基本农田红线和城镇开发边界模糊不清，多头管理，落不到实处。城镇规模无序扩张，“摊大饼”的发展冲动未能有效遏制。一些商业设施利用率低甚至完全闲置，造成了极大的浪费。城镇商住房开发规模过大，房屋空置率比较高。2016 年 1—9 月，全区完成房地产开发投资 533 亿元，同比增长 26%；房屋施工面积 6788 万平方米，同比增长 0.1%；新建商品房销售 618.4 万平方米，同比增长 11.7%；全区商品房待售面积 1194.5 万平方米，同比增长 13.8%。相当一部分城镇居民拥有一套以上除自住房以外的房产。

3. “半城市化”的现象仍然比较普遍。城镇户籍人口与城镇常住人口的数量仍相差 11 个百分点，这表明外来人口特别是农村进城务工人员，仍有相当一部分还处于“候鸟式”的生活方式，未能完全融入城市，“半城市化”的现象仍然严重，以人为核心的新型城镇化建设推进缓慢。

4.生态、大气、水等方面环境问题突出，环境保护工作形势严峻。宁夏生态环境较为脆弱，产业倚重倚能。以煤为主的能源产业结构使环境空气质量呈现典型的自然扬尘和煤烟型综合污染特征。实施新的空气质量标准以来，五个地级市城市燃煤、扬尘及机动车尾气污染问题尚未得到有效控制，雾霾等大气污染时有发生。2015 年冬季，银川市首次出现连续雾霾天气。2016 年上半年，银川市和石嘴山市 PM2.5 平均浓度与上年同比分别上升 16%和 6.7%，固原市 PM10 平均浓度同比上升 8%。全区燃煤小锅炉淘汰缓慢、新建锅炉控制不严。宁夏 8 条重点入黄排水沟水质为劣Ⅴ类，其中 5 条水质部分指标仍在恶化。葫芦河、渝河、茹河、清水河（固原段）等 4 条黄河支流水质由 2013 年Ⅳ类下降为 2015 年Ⅴ类或劣Ⅴ类。沙湖和星海湖水质由 2013 年Ⅲ类下降为 2015 年劣Ⅴ类，2016 年上半年水质部分指标仍在变差。全区 34 座城市污水处理厂，仅有 7 座达到了一级 A 排放标准，部分城市污水处理厂长期不能正常运行，提标改造和配套管网建设急需加强。32 个工业园区，已建成污水处理厂的有 10 个，正在建设的有 6 个，16 个工业园区生产废水和生活污水无法集中处理，造成环境污染。11 个规划建设工业固体废物贮存处置场的工业园区，建成投运的仅有 5 个。

部分国家级自然保护区生态破坏问题突出。2013 年以来，宁夏 9 个国家级自然保护区中，有 6 个正在新建或续建开发活动点位 149 处，其中 106 处为新建点位。银川、石嘴山、吴忠、中卫等地市饮用水水源一级保护区内仍有养殖、制药、建材以及加油站等企业或设施，给供水安全带来隐患。

5.城市结构转型过程中出现了贫困人口。据有关部门调查和测算，宁夏城市贫困人口约占城镇总人口的 5.4%左右。贫困人口主要来自于失业家庭、进城务工人员和失地农民（含劳务移民）中的低收入家庭、残疾人（含失能半失能人员、精神病人等）、因病返贫家庭、单亲家庭、职工遗属家庭、吸毒人员和刑释解教人员等。这些贫困家庭和人员的收入及生活消费支出状况均不容乐观，日益加重的教育、医疗、养老、水暖电费、物业费、交通通信费等方面的支出使他们无力承受。这些城市贫困人口陷入贫困的原因主要有：下岗失业、重大疾病或残疾、被征地、婚姻破裂、教育负担过重、不可预见因素等。

（三）公共资源配置不均衡，与人民群众的需求矛盾依然存在

1.优质教育资源短缺且分布不均衡。

⑴ 优质资源短缺。各级各类教育普遍存在优质学校少、优秀教师缺等问题，职业院校“双师型”教师、高等学校学科领军人物和高水平骨干教师普遍匮乏。义务教育阶段优质教育资源覆盖面仅为 44%，大班额、入园难等问题还没有得到根本解决。

⑵ 优质资源分布存在明显的城乡差别。优质教育资源主要还是集中在银川市和其他地级城市。例如，学前教育城乡差异明显，幼儿园主要分布于城镇，乡村幼儿园远远满足不了需要。从师资水平来看，城乡差别也较大，近 1/3 中小学教师是特岗教师，而且集中在农村中小学校，这些教师急需掌握教学基本技能及提高教育教学水平。

⑶ 地区间分布不均衡，北部川区和南部山区存在一定差距，尚未通过国家义务教育均衡发展评估认定的县（区）全部在西海固地区。

为了获得优质教育资源而进行的竞争，不仅表现在学生学习成绩和能力的竞争，更是学生家长人脉资源和财富的竞争，必然导致教育资源占有和使用的不平衡、不公平现象。

2.省级综合医改试点推进缓慢、步履维艰，建立基本医疗卫生制度任重道远。宁夏是2016年国务院确定的全国第二批省级综合医改试点。但总体进展缓慢，利益格局难调整，公立医院改革动力不足，三级医院负担沉重等问题仍是推进医改的“拦路虎”。

(1) 补偿机制待明确。取消药品加成后，门诊量和住院人数不断增长，但医院却“业务量上升利润额减少”：试点前药品加成收入换成了现在的政府投入、医保补偿和医疗服务价格调整，但这些经费即便全额到位也难以补齐之前的药品销售利润，医院原有的盈利模式被打破，新的投入补偿难以到位，同时还要承担社会公益任务和旧的债务化解，医院运营发展负担加重。

(2) 部门合力难形成。“政府摇旗呐喊，卫计一家使劲，配套合力不足”的问题仍然突出。一方面改革的整体性不够，政策叠加效应和整体推进改革的效果不明显；另一方面改革协同性不够，多部门在改革政策的配合上还未达到同步，尤其是“三医”（医保、医疗、医药）联动效应尚未得到有效发挥。

(3) 医院动力不足。以医疗服务价格调整为例，当前多数医院价格项目内容和收费标准仍执行2006年旧版4000多项内容，医改中将执行2012年新版9360项内容标准，这就要求许多医院内部管理系统改造升级，且精细化管理势必压缩医生以往收费中可自主操作的空间，医务人员积极性不高。而且受制于编制、人事薪酬等制度，编制内外人员同工不同酬，工资差距大，医务人员劳动技术价值未得到应有体现，医院管理者和医务人员对改革持消极态度。

(4) 药品购销体制改革滞后。药品价格虚高仍然存在，动态的医疗服务价格调整机制尚未建立。

同时，一些老问题仍很突出。

一是卫生资源配置不合理，看病难的问题仍然突出。银川市聚集了全部三甲医院和全区41.4%的床位。乡村、社区基层医疗卫生服务机构能力不足，承接服务量不足50%。社会办医发展不足，服务能力较低，民营医院的总诊疗人次数仅占10.2%，住院人次数仅占9.7%，远低于国家规划规定的民营医院住院占30%的要求。医务人员学历层次整体偏低，国家级的专家寥寥无几，人民群众看名医难。尤其是儿科、精神科、公共卫生等方面人才缺乏，制约服务水平提升。

二是全面开展分级诊疗的制度尚未形成。宁夏26所县级综合医院和12所县级中医医院均达到了二级甲等医院的服务水平，但由于全面分级诊疗制度尚未形成，三级医院人满为患，病人下转到县级医院进行康复治疗难以实现。

三是人民群众看病就医人次大幅上升，一方面昭示了群众的卫生保健的意识在增强，需求在增长；另一方面也说明了群众的健康状况堪忧。2009年全区各类医疗机构诊疗人数达2451.81万人次，年人均就诊3.92次， 2015年分别为3588.29万人次和5.37次，分别增长了46.4%和37.0%，而其间全区人口仅增加了6.8%。对慢性病和新型传染病缺乏有效控制，慢性病健康管理率不高（例如高血压37.2%，糖尿病20.7%），发病率处于上升趋势。

四是医疗费用价格攀升。近年来，随着医疗保险制度不断完善，无论是城镇职工还是城乡居民，大病报销的比例均有了较大提高。然而由于医疗费用的增长幅度也很大，所以百姓的实际医疗费用负担仍然是在增加的。医院确定的以医疗收入核算为中心的收入分配制度客观上助推了医疗费用的增长，“看病贵”的问题依然存在。

3.科技创新资源不足与动力不强。2015年，全区科技进步贡献率达到49%，比全国平均水平的55.1%低6.1个百分点，高于周边省区及西部10省区的贵州（45.4%）、广西（48.0%）、云南（44.1%）、西藏（40.0%）等省区，低于陕西（55.8%）、甘肃（50.3%）、青海（49.2%，2014年数据）等省区。但公共资源配置不均衡的短板依然是制约科技创新的重要因素，主要表现为科技投入严重不足；R&D经费投入逐年增加，但增速连年放缓；科技创新人才严重匮乏；科技管理体制机制问题突出，特别是县级科技管理职能明显弱化。

三、2017年宁夏社会发展展望和对策建议

2017年作为“十三五”发展规划实施的第二年，无论是实现与全国同步迈入小康社会的目标，还是完成扶贫攻坚任务，宁夏都进入了更加关键的时期。在新的一年，从社会发展和社会建设的视角看，我们要努力探索加强基层社会治理的路径，力求使社会向善治的方向发展；努力探索新型城镇化的道路，力争使城市更加美好，使所有居民都能安居乐业；要通过推动经济社会发展来满足群众追求美好生活的需求，特别是要让广大农民富裕起来，让中等收入阶层不断壮大，力争橄榄型社会离我们更近一些。

（一）以创新来加强基层社会治理

习近平总书记指出，要尽可能把资源、服务、管理放到基层，使基层有职、有权、有物，更好地为群众提供精准有效的服务和管理。基层社会治理，基本功能是为居民提供公共服务和公共物品，本质上是要建构政府（国家）、个人（社会）和市场三者之间的良性互动关系，即形成“党委领导，政府负责，社会协同，公众参与，法治保障”的社会治理架构。

1.创新基层社会治理的三个方面。有学者指出，从公共服务和运行机制的角度看，基层社会治理主要承载三类活动内容，提供三类相应的公共服务，分别由不同的主体来实施和完成。一是社区的行政类公共服务（行政服务型），由政府主导实施。二是社区的自我管理与服务（公益服务型），主要由社区和乡村自治组织以及各种社会组织在政府的指导、支持和帮助下来实施。三是社区盈利性商业服务（市场服务型），由商业服务类组织提供社区生活服务，保障社区作为生活共同体的顺利运行。[①]基层社会治理的创新主要从三个方面着手。

（1）行政类公共服务主要体现在政府制定公共政策并付诸实施。公共政策的制定必须以需求为导向，包括一些惠民项目的实施一定要贴近实际，经过充分论证，通过公共政策的实施，确实能够满足居民特别是处于弱势地位居民的需求。避免一些政策和项目的“虎头蛇尾”或短期效应。对于

①宋煜《基层社会治理的创新范式与关键要素》,《中国国情国力》2016年第2期。

委托基层社区和村级干部来完成的事务，不仅需要指导，更需要不可缺少的督查，完善公开制度和群众监督制度，避免政策的边际效应递减现象，严防基层腐败对基层社会治理的弱化和消解。

(2) 构建多元主体参与基层社会治理的格局。公众参与基层社会治理是基层社会治理最核心的内容，调动公众参与基层治理的积极性，需要把基层提供的服务与公众的需求和切身利益结合起来，有效保障群众的知情权、决策权、参与权和监督权。公众将各类社会团体和社会组织作为参与治理的主要路径和平台。要积极培养各类社会组织的发育成长，使它们一方面可以提供社区所需要的公益性服务，另一方面可以满足自我管理自我服务的需要，还可以发挥政府的桥梁纽带作用。“公众参与”的另一途径是通过社区成立的议事机构来参与社区发展重大事项的决策和咨询，在这方面有的省区已经摸索了一些比较适宜可行的经验。如广东一些地方成立的社区居民议事会，不仅仅是决议机构，同时还具有对决议执行的评议监督职能。

(3) 大力发展市场服务性产业，特别是老年服务业和老龄产业。对于在社区治理中提供服务的部分企业和社会组织，如物业公司、老年日间照料中心、社区活动中心和“老饭桌”“小饭桌”、服务公司等，按照新型的社会企业模式进行改造、升级，使之成为社区建设的重要一极。对市场化的服务按照经济补偿服务商的方式投入，解决服务覆盖范围不足的问题，对确有困难的“三无”(无劳动能力、无生活来源、无赡养人和扶养人) 老人予以补助。要允许和鼓励经营性企业合理盈利，通过提供优质服务赢得发展。

2.创新基层社会治理的三个机制。创新基层社会治理，还要建立三个机制。

(1) 沟通交流机制。政府公共政策的制定和实施要顺应民意、广泛听取群众意见，群众若有诉求和建议也有通道传上去。同时，政府的政策和治理的思路、举措也通过各种方式向公众做宣传和解释，以获得公众的理解、认同和支持。这种沟通交流的机制保障了下情上传和上情下达的畅通。解决好充分吸纳民意的问题，是基层社会治理达到“善治”的重要条件。

(2) 督查纠错机制。解决基层干部在执行政策过程中的偏差甚至滥用权力和以公共资源谋取私利的问题，无非就是两种力量，一是党和政府的有关部门，一是群众。关键在于如何建立有效的监督，保证有腐必究，有错必纠。特别要通过建立制度，保证群众有说话的地方，有可以反映问题的渠道，确实存在的问题能够得到纠正。

(3) 竞争机制。优胜劣汰可以让基层社会治理的精英各得其所，使庸者下、能者上，无论对于基层的管理人员，还是提供服务的社会组织和企业，都是如此。同时，随着社会事务的日趋复杂化，基层社会治理一定要走专业化的道路，要吸引更多的社会工作专业人员参与到社会治理中来，充分发挥他们的专业特长，使基层社会治理能取得更好的效果。

(二) 努力推动以人为核心的城镇化

坚持以人为核心的城镇化，需要摈弃以房地产化和土地城镇化为核心的粗放型城镇化，要从关心农村进城转移就业人员开始，让更多的农民工融入城市，在城市安居乐业，同时提升改造整个城市的生活环境，让城市真正成为经济发展的引擎，成为整个社会文明进步的标志。

1.扶持农村进城务工就业人员在城市安居乐业。2015 年宁夏城镇化率已达到 55.2%，比 2010 年增加了 7 个多百分点，预计 2016 年宁夏的城镇化率会超过 56%，与全国的城镇化率基本相同。然而 2015 年的户籍城镇人口只占总人口的 44.0%，说明仍有超过 11%的人口虽然在城镇就业生活，却还是农村户籍。这部分人口主要就是农村进城务工就业人员。人的城镇化，对于进城务工的农民来说，就是在城镇从事非农产业工作，实现比较稳定的就业，在观念上和生活方式上认同城市生活，并且逐步融入城市，实现从农村居民向城市居民转化这样一个过程。

(1) 解决“安居”问题，实现“居者有其屋”。近年来，已经有一些实现稳定就业的农民工开始在城市购买价格相对较低的住房。建议政府采取积极的扶持措施，鼓励和支持农民工在城里购房。例如政府贴息贷款、住房公积金对农民工的优惠贷款、进一步扶持培育二手房市场。坚持政府提供基本住房保障和以市场需求为主导相结合的方式，拓宽保障性住房建设渠道。一方面，由政府主导实施的价格相对低廉的保障性安居工程可以考虑实施一些针对农民工的项目，已经实施完成的公共租赁住房也要面向农民工开放；另一方面，引导房地产业开发建设丰富的各类商品房，增加面向中低收入阶层的商品住房供给。

（2）加大农村土地制度改革力度，解决进城农民的后顾之忧。土地（承包地、宅基地）是进城农民应对不可预计的就业风险退出城市的最后保障和归宿。土地制度改革对于进城务工农民来说，就是既要保证其对土地的合法权益，又能使他们在进城之后可以从土地收益中获得资源支持，从而增强应对进城务工风险的能力。在确权后的土地流转过程中，厘清土地“三权”（所有权、承包权、经营权）之间的关系，鼓励进城农民在土地承包期内延长流转年限，对于出租或出售农村自有住房的，要予以引导保护，予以政策扶持。对于确实自愿退出承包地的进城农民，探索退出土地补偿机制，继续深化在贺兰、永宁、金凤、兴庆等6个县区探索农民自愿永久退出土地承包经营权、宅基地使用权和房屋所有权试点以及农村集体资产股份改革。当然，应当力求稳妥，充分尊重农民的意愿和选择，保障其合法权益不受损。

（3）大力发展城市经济，形成产业集聚，实施多渠道就业的政策措施，促进农民工在城市实现稳定就业。在2016年7月召开的全区城市工作会议上，自治区主席咸辉指出：“要强化产业支撑，产业是立城之本，兴市之基。”要有合理的符合城市发展实际的产业布局和结构，大力发展现代服务业，特别注意发展新兴服务业。要打造商务中心和特色商业区，以创业带动就业，扶持民营经济和小微企业，让农村进城务工人员有工作可干，而且能够实现稳定就业。要切实保障农民工获得劳动报酬的权益，进一步完善制度和法规，不能让拖欠农民工工资的现象屡屡发生。

（4）保障农村进城务工人员享有均等的公共服务和公共资源。加快完善城乡统筹的社会保险制度和政策，解决长期存在的农民工参保率偏低的问题，完善各项社会保险关系跨区域转移接续办法，实现各类参保人员在地区之间、制度之间的顺畅转移和衔接。在教育、医疗等方面的资源配置上，充分考虑农民工及其子女就医读书的需求。

（5）要特别关注新生代农民工。新生代农民工由于年轻（一般指80

后）、可塑性强和文化知识水平较高，是农村转移人口融入城市的主力军。如何解决新生代农民工融入城市的问题，是城镇化过程中面临的新挑战，需要在制度和政策设计中统筹考虑，引导和帮助他们顺利实现身份转变。

2.不断提高城市的文明水平。提高城市的文明水平，需要全社会的高度重视和所有公民的共同参与，久而久之，方可见效。

（1）要着力提高公民的科学文化道德素质。与现代化的社会生活相适应的行为规范和道德品质，不会在每一个公民身上自然生成，必须通过强化教育和环境氛围的影响来培养。无论是在家庭、学校，还是在单位和公共场所，都会显现人的素养，都会对每一个人产生熏陶和潜移默化的教化作用。因此，一定要在全社会形成对他人特别是下一代负责的价值理念、教育制度和环境。

（2）治理和经营城市要加强规划性和协调性，走集约化发展道路。涉及城市治理的各项举措和建设项目一定要通过制度和规范，保障其协调性和符合实际需要。要改变粗放式开发的局面，走集约开发之路，高效利用土地资源；杜绝开发建设对环境的污染；努力保护人文资源，不能让珍贵的历史文化资源被人为破坏或被自然侵蚀毁灭；要未雨绸缪，早做预防，适当超前建设，不让城市病扩展蔓延。

（3）城市公共设施建设要满足居民多层次需求，力求人性化。随着物质生活水平的提高，居民有了更多的休闲娱乐和文化消费的需求。在城市扩张的过程中，多建设一些高雅、美观、功能齐全的游览观光、健身休闲、文化娱乐的场所和设施，这是提高城市品位不可或缺的要素。

公共设施建设要满足人们出行、生活和消费的需要，也要通过人性化的设计，培育人们良好的行为习惯。

（4）切实抓好宁夏空间规划（多规合一）改革试点。按照中央生态文明体制改革总体方案要求，以空间治理和空间结构优化为主要内容，遵循“因地制宜，创新发展；城乡一体，协调发展；生态优先，绿色发展；战略思维，开放发展；以人为本，共享发展”的原则，坚持保护与发展相统一，科学划定生态空间、农业空间和城镇空间等三类空间，划清生态红线、永久基本农田红线、城镇开发边界，明确产业和重大基础设施布局，预留发展空间，实现生态空间山清水秀、生活空间宜居适度、生产空间集约高效。以宁夏空间发展战略规划为引领，以主体功能区规划为基础，重点整合国民经济社会发展规划、土地规划、城乡规划、环保规划、林业规划、交通规划、水利规划等七类规划，形成一本规划、一张蓝图，编制自治区空间规划。市县空间规划依据自治区空间规划确定的功能定位和管控要求，明确用途管制，精准落地。总体形成由自治区、市县空间规划构成的两级空间规划体系。

（三）富裕农民，壮大中等收入阶层，助推橄榄型社会的形成

1.富裕农民是小康社会建设的必然要求。习近平总书记2016年7月考察宁夏时提出：宁夏要努力实现经济繁荣、民族团结、环境优美、人民富裕，确保与全国同步建成全面小康社会。人民富裕是建设小康社会必然要求，让广大人民群众过上富裕文明的生活是我国社会主义建设的根本目的和出发点。自治区党委、政府高度重视城乡居民增收问题。李建华书记2016年7月在全区经济形势分析会上指出："这些年我们一直强调，居民收入增长要与经济增长同步，甚至要高于经济增长，如果这个目标完不成，就会失信于民，无法向老百姓交代。"如何增加城乡居民收入，特别是农民收入，是多年来历届党委、政府领导十分关注的问题。

根据国家统计局宁夏调查总队的调查统计，2015年宁夏城乡居民收入之比为2.76∶1，而同年按照五等分收入分组，城镇居民20%的最高收入户人均可支配收入是20%的最低收入户的6.1倍，农村居民20%的最高收入户人均可支配收入是20%的最低收入户的10.0倍，这就是说，无论是城市居民还是农村居民，其内部收入的差别要远大于城乡居民之间的差别，这正如社会学家李培林指出的："城乡居民收入差距的缩小，对基尼系数在上升后出现拐点并缓慢回落，起到了决定性的作用，但社会成员个人之间收入差距的扩大趋势仍然没有发生根本性扭转。"①

一些关于宁夏农村发展的实际调查表明，农村中的中高收入群体，由于其能力较强，人脉资源广，得到的扶持帮助要远多于中低收入群体，而

---

①李培林《中国社会学的历史担当》，《社会学研究》2016年第5期。

后者则由于其能力较弱，又未列入建档立卡贫困户，反而得到的扶持帮助最少，这部分人口或许尚能维持基本温饱，但比较容易陷入贫困，奔小康过上富裕生活也比较难。让农民富裕起来特别是让中低收入的农民真正富裕起来被称之为中国的“世纪性难题”，“这个问题不解决，即便消除了农村极端贫困，农民的普遍相对贫困状况也仍然难以消除。”①

扶持农民特别是扶持中低收入的农民，首先，要从社会公正的角度，杜绝各种不合理、不合法因素对收入差距的影响。例如，农村金融扶贫中的“贷富不贷穷”的问题，显然不利于缩小差距，不利于让中低收入户发展生产，在经济上变得殷实起来。其次，农村社会政策，在导向上不仅要扶持贫困人口尽快摆脱贫困，也要同时注意扶持中低收入的农户，通过帮扶使他们也能用自己的辛勤劳动富裕起来，所以各种惠农政策向中低收入农户倾斜乃是促进农村经济社会发展的主导性政策取向。

2.培育和壮大中等收入阶层。橄榄型社会是一个现代化建设非常重要的发展目标，它的一个重要标志是要有一个庞大的、占人口大多数的中间阶层或者叫中等收入阶层。中间阶层是以收入、职业和教育程度作为衡量标准的。仅从收入的角度看，在宁夏，如果城镇居民以人均收入33465元的20%较高收入户作为中等收入阶层，农村居民以人均收入21978元的20%高收入户勉强作为中等收入阶层，那么全社会的中等收入阶层未超过总人口的20%。宁夏还是一个典型的“土”字型社会结构，即使进入小康社会，离橄榄型社会还比较远。一个橄榄型社会的形成是社会结构转型过程中不断积累的结果，而社会转型过程又包括了产业调整、社会保障事业、分配制度改革、教育发展、城镇化转型、社会阶层的流动（例如，农民进入中等收入阶层）等方面，推动橄榄型社会的形成，需要采取一些长效的社会政策，以形成积累效应。

(1) 大力发展高新技术产业和以专业工作为基础的服务业是壮大中等收入阶层的基本路径。宁夏作为一个欠发达地区，发展高新技术产业的服务业还有很大的空间。

①李培林《中国社会学的历史担当》,《社会学研究》2016年第5期。

(2) 切实尊重知识、尊重人才，增加专业技术人员的收入，让他们通过自己的辛勤付出过上体面的生活。专业人员从事运用知识创造知识的劳动，要体现出其应有的价值，而最大限度地发挥专业技术人员的创造力和进取精神，是整个社会保持活力的最重要的前提条件。

(3) 鼓励创新。创新是引领生活发展的第一动力，创新需要高代价的付出，且总是面临不可预知的巨大风险，需要社会的支持和扶助，特别是要建立起鼓励创新的制度和社会氛围。如果一个社会总是创新者吃亏，那么创新很可能被扼杀在摇篮里。

(4) 要放宽市场准入的门槛，为普通老百姓提供地位上升的机会，正如社会学家李强指出的："近十几年来，从事经营、销售、做各种各样生意的社会群体，很多都来自农村，在市场中获得利益，进而实现职业地位上升，人数十分巨大"，"市场改革带来了巨大的社会进步，为每一个中国人提供了机会"。[①]

(本报告借鉴和采纳了本书其他研究报告的某些观点和资料，特此说明)

---

①李强《中国离橄榄型社会还有多远》,《探索与争鸣》2016年第8期。

领域篇

LINGYUPIAN

2016年宁夏教育事业发展研究报告

王辉仁

2016年是“十三五”的开局之年，宁夏教育事业坚持目标导向和问题导向，突出教育内涵，加大教育扶贫，促进教育公平，提高教育质量，统筹推进各级各类教育发展，总体实现了与全国同步发展。

一、宁夏教育事业发展总体概况

全区共有各级各类学校2842所，其中，普通高校18所，成人高等学校1所，中等职业学校31所，普通中学299所（高中42所，完中20所，初中163所，九年一贯制学校74所），小学1693所（含教学点），特殊教育学校12所，幼儿园788所。共有专任教师8.29万人，其中，高校教师7987人，高中阶段教师1.3万人，义务教育阶段5.3万人，幼儿园教师8427人。共有在校生144.3万人，其中，高校11.9万人，高中阶段24.2万人，义务教育阶段85.9万人，在园幼儿19.3万人。

（一）普惠性学前教育资源显著增加

2016年下达幼儿园建设资金19084万元，新建、改扩建幼儿园74所，新增幼儿班444个、学位13290个。扩大政府购买学前教育服务试点范围，全区普惠性幼儿园占到幼儿园总数85%以上，受益幼儿达2万人。学前三

作者简介 王辉仁，宁夏回族自治区教育厅教科所高级教师。

年毛入园率预计将达到77.99%以上，比2015年提升7个百分点。

（二）义务教育均衡发展取得新突破

启动实施西海固地区义务教育均衡发展攻坚行动，预计全区通过自治区评估验收的将达到19个，通过国家评估认定的将达到16个，分别占全区22个县（市、区）的73%和86%，义务教育均衡发展国检通过率实现新提升。完善中小学生学籍信息化管理，加大控辍保学工作，提高义务教育巩固率。2016年全区小学六年巩固率94%，比2010年提高11个百分点；初中三年巩固率93%，提高2个百分点。中考招生指标到校比例由2012年30%提高到2016年60%。普通高中课程和考试制度改革有序推进。

（三）职业教育发展后劲明显增强

2016年，全区高职和中职毕业生就业率分别达到92%和95.8%，高于全国平均水平，职业教育东西合作办学持续推进。贫困县（区）职业学校新建、改扩建和迁建任务基本完成。探索建立自治区职教园区共享机制，依托自治区现代职业技能公共实训中心资源组建了13个职业教育集团，产教融合步伐加快。5所院校与台湾19所院校签署合作办学协议。成功举办2016年全区职业院校技能大赛。职业教育“双导师”培养工作加速推进。累计培养职业教育免费师范生100名。2016年高中阶段毛入学率90.99%，高于全国平均水平4个百分点。

（四）高等教育内涵建设深入推进

2016年全区高等教育毛入学率达到41.6%，高于全国平均水平1.6个百分点。投入专项经费1.5亿元推进“双一流”建设，重点建设1所西部一流大学、5个国内一流学科和10个西部一流学科。确定5所本科院校和部分二级学院、专业集群开展向应用型转变试点工作，应用型人才培养进一步加强。宁夏大学国家重点实验室建设取得重大进展，宁夏医科大学进入省部共建高校行列，临床医学学科进入世界基本科学指标数据库（ESI）排名前1%，2名教师分别获得全国青年教师教学竞赛一等奖和第十四届中国青年科技奖。

（五）特殊教育办学水平稳步提升

建立残疾儿童少年就学动态监管机制，为316名残疾儿童少年解决了就学问题。医教结合、学前融合教育等特殊教育改革实验试点工作取得初步成效。轻度残疾儿童少年随班就读、重度残疾儿童少年送教上门等工作进一步规范。

（六）民办教育实现持续健康发展

全日制民办学校达到 544 所，占全区学校总数 16.17%；在校生 17.35 万人，占全区学生生总数 12.37%。各级各类民办非学历教育机构数量大幅增加，发展领域进一步扩大，为深化教育改革、增加教育供给、满足群众多样化教育需求发挥了重要作用。

二、宁夏教育事业发展的特点

（一）抓投入，着力改善办学条件

全区逐年加大教育投入力度，优先保证教育支出，优先实施教育项目，优先解决教育短板问题，学校校舍面貌、教学设施设备、学生学习环境都大为改观。

1.积极争取国家部委支持。在中央专项转移支付逐步压缩、全区经济发展速度放缓的情况下，主动出击，争取支持，累计争取国家各类专项资金 32.96 亿元，较 2015 年全年到位资金增长 5.46 亿元，增长率 19.9%。

2.大力改善农村学校办学条件。规划安排资金 13.5 亿元，继续实施“全面改薄”项目，635 所项目学校建设正在加速推进。累计改造农村教学点 63 所、运动场 30 个。安排资金 920 万元，实施二期“百标工程”，建设回民中小学 12 所。根据教育部测评，2016 年宁夏“全面改薄”项目满意率位居全国第三位。

3.率先建立普通高中生均公用经费奖补机制。针对宁夏取消择校收费政策后普通高中办学经费紧张问题，及时建立了普通高中生均公用经费奖补机制，全年累计下达奖补经费 3270 万元，全区公办普通高中教育教学秩序实现平稳过渡，这项措施得到了教育部的充分肯定。

4.以信息化引领教育现代化。为 85 所农村学校（含教学点）配备数字资源教学设备，306 所学校接入宽带网络。全面完成“三通两平台”建设任务，全区 85%的学校接入互联网，79%的中小学教室配备多媒体教学设备；基础教育“人人通”空间注册教师占总数 83%，学生用户占总数 57%，职业教育教师和学生全部开通“人人通”，教育公共服务平台部署完成并与全国联网运行；建成“宁夏教育云”服务和管理平台，在全国率先以省为单位实现了数字教育资源从学前教育到高等教育各学段和社区居民的全覆盖，校舍安全、营养改善计划、校园足球特色学校建设实现“云”管理，走在了全国前列。

（二）抓公平，着力保障群众受教育权利

坚持把教育公平作为协调发展、共享发展的着力点，积极构建“3318 模式”，大力推进教育精准扶贫，通过资源调配、政策倾斜、重点保障，努力让不同环境、不同地域、不同群体的孩子都能接受更好的教育。

1.继续实施农村义务教育学生营养改善计划工作。营养改善计划得到国家领导的充分肯定，被全国学生营养办总结为“宁夏模式”向全国推广。2016 年投入补助资金 2.55 亿元、教师陪餐补助资金 1119 万元，惠及 26 万学生，并连续五年实现食品安全和资金安全“零事故”。2016 年 4 月，刘延东副总理来宁考察调研，对宁夏实施营养改善计划给予高度评价。

2.大力实施家庭经济困难学生资助工程。完善从学前教育到研究生教育各阶段全覆盖、无缝隙的学生资助政策链，开展应用以学籍为基础的全国学生资助管理信息系统，做到该补则补、应助尽助。2016 年资助学生 20 万人，资助资金 4.34 亿元，超额完成自治区政府下达的 17 万人任务。

3.认真落实普通高中建档立卡贫困生免学杂费政策。从 2016 年秋季开始，对普通高中建档立卡家庭经济困难学生、非建档立卡家庭经济困难残疾学生、农村低保家庭学生、农村特困救助供养学生全部免除学费（每年学费 800 元标准），惠及学生 2.3 万人。

4.积极构建“3318 模式”，大力推进教育精准扶贫。充分发挥教育工作在精准扶贫脱贫中的基础性、先导性、全局性作用，构建了 3 个体系（建档立卡家庭经济困难学生全程资助体系、贫困地区薄弱学校结对帮扶体系、家庭经济困难学生一对一师生关爱体系），建立了 3 套工作机制（领导干部定点联系机制、职业教育助推精准脱贫机制、教育扶贫成效考核评估机制），实施了 10 个专项行动（学前教育普及提高行动、职业教育技能富民行动”等10项行动计划)，力求实现“8个全面”目标（普及水平全面提升、薄弱学校全部达标、困难学生全程资助、均衡发展全数实现、智力帮扶全线跟进、职业教育全力助推、弱势群体全部覆盖、贫困地区教师全员培训)，到2020年贫困地区基本教育公共服务水平接近全区水平。先后召开2016年全区教育精准扶贫工作推进会和现场观摩会，与11个县（区）签订《2016年教育精准扶贫目标责任书》，明确教育精准扶贫时间表、路线图和任务书。从2015年秋季学期起，在免学费的基础上，对固原地区中等职业学校全日制正式学籍在校一年级所有学生实行住宿费、书本费政策，并给予每生每年500元生活补贴，2016年又将这项政策拓展覆盖到固原地区中职学校二年级学生。预计从2017年起，将覆盖到红寺堡、海原、同心等地中职家庭经济困难学生。精准帮扶薄弱普通高中，自治区12所一级示范普通高中与南部山区12所薄弱高中建立了“一对一”结对帮扶关系。

（三）抓改革，着力增强教育发展活力

坚持在理念创新、政策创新、制度创新上下功夫，推进教育领域综合改革进程，以改革破解发展难题，激发教育发展活力。

1.推进考试招生制度改革。呈请自治区政府印发《宁夏回族自治区深化考试招生制度改革实施方案》，配套出台《普通高中学业水平考试改革实施办法》《普通高中学生综合素质评价实施办法》和《高职院校分类考试改革实施方案》等3个改革文件，考试招生制度改革向纵深推进。清理规范了宁夏地方性高考加分政策，推进国家教育考试标准化考点建设工程，高考连续四年“零点招”、连续八年“零投诉”。2016年区属高职院校分类考试招生录取4998名，占全区高职招生计划30%，其中面向中职毕业生录取3413人，面向普通高中招生（自主招生）1585人。2016年高考总体录取率及本科录取率均较上年提高2个百分点。

2.大力实施创新创业教育改革。在部分中小学探索开展了以培养学生创新素养为核心的实验试点工作。出台《宁夏回族自治区深化高等学校创新创业教育改革实施方案》，初步建立高校“双创”教育体系，建设一批创新创业学院和创客空间，开展“互联网+”创新创业大赛等实践活动，大学生创新意识明显增强，创业人数明显增加。

3.加大教育对外交流合作力度。一是积极促进教育部与自治区对接。自治区领导李建华、张超超、姚爱兴亲自带队赴教育部对接工作，并与教育部签署了《教育部、自治区政府开展“一带一路”教育行动合作备忘录》，积极争取教育部支持宁夏举办“丝绸之路大学校长银川论坛”等具有国际影响力的“一带一路”教育交流活动，支持宁夏实施“高等学校国际化水平提升工程”，支持宁夏高校引进国内外优质资源开展中外合作办学。二是积极促进国内重点高校与自治区教育工作对接，自治区政府分别与中国人民大学、北京师范大学签定战略合作协议，中国人民大学将发挥人才、智库、资源优势，在战略研究与决策咨询、人才培养与教育交流合作、人才选拔与干部队伍建设方面与宁夏开展合作。北京师范大学将利用在教育领域的优势和资源，在高校教育学科建设与发展、基础教育合作办学、宁夏基础教育教师培养培训、深化基础教育改革发展与创新等方面与宁夏合作。三是积极促进与福建省教育领域的对接合作。认真落实闽宁教育协作联席会议制度，及时召开协作联席会议，签订教育对口支援合作项目协议，在师资培训、教育资源共享、改善宁南山区学校办学条件、捐资助学、职业教育招生办学等领域开展了广泛交流与合作。组织开展闽宁协作20周年庆祝活动，对闽宁协作20年来1056名来宁支教的福建教师进行慰问。原州区三营中学支教教师杨海燕在全国东西部扶贫协作座谈会上作为教育系统唯一代表做了发言，受到了习近平总书记的充分肯定。

（四）抓质量，着力提升教育发展水平

始终坚持把提高教育质量摆在首位，进一步更新办学理念、提升管理水平、提高教师素质，不断提高学校办学综合实力和学生成长成才能力。

1.落实立德树人根本任务。组织全区教育系统隆重庆祝建党95周年和纪念红军长征胜利80周年，开展全区中小学生“学党史国史”、争做“五好”小公民等主题教育活动，积极创建“文明校园”，引导广大学生践行社会主义核心价值观。修订完善高校和中小学民族宗教政策理论教材，编写完成《中华民族歌》初中版教材，并在部分初中进行了教学试点，2017年上半年将在全区初中普及。

2.着力推进素质教育。会同有关部门举办全区青少年科技创新大赛和机器人竞赛、学生运动会、合唱艺术展演、军事训练营等活动，推进心理健康教育特色学校创建工作，为促进学生德智体美全面发展创设良好环境。进一步扩大“学校履行社会责任”评价试点工作范围，为加强和创新社会管理工作积累了有益经验。

3.着力提升教育教学质量。实施优质教育资源“扩面提升”工程，积极构建“名校集团化”“城乡学校发展共同体”、乡（镇）中心学校与村校联盟等发展合作组织，带动薄弱学校建设。大力促进教育信息化与各学科教学的深度融合，组织开展“一师一优课，一课一名师”“慕课”“翻转课堂”等教改活动，着力打造高效课堂，提升教育质量。引入第三方评价机制，积极探索开展中小学教育教学质量评价机制改革。实施本科教学质量工程，立项建设一批人才培养模式改革试验区、教学团队和精品课程，持续加强高校教育教学和人才培养基础能力建设。

4.优化稳定教师队伍。通过“特岗教师”招聘、免费师范生安置、事业单位招录、高层次人才引进等途径，补充教师2464名。实施“乡村教师支持计划（2015—2020年）”，义务教育阶段农村学校教师补贴标准由原来120~200元提高到300~500元，山川乡村教师生活补贴累计最高分别达1500元、580元，惠及教师近3万名，覆盖面达51%。开展教师培训示范县创建活动，探索教师培训“互联网+”模式，培训教师7万余人次。开启首批100名从教30年及以上的乡村优秀教师为期10天的疗养活动。

5.推进高等教育内涵发展。建立全区高等教育发展联席会议制度，出台《关于加强高等教育统筹管理的实施办法》，进一步理顺高校管理体制。制订《关于开展本科高校向应用型转变试点工作的实施方案》，启动普通本科高校（二级学院、专业集群）向应用型转变试点工作。起草《宁夏回族自治区推进西部一流大学建设方案》和《宁夏回族自治区推进一流学科建设方案》，组织宁夏大学编制“西部一流大学”建设方案。立项82个“十三五”优势特色学科、重点学科和重点专业，筹备启动一流学科争创计划，培育3个知名学科按照国内一流目标、5个学科按照西部一流目标集中建设。实施“少数民族高层次干部培养计划”，招录硕博学生140人。

三、宁夏教育事业发展中存在的问题

2016年全区教育事业取得了长足发展，但因起点较低、基础薄弱，仍存在一些突出问题，主要表现在如下方面。

（一）优质教育资源短缺

各级各类教育普遍存在优质学校少、优秀教师少等问题，义务教育阶段优质教育资源覆盖面仅为44%，大班额、入园难等问题还没有得到根本解决。个别地方特别是经济落后的宁南山区县（市、区）义务教育经费投入“三个增长”落实还不到位。

（二）教育发展不平衡

从教育内部看，存在着“两头弱”，学前教育毛入园率低于全国平均水平，高等教育综合实力弱。从区域之间看，北部川区和南部山区存在一定差距，尚未通过国家义务教育均衡发展评估认定的县（区）全部在西海固地区，推进义务教育均衡发展的任务异常繁重。

（三）教师队伍建设亟待加强

近1/3中小学教师是特岗教师，而且集中在农村中小学校，这些教师掌握教学基本技能及提高教育教学水平的任务十分繁重。学前教育教师编制、职业院校“双师型”教师、高等学校学科领军人物和高水平骨干教师普遍匮乏。

（四）高等教育服务经济发展的能力不足

作为直接承担服务社会职能的高等教育，结构不尽合理，民办比例远高于全国平均水平，发展水平相对较低，目前没有国家级重点实验室，高校综合办学实力在全国同类型高校中排位不高。硕士、博士学位授权点数量偏少，与自治区经济社会发展特别是产业发展对接不够，研究生培养规模小，人才培养质量有待进一步提升。教育对外合作交流总体还处在互访、师生交流层次，缺乏高层次的深度合作。

四、加快宁夏教育事业发展的对策建议

“十三五”期间，全区教育事业发展将进一步深入贯彻习近平总书记来

宁视察重要讲话和指示精神，紧紧围绕提高教育质量，以立德树人为根本任务，以促进公平为基本要求，以优化结构为主攻方向，以深化改革为根本动力，统筹推进各级各类教育发展，全面提升教育发展水平，为加快“四个宁夏”建设、打赢脱贫攻坚战、实现全面建成小康社会的奋斗目标提供更加坚实的人才支持和智力支撑。

（一）着力补齐学前教育发展短板

进一步加大幼儿园建设，重点实施六盘山地区学前教育攻坚计划，计划用3年时间，投入7.9亿元，新建幼儿园130所，使全区在园幼儿达到22.8万人，学前三年毛入园率超过85%以上。继续加大政府购买学前教育服务力度，增加普惠性学前教育资源供给。积极开展为农村及民办幼儿园选派专业指导员和贫困地区农村学前教育营养改善计划试点工作。

（二）着力提升基础教育发展水平

大力推进固原地区义务教育均衡发展攻坚计划，确保2018年所有县（市、区）通过国家评估认定。加大在初中以下学段推进创新素养教育试点工作，在认真总结试点经验的基础上，在全区推广，不断深化素质教育。启动实施“基础教育质量先进县”创建工作，进一步巩固提高义务教育均衡发展水平，提高教育教学质量。适应高考招生考试改革要求，强化教育教学组织管理，促进普通高中多样化、特色化发展。

（三）着力加强职业教育基础能力建设

抢抓国家实施《职业教育东西部协作计划（2016—2020年）》契机，争取教育部支持，进一步深化宁夏与天津在职教师队伍建设、优质资源共享、专业建设等方面合作，加强与福建省等东部地区协作，实现职业院校对口帮扶全覆盖。加快葡萄与葡萄酒和现代纺织2个职业技能公共实训中心建设，力争2017年建成投入使用，进一步完善自治区职业教育园区及公共实训中心运行机制，增强职业教育供给和服务产业发展能力。

（四）着力增强高等教育综合实力

积极争取教育部支持，大力推进“一流大学和一流学科”建设，强化大学生创新创业教育，使宁夏大学综合实力进入西部高校前25名，全国200名，在新型煤化工、民族研究、现代农业、医疗卫生等领域建成5个国内一流学科、10个西部一流学科和1个国家重点实验室。利用中国人民大学、北京师范大学资源优势，加强宁夏高校相关学科建设，开展人才联合培养，继续寻求与更多教育部属高校建立合作机制。争取教育部支持，引进教育部属985高校（如兰州大学）在宁夏设本科或研究生分院，提升高等教育办学层次，增强综合实力。

（五）着力推进教育精准扶贫

切实保障教育资源、政策、项目、投入等向贫困地区倾斜，着力提升贫困地区教育发展水平，至2020年使贫困地区基本公共教育服务水平接近全区平均水平。推进职业教育技能富民，建好地级市公共实训中心和贫困地区县级职业中学，发挥好宁夏现代职业技能公共实训中心作用，引导初中未升入普通高中、高中未升入高等学校的毕业生全部免费接受职业教育。对建档立卡普通高中学生免除学杂费，让贫困家庭子女都能享受学生资助政策。实施学前教育、义务教育、普通高中、职业教育、贫困学生结对帮扶，实现每一所贫困地区学校都有对口支援学校。

（六）着力提升教育对外开放水平

认真贯彻落实《教育部、自治区政府开展“一带一路”教育行动合作备忘录》精神，遴选世界排名前100名的高校与宁夏大学开展中外合作办学，建设二级国际学院，提升人才培养的质量和水平。充分发挥宁夏在共建“一带一路”中的区位优势和地方特色，在已有工作基础上，探索举办“丝绸之路大学校长银川论坛”，并将其打造为具有国际影响力的“丝绸之路经济带”教育交流品牌项目。扩大出国留学和来华留学规模，争取将宁夏高校为中阿产业园培养技术技能型人才纳入中国政府奖学金项目。

（七）着力加强教师队伍建设

认真落实《自治区政府、北京师范大学教育战略合作框架协议》精神，充分利用北师大的优质资源，加大“塞上名师”、中小学骨干教师（校长）培养培训力度，每年组织新招聘特岗教师全部接受北师大岗前培训，提高教师队伍整体水平。继续开展“一专多能”免费师范生培养，做好特岗教师招聘和免费师范生安置工作，不断优化教师队伍结构。认真实施《乡村教师支持计划（2015—2020年）》，让更多的农村教师“留得住，教得好”。

切实加强师德师风建设，教育引导广大教师做“四有”好老师。

（八）着力落实教育民生实事

统筹实施“全面改薄”计划，新建、改扩建校舍90万平方米，改造运动场地260万平方米，确保全区所有中小学校按标准完成校舍建设改造，基本配齐实验教学仪器、图书、体音美器材及多媒体设备。逐步扩大营养改善计划试点范围，综合运用“宁夏教育云”管理平台和日常督导等手段，切实提高计划实施的规范化精细化水平，全力确保食品资金双安全。实施中小学信息化建设工程，力争使中小学“宽带网络校校通”覆盖面达到100%、“优质资源班班通”和“网络学习空间人人通”覆盖面达到85%以上，所有县（市、区）全部实现信息化达标。建立覆盖全区各级教育行政部门和各级各类学校的管理信息系统及基础数据库。

2016年宁夏社会保险事业发展研究报告

乔永平　夏　勇　李海渤

2016年，宁夏抓住深化改革的有利时机，以社会保险全覆盖为目标，以制度建设为抓手，以提升经办服务能力为重点，进一步提升城乡统筹层次，提高社会保险待遇，社会保险事业取得新进展，迈上新台阶。全民参保登记、被征地农民参加养老保险、整省推进“五险合一”经办体制改革、城乡居民基本医疗保险和大病保险“一站式”结算等工作在全国率先。

一、2016年社会保险事业发展概况

2016年，宁夏社会保险工作加快推进，社会保险制度体系进一步完善，城镇职工养老、医疗、工伤、失业、生育保险和城乡居民养老、医疗保险参保人数实现了新的增长。截至11月底，全区机关事业单位养老保险参保人数达到28.5万人，城镇职工“五险”参保人数达到526.34万人次(其中职工养老、医保、工伤、失业、生育分别达到164.7万人、117.29万人、83.52万人、84.3万人、76.53万人)，完成年度任务的104.4%。城乡居民养老、医保参保分别达到183.5万人、 475.46万人，完成年度任务的100.3%、101.4%，同比分别增长2.18%、1.36%。预计到2016年底，全区

作者简介　乔永平，宁夏社保局综合处处长；夏勇，宁夏社保局综合处副处长；李海渤，宁夏社保局综合处副主任科员。

各项社会保险参保总人数将达到1214万人次。

（一）养老保险制度改革加快推进

1.机关事业单位养老保险制度改革稳步推进。按照国家统一部署，加强组织、编制、人社、财政、税务等部门之间的协作配合，加快推进机关事业单位养老保险制度建设，组织开展政策宣传、经办业务培训，研究开发机关事业单位养老保险信息系统，测试上线运行，2016年11月，全区启动机关事业单位养老保险费和职业年金征收工作。自治区本级及19个市、县退休人员养老金已实行社会化发放。全区机关事业单位参保人数达到28.5万人，完成目标任务数的101.7%。

2. 被征地农民参加养老保险制度加快落实。建立“先保后征，政府补贴”机制，与市、县层层签订目标责任书，将目标任务完成情况纳入年度考核，建立工作调度和月通报制度，加强督导检查，推进政策落实。截至2016年11月底，全区已有12.1万被征地农民参加了养老保险（其中2012年以来被征地农民参保人数7.7万人），参保率达到69.02%。其中2012年以来被征地农民参保率达81.05%。

3. 退休人员养老金调整工作按时完成。按照定额调整、挂钩调整、适当倾斜和对艰苦边远三类地区企业退休人员适当倾斜的原则，宁夏首次为机关事业单位、企业退休人员同步调整了基本养老金。共为全区46.4万名企业退休人员和9万名机关事业单位退休人员调整了基本养老金，月人均增加养老金分别为176元和257元，已分别于9月底和10月底前全部发放到位。

4.社会保险脱贫攻坚任务有效落实。自治区人社厅、社保局将脱贫攻坚任务纳入全年重点工作，制定了《社会保险脱贫攻坚任务分工计划安排》，将9个贫困县、800个贫困村群众参保、政策待遇享受、社保关系转移接续等任务作为对相关市、县年度业务考核的内容，加强督导检查，定期通报工作进度，督促市、县落实好脱贫攻坚任务。截至2016年11月底，9个贫困县城乡居民养老、医保参保人数分别达到101.7万人和214.1万人。对城乡居民基本医疗保险人均财政补助472元（其中中央财政补助300元，自治区对川区补助103元，山区补助155元、农垦生态移民补助

172元；市县财政对川区补助69元、山区17元）已全部落实到位。在此基础上，各市县按照有关政策标准，认真做好参保人员跨地区流动后社保关系转移接续，确保社保关系接续顺畅，社保待遇及时保障。

5. 社会保险参保“两项计划”率先完成。一是全面参保登记计划提前一年在全国率先完成。宁夏作为全国首批全民参保登记计划试点省区之一，充分发挥地域面积小、人口基数少、基层服务平台健全、省级数据大集中、社保“五险合一”经办体制改革启动的优势，以信息化“省集中”建设为基础，以入户登记调查为抓手，坚持政府主导、部门联动，同步推进、同步落实、同步登记、同步核查数据、同步实现应保尽保，充分挖掘扩面资源，不断扩大社会保险覆盖面。累计完成登记入库58.04万人。宁夏全民参保登记“五个同步”的做法得到人社部的充分肯定，多次在全国会上交流经验。二是率先完成建筑业参加工伤保险“同舟计划”。印发《关于深入推进建筑业参加工伤保险专项行动的通知》，形成专项扩面的责任体系。采取集中宣传、政策解读、印发宣传资料、媒体宣传等方式，加强政策宣传，促进参保扩面。截至2016年11月底，全区建筑业新开工项目100%参保；在建项目99.5%参保，提前超额完成了国家下达的目标任务。

（二）医疗保险制度体系日趋完善

1.门诊大病自治区级统筹全面落实。规范扩大门诊大病病种，覆盖到了大部分慢性病，进一步延伸了基本医疗保险受益面。通过统一起付标准、提高报销比例、扩大统筹支付范围等措施，城乡居民按照一、二、三档缴费的政策范围内门诊医疗费用报销比例分别达到50%、60%、65%。完善医疗保险运行机制，增加签约医疗机构数量和变更次数，方便群众就医。积极落实城乡居民普惠性健康体检政策,全区已累计组织健康体检37万人。

2.城乡居民基本医保和大病保险“一站式”结算在全国率先。建立药品准入报销机制、筹资动态调控机制、风险共担机制“三项机制”，制定宁夏《城乡居民大病保险业务经办规程》，研究开发大病保险即时结算软件，将190种大病保险药品录入医保信息系统。印发《城乡居民大病保险合署办公实施方案》，与商业保险公司建立合署办公机制，实现群众“少跑腿”，信息“多跑路”的目标，方便群众办理社保业务。从2016年8月1日起，率先在全国实现整省区城乡居民基本医保和大病保险报销“一站式”联网即时结算。

3.医保支付制度改革深入实施。在地级市推广按病种分值付费，在县区开展门诊总额包干和住院费用总额包干制度，进一步完善医保支付制度体系，控制医疗费用过快增长。银川市2015年职工医保、城乡居民医保次均住院费用较上年同期增长率下降1.75个百分点和2.67个百分点，合理控费效果初显。在总结银川经验的基础上，石嘴山市也探索开展按病种分值付费试点工作；吴忠市、中卫市和固原市开展总额控制的多种付费和复合支付制度，在付费方式改革、创新监管途径、精细化管理等方面进行了有益探索，控费取得预期成效，实现了医保基金安全平稳的良好运行态势；盐池县、海原县推行由哈佛大学与宁夏合作的“创新支付制度，提高卫生效益”试点项目，门诊包干通过医保基金经济杠杆作用，控制医疗费用不合理增长。

4.电力铁路行业医疗工伤生育保险整体移交地方管理工作全面完成。按照《人力资源社会保障部 财政部 国务院国资委印发关于进一步做好行业企业社会保险纳入地方管理工作的通知》要求，自治区人力资源和社会保障厅、财政厅、国资委联合印发《电力铁路行业企业在宁职工基本医疗工伤生育保险纳入自治区管理实施方案》，成立移交工作领导小组，建立人社、财政、市、县以及铁路电力行业部门联动机制，加强协调联络沟通，明确责任分工和完成时间，全力推进移交工作加快实施。2016年7月1日圆满完成铁路行业信息系统切换。12月6日，银川市与电力行业企业签订了移交协议。这一协议的签订，标志着宁夏行业企业社会保险整体移交工作如期完成。12月末，将严格按照《电力铁路行业企业在宁职工基本医疗工伤生育保险纳入自治区管理实施方案》时限要求，对电力封闭运行社保信息系统如期切换至全区社保信息系统，从2017年1月1日起执行全区医疗工伤生育保险政策，持宁夏社会保障卡在全区实施就医结算。

5.降低社会保险费率，缓解困难企业缴费压力。为积极应对经济因素对企业生产经营造成的困难，按照人社部、财政部关于调整社会保险费率有关通知要求，制定出台宁夏社会保险费率调整有关政策措施。2016年，全区企业职工养老保险单位缴费比例由20%调整为19%，工伤保险平均费率由1%调整为0.75%，生育保险平均费率由0.69%调整为0.59%。调整后累计共为企业和参保群众减负10.28亿元。

（三）社会保险基金监管力度进一步加大

1.落实社会保险基金监管各项制度。积极落实基金监督6项制度，逐步扩大基金安全评估试点。及时修订完善全区现行调剂金管理制度，规范调剂金申报、审核、拨付、考核工作。制定职工养老保险费清欠治理工作制度，推动建立健全清欠工作长效机制，累计追回欠缴社保基金26亿元。

2.健全完善社会保险基金监管机制。积极参加全国精算业务培训，依托人社部平台，开展全区精算培训，建立起精算团队和精算分析制度，探索建设大数据精算分析团队。建立基金运行、监控运行季度分析，提前做好基金收支预案，切实找准监控重点，做到精准筛查精准监控。推进基金稽核检查常态化、医保监控系统智能化，提升与司法机关联动监控执法效果。采取约谈、督办、联合执法等方式，加大对欺诈、骗取社保基金查处力度。依托监控系统筛查，持续加大实地核查力度，强化医保服务医师诚信管理和医生诊疗行为的监控，医保“事先提醒”监控试点正式运行，效果初步显现，医保医师诚信系统年底实现全覆盖，初步构建事前提示、事中监控预警和事后责任追溯的全程监控模式。2016年，全区共核查医疗机构199家，药店40家，筛查病案31571例，追回基金1157.88万元，行政处罚36.64万元，对133名医师进行约谈和处理处罚。

3.强化社会保险基金监管。2016年，配合国家审计署、自治区审计厅开展全区职工医保、居民医保和居民大病保险基金运行情况专项审计，发挥审计监督、保险监控联动作用，边审边改，及时落实整改问题，确保整改实效。根据国家和自治区的统一部署，在人社厅、社保局网站首次公开披露自治区本级社会保险信息。将全区2453家协议医疗机构纳入监控范围，与全区9000多名医保医师签订服务协议，进一步强化基金监管的措施，切实维护基金安全。

（四）社会保险服务更加便民高效

1.率先在全国整省推进社会保险“五险合一”经办体制改革。按照自治区党委改革部署，整合现有社会保险经办管理资源，理顺社会保险经办管理体制，改变多头受理、分散经办、重复经办、分散建设、重复建设的状态。为加快推进改革实施，确保完成改革任务，自治区政府出台改革方案，并列入年度效能考核和重点督办事项，多次牵头组织人社、编办、财政等部门专题研究，深入市县督导检查，推进改革落实。截至目前，全区19个市、县已全部批准组建新的社保经办机构。2个市辖区新增正科级社保经办机构。人社部副部长游钧批示："宁夏'五险合一'的经办经验值得总结推广"。

2.异地就医结算工作取得新进展。开发区内异地就医即时结算软件系统，组织异地就医即时结算软件测试和业务培训，向社会首批公布了全区74家异地就医即时结算协议医疗机构名单，2016年4月1日实现区内异地就医即时结算。按照"使用就医地目录，实行就医地管理，执行参保地政策、省级平台清算、国家平台清分"的原则，宁夏与海南省、广州市实现了跨省异地就医直接结算，与陕西、内蒙古、甘肃、新疆及建设兵团和云南签订跨省异地就医结算合作协议。与人社部异地就医结算平台实现联网对接，扩大跨省异地就医结算范围。

3.社会保障卡综合应用工作扎实推进。在中卫、海原推进社保卡综合应用试点的基础上，争取将固原市列入全国第二批社保卡综合应用试点示范城市，以"四个阶段四个统一"为目标，不断拓展应用范围。与宁夏银行、建设银行等9家银行签订了协议，从2016年6月1日起每月为社保卡持卡人免收不少于3笔ATM跨行业务手续费（其中宁夏银行不作次数限制）。协调银行建成社保卡服务大厅并投入使用。自7月1日起，全区持卡人统一使用社会保障卡就医、住院、结算，新增退休人员通过社保卡领取养老金。截至11月底，全区累计制发社会保障卡638.1万张，基本实现人手一卡，广泛使用。

4.社会保险信息化建设加快实施。将社保服务延伸到6178家社保经办机构、基层民生保障中心、医院药店、金融服务网点和税务征收机构，在全区设立了2366个社会保障卡金融服务便民点，布设了各类金融自助终端8414台，建设了12333电话、微信、手机APP和网上办事大厅等社保信息服务平台，在全区安装布设100台自助服务一体机，实现社保服务就在百姓身边的目标。

二、宁夏社会保险事业发展面临的主要问题

随着城镇化进程加快，社会保险事业发展还面临着许多困难和问题。

（一）社会保险扩面难度增大

随着经济增速放缓和结构调整，非公企业生产经营困难，无能力为员工参保缴费，给社会保险扩面带来压力。另外，农民工和灵活就业人员流动性大，就业不稳定特点突出，个体工商户经营稳定性也比较差，应参保人数难以确定，推进这部分人员参保困难比较大。“十二五”以来，宁夏参保增幅放缓，受经济发展、人口老龄化等因素影响，越往后扩面资源越少，扩面空间越窄。

（二）社会保险基金支付压力增大

一是自治区政府出台解决企业职工历史遗留问题的意见，22.8万人纳入社保，所缴纳的社保费已于2013年8月全部花完。截至2015年底开始动用库存基金发放待遇。二是经济下行社保欠费额增大。全区企业累计欠缴基本养老保险费近30亿元。三是基金投资运营渠道单一，保值增值困难。

（三）社会保险经办机构力量严重不足

2016年底，全区参保人数将累计达到1214万人次，社会保险经办服务对象日趋庞大，由原来主要面对一个个单位转变为既要面对单位还要面对个人，服务层次由原来区市县三级转变为现在的区市县乡村五级。此外，大规模的人口流动与就业的灵活性、流动性，加剧了社会保险费征缴及待遇发放的工作量，经办管理服务供给与社会实际需求的矛盾日益突出。宁夏社会保险经办机构人均服务比达13000万人，部分市县超过1:20000人，远远高于国家规定的1:6000人的标准。新的经办业务不断扩展，工作量逐年上升，社会保险经办人员力量不足与事业发展的矛盾十分突出。

三、推进宁夏社会保险事业发展的思路对策

（一）转化成果，力促社会保险参保扩面

遵循社会保险“大数法则”，全面转化全民参保登记成果，进一步深度挖掘参保扩面资源，全面摸清各项社会保险应覆盖人群的底数，推进实施建筑业参加工伤保险“同舟计划”，将游离在政策之外的人群全部纳入社会保险参保范围，及时享受社会保险待遇，促进应保尽保、应征尽征，逐步实现社会保险人群全覆盖。

（二）加强改革，进一步完善社会保险体系

围绕“十三五”规划对社会保险工作提出的新使命、新任务、新要求，开拓创新，攻坚克难，全面推进社会保险制度建设，完善制度体系。一是进一步健全完善养老保险制度体系。推进社会保险制度改革，探索建立与经济社会发展相适应的养老保险缴费基数政策，阶段性调整社会保险费率。加快发展企业年金、职业年金，探索建立个人补充养老保险，形成多层次、相互补充的养老保障体系。进一步健全城镇职工、机关事业单位与城乡居民基本养老保险转移接续办法，实现全区养老保险有序转移和有效衔接。积极配合国家开展城镇职工基本养老保险基础养老金全国统筹。二是进一步健全医疗保险制度体系。完善城乡居民基本医疗保险筹资机制，建立稳定的政府补助水平确定机制，形成合理的筹资结构。健全自治区级城乡居民基本医疗保险统筹办法，完善大病保险制度和重特大疾病保障机制，细化商业保险机构承办大病保险费用监控职责。建立基本医疗保险与商业健康补充保险、医疗救助互相补充衔接发展机制，形成多层次基本医疗保障体系。三是健全失业保险制度体系，充分发挥失业保险保生活、防失业、促就业作用。四是健全工伤保险制度体系，完善预防、补偿、康复相结合的工伤保险制度，推进完善工伤康复体系建设，依据经济社会发展水平适度调整工伤保险补偿标准。

（三）强化措施，力推各项社会保险政策落实

巩固现有政策成果，在加快推进机关事业单位养老保险制度改革、被征地农民参加养老保险制度、城乡居民大病保险以及养老金调整、医疗保

险报销比例等政策落实的基础上，重点做好：一是落实好降低社会保险费率政策。党的十八届三中全会提出“扩大参保覆盖面，适时适当降低社会保险费率”，针对部署，在扩大社会保险覆盖面，增加基金平衡能力的前提下，科学合理确定和调整社会保险缴费基数，落实适时适当降低社会保险费率政策，减轻企业负担，提升企业竞争力，促进企业参保缴费。二是实施缴费补贴。对于足额缴纳养老保险费的企业，给予适当的缴费补贴。同时建立激励机制，对吸纳困难就业人员较多、录用时间较长的小微企业、园区企业，实施社会保险缴费补贴政策，鼓励企业积极参保。三是实施稳定就业岗位补贴。对采取有效措施不裁员、少裁员，稳定就业岗位的企业，由失业保险基金给予稳定岗位补贴。从而最大限度地释放改革红利，让人民群众充分享受社会保险福祉。

（四）多措并举，切实加强社会保险基金监督管理

一是强化社会保险基金预决算管理，建立社会保险大数据精算分析团队，科学预测分析社会保险基金支撑能力，确保各项社会保险政策待遇得到落实。二是积极落实社会保险基金稽核检查、网络监控、医保服务医师诚信体系建设，加强“三医联动”和医保支付制度改革，探索建立全区总额预付为主、多种支付方式并举的支付制度，建立更加科学规范有效的医疗保险支付方式，确保基金发挥最大的效益，满足参保群众就医需求，减轻群众就医负担。三是加大基金征缴执法力度。严格按照《社会保险法》《社会保险费征缴暂行条例》《社会保险费申报缴纳管理规定》等有关法律法规，依法征缴社会保险费，提高征缴率，确保基金应收尽收，有力保障各项社会保险制度的实施。

（五）优化流程，提升社保经办服务水平

充分运用社会保险数据省集中、“社保云”等信息平台优势，积极拓展社会保障卡综合应用功能，实现用社会保障卡办理社保缴费、看病就医、领取待遇等服务功能，进一步提升服务群众的能力和水平。

2016年宁夏科技创新发展研究报告

俞学虹　吴灵捷　孙国华　张存华　梁多勇

科技创新是提高社会生产力和综合国力的战略支撑。2015年，全区科技进步贡献率由2010年的42.8%提高到49%，科技创新潜力排名从全国第16位跃升到第8位，科技进步环境指数排名由全国第22位上升到第17位，连续十年有18项科技成果获得国家科技进步奖，宁夏科技创新取得明显成效，科技创新实力显著提升。

一、宁夏推进科技创新的现状

(一) 技术创新驱动成果显著

1. R&D经费投入逐年增长。宁夏R&D经费投入总量持续增长，投入强度连年攀升。2015年， R&D经费投入26亿元，比上年增加2.14亿元，增长9.0%。R&D经费投入强度（R&D经费与GDP之比）为0.90%，比上年0.87%提高了0.03个百分点，比“十一五”期末提高0.22个百分点。R&D经费投入强度在全国31个省（市、区）中位居第23位，西部12个省中第5位，西北五省位居第3位的水平，分别比“十一五”末提高1位。

作者简介　俞学虹，宁夏回族自治区党委政策研究室副主任；吴灵捷，宁夏回族自治区党委政策研究室社会发展处处长；孙国华，宁夏回族自治区党委政策研究室社会发展处调研员；张存华，宁夏回族自治区党委政策研究室社会发展处副处长；梁多勇，宁夏回族自治区党委政策研究室社会发展处副主任科员。

2.政府部门引导作用明显，相关政策持续发力。“十二五”期间，为进一步推进全区科技事业发展，自治区党委、政府出台《关于加快推进科技创新的若干意见》，明确了建立企业科技创新后补助机制、加大科技创新投入、加强创新人才队伍建设等一系列促进科技事业发展的相关政策，引导全社会不断重视科技研发。2015 年，全区财政对科学技术支出达 17.36 亿元，“十二五”期间支出总额为 57.2 亿元，年均增长 23.8%，是“十一五”期间总投入的 2.7 倍。财政对科学技术的支出占全区财政总支出平稳上升，到“十二五”期末达到 1.53%，比“十一五”期末提高 0.46 个百分点，全区财政对科学技术的支出呈逐年稳步增长态势。

3.企业创新主体地位进一步强化，成为试验发展主阵地。以企业为主体、市场为导向、产学研相结合的技术创新体系初步形成，企业自主创新能力和核心竞争力稳步提升。2015 年，规模以上工业企业 R&D 经费投入超过 20 亿元，是“十一五”期末的 2.3 倍，并以年均 18%的速度不断增长，占全社会 R&D 经费投入的 75%以上。从 R&D 经费活动类型看，我区研发活动中 90%以上试验发展活动经费来自于企业，各类企业已成为试验发展活动的主阵地。

4. R&D 队伍稳定壮大。科技人员是增强自主创新能力的核心要素，是科学技术发展的决定性因素。2015 年，全区研究与试验发展（R&D）人员 16133 人，与上年基本持平。其中，大学本科及以上学历人员 7775 人，占 48.2%；女性人员 4462 人，占 27.7%。

5.科研产出水平逐步提升。2015 年，全区登记自治区级科技成果 244 项，比上年增长 18.4%。其中，基础理论成果 38 项，应用技术成果 181 项，软科学成果 25 项。全年专利申请量 4394 件,比上年增长 24.5%，其中，发明专利 2626 件，增长 20.3%。专利授权量 1865 件，增长 30.9%，其中，发明专利授权量 442 件，增长 81.9%，是 2010 年的 7.2 倍。“十二五”期间，全区共获得发明专利授权 1113 件，年平均增幅达到 48.6%。每万人发明专利拥有量达到 1.71 件，在西部十省区中名列第四，排在陕西、四川、重庆之后。

6.企业技术中心研发活动引领作用明显。2015 年，全区共有各类研究开发机构224个，拥有国家级及自治区级工程技术研究中心39家，重点实验室23家，国家级企业（集团）技术中心14个，自治区级企业（集团）技术中心58个，技术创新中心126个，全区科技创新团队62个，国家级高新技术企业62家。

（二）科技管理体制改革顺利推进

我国的科技管理体制是政府行政管理体系的重要组成部分。根据国家统一部署，按照改革目标和政策重点进行调整，大致经历了四个阶段。第一阶段：改革初期（1983—1993年）；第二阶段：组织结构调整阶段（1994—1998年）；第三阶段：创新体系建设阶段（1999—2011年）；第四阶段：创新加快阶段（2012年至今）。党的十八大后，中共中央、国务院出台《关于深化科技体制改革 加快国家创新体系建设的意见》（中发〔2012〕6号），创新体系建设步伐进一步加快。2013年6月，自治区党委、政府印发了《关于加快推进科技创新的若干意见》（宁党发〔2013〕37号），提出要加强科技宏观统筹，改革科技项目管理，完善评价奖励机制等重大管理体制改革措施。2014年以来，自治区先后制订了科技计划管理改革方案、科研项目和资金管理办法，推动了科技计划管理体系的完善；建立了财政稳定支持基础性、社会公益性科研机制。宁夏现行的科技管理体制实际上就是经过四个阶段改革后形成的地方政府管理科技的模式，其实质是：以地方公共财政预算拨款为主渠道，各级政府组成部门制定相应的科技发展计划或规划，由发改委、科技厅、经信委、农牧厅、环保厅等政府组成部门自行组织实施科技项目的体制。

（三）科技创新政策法规体系初步建成

2006—2011年，自治区先后出台政策法规40多项，其中自治区党委、政府出台的政策措施近10项，自治区人大和自治区政府出台地方性法规和政府规章近10项。这些政策法规涉及加强科技工作10项、金融税收支持5项、人才队伍建设14项、项目管理6项、科技创新基地与平台建设12项、教育与科普4项。目前，全区科技创新的政策法规体系初步建立。

（四）财政支持科技创新的政策效果明显

不断加大对科技创新的财政投入，2003—2012年十年间，自治区财政预算安排专项资金累计达18.57亿元，专项资金种类由7种增加到22种，大大增强了政府对全区科技事业发展的引导带动作用。2008—2010年自治区级、市级、县级财政科技拨款年均增长分别为20%、21.58%、41.95%，2008—2010年全区R&D经费中政府资金、企业资金年均增长分别为36.50%、23.54%。

（五）税收助力科技创新的杠杆作用凸显

2011年，自治区政府出台《关于财政支持自治区科技创新平台建设的政策意见》，使参与和开展科技研发活动的企业得到更大实惠。2011年全区共完成企业研发项目鉴定105项，企业研发投入总金额5.7亿元、抵扣纳税总额为1.6亿元。仅石嘴山市宁夏天地、中节能、日晶三家企业在2009—2011年三年中，研发费用加计扣除税收优惠就高达4563万元，进一步增强了企业技术创新的动力。

（六）科技创新队伍不断壮大

科技创新环境不断优化，科技支持经济社会发展的作用得到较好发挥，科技创新体系建设取得重大进展。2015年末，全区拥有国家和自治区重点实验室23个、工程实验室26个，工程技术研究中心39个、技术创新中心143个、企业技术中心72个，各类公共研发平台达到340个。初步形成了以企业技术中心为主体的技术创新体系，标志着宁夏科技创新进入了新阶段。

（七）科技资源共享利用效率开始提高

2015年7月，自治区政府办公厅印发《自治区重大科研基础设施和大型科研仪器向社会开放的实施方案》，提出用2年的时间，在全区建立起完善的大型科研仪器共享管理服务平台，推进科研设施与仪器向高校、科研院所、企业、社会研发组织等社会用户开放，实现资源共享，避免部门分割、单位独占，彻底解决分散、重复、封闭、低效等问题，充分释放服务潜能，为科技创新和社会需求服务，为实施创新驱动发展战略提供有效支撑。

二、当前推进科技创新面临的主要矛盾和问题

目前，我国正处于工业化中期阶段，经济发展中长期积累的深层次矛盾尚未得到有效缓解，宁夏科技创新驱动产业发展中存在大量问题，主要

表现在如下方面。

(一) R&D 经费投入逐年增加，但增速连年放缓

近年来，虽然宁夏 R&D 经费投入总量持续增长，但增速呈放缓趋势。实施创新驱动需要研发经费的投入，但研发经费总量的扩大更有赖于经济发展作支撑，在现阶段经济下行压力依然较大的情况下，增速放缓和整体经济发展增速放缓有一致性。2012 年、2013 年、2014 年、2015 年宁夏 R&D 经费投入增长分别为 19%、14.6%、14.1%、10%。但从全国来看，宁夏研发水平一直处于追随地位，在传统经济产业发展难有亮点的时候，更应通过提高自主创新能力，加大研发力度来实现产业结构调整，促进产业升级。

(二) R&D 经费投入强度提升缓慢，仍处于较低水平

宁夏 R&D 经费投入强度虽呈逐年提升态势，但仍整体偏低。2015 年，全国 R&D 经费投入强度为 2.04%，宁夏投入强度（0.88%）与全国平均水平相比仍有较大差距，仅相当于同期全国水平的 44%。全区五个地市投入强度超过 1%的地区仅有银川市。R&D 经费投入强度在 2020 年要达到全面建成小康社会提出的 2.0%的目标，完成难度较大。

(三) 财政的科技支出对推动 R&D 活动发展不强

近年来，全区财政对科学技术的支出呈逐年稳步增长态势，2009 年、2010 年、2011 年、2012 年、2013 年、2014 年的增长率分别为 54.5%、44.7%、42.8%、43.2%、41.8%、46.2%。2015 年，支出为 17.4 亿元，比上年增长 49.2%，占自治区财政总支出的 1.53%。但财政对科学技术的支出不仅包括研发活动，还包括一些原创性、新颖性不高的科技活动，如技术改造、技术引进等，故不能简单的等同 R&D 投入。“十二五”期间，从自治区财政对科学技术的支出中转化为 R&D 经费的不足 45%，这表明宁夏财政对科学技术的支出中还有超过 55%的投入停留在原创性、新颖性不高的项目中，未能有效推动 R&D 活动的开展。

(四) 企业持续引领作用还未形成

企业、政府办科研院所、高等院校是我国研发活动的三大执行主体，宁夏企业的研发活动集中在部分重点企业中。“十二五”期末，全区共有规模以上工业企业1245家，其中，开展了R&D活动的企业占全部规上工业企业的12.6%，其中国家级企业技术中心所在企业14家，仅这14家企业就投入R&D经费9亿元，占全社会R&D经费投入的35%。全区企业技术创新主体的地位还没有确立，主要表现在：一是企业技术创新主体意识不强，偏重于生产和销售，承担技术开发风险的能力较弱。二是企业的研发投入严重不足，投入主体地位尚未确立。三是企业自主创新能力不强，目前全区许多企业没有专门的研发机构和研发团队，许多技术主要还是依靠引进和模仿。研发活动还未能成为带动企业经济效益增长的着力点。

（五）规上工业企业投入强度总体趋升，但仍处在低位

2015年，全区规上工业企业投入强度为0.58%，比上年提高0.05个百分点。其中，大型企业为0.61%，比上年提高了0.13个百分点；中型企业为0.69%，比上年上升0.06个百分点；小型企业为0.49%，比上年下降0.08个百分点。从整体情况来看，规模以上工业企业R&D经费保持较快增长但投入强度却依然不高，反映出工业企业研发活动还需进一步加强。

（六）区内产学研合作水平还处于较低层次

宁夏企业在开展科研合作时，选择区外科研机构或高等院校合作的情况较多。主要是区内科研机构及高等院校数量较少，科研机构及高等院校所研究领域同宁夏企业经营领域关联度不高。特别是特色羊绒产业、奶制品产业、清真食品、产品生产加工等方面均没有水平较高、实力较强的科研机构。从而导致企业寻求科研合作要面向区外，不利于区内企业与研发机构相互促进，一定程度上阻碍了全区整体研发实力的提升。

（七）科技管理体制不顺，机制不活

体制层面：科技管理职能多部门交叉、资源分散且重复配置。目前，宁夏的科技管理体制仍然带有浓重的计划经济体制痕迹，科技宏观管理职能被分配在自治区科技厅、发改委、经信委、农牧厅等多个行政部门，科研经费也由各个行政部门分散安排，多个部门都在平行行使资源分配和管理。由于科技管理分工不清，各类科技计划名目繁多、定位趋同，有限的科技资源分散重叠配置、效率不高。

机制层面：企业为主体的“产学研用”协同创新机制远未形成。主要表现为，一是产学研用协同创新主要还是停留在技术转让、合作开发和委托开发等较低层次的合作上，而共建研发机构及技术联盟、共建科工贸一体化的经济实体等高层次的合作还比较少。二是产学研用协同创新的深度不够，大多数产学研用协同创新模式中，仅对一些“短平快”项目感兴趣，对事关行业发展的关键技术、共性技术则很少关心。三是支持产学研用协同创新的投入不足。四是产学研用协同创新的动力不足。

科技评价：成果评价体系和奖励制度急需完善。一是科技评价系统内部的评价制度仍不规范，缺少稳定性，评价系统之间缺乏衔接和配套。二是科学技术评价分类不明确，往往用同一标准评价不同类型的科学技术活动，不能客观、真实、准确地反映不同评价对象的实际情况。三是重立项、轻管理，致使一些项目不能按期结题，或结题审查不严格，调研不深入，实验不扎实。四是对科技人员、科研项目和科研机构的效能考核不合理，加剧了科研与应用脱节。五是科技项目奖励设置、申报机制和评选机制不够科学。六是缺乏科学合理的遴选机制，缺乏事后评估和严厉的监督、惩戒机制，影响了科技评价的客观公正性。

管理层面：科技项目管理制度急需改进。一是新产品研发中自治区科技项目缺乏对转化类和推广类项目的支持，造成项目成果转化难。二是动植物育种、特色农业资源品种选育开发等项目，其研究周期长，效益显现慢，而科技计划缺乏持续稳定支持机制。三是自治区自然科学基金项目研究指向不明确、与支撑计划支持范围区别不大，强度小，人才培养作用发挥不足。

（八）推进科技创新的“硬政策”与软环境建设不匹配

根据科技部2005—2011年《全国及各地区科技进步统计监测结果》报告显示，宁夏科技进步环境指数长期处于中游水平，最好时期接近上游，但综合科技进步指数、科技活动投入指数、科技活动产出指数、高新技术产业化指数、科技促进经济社会发展指数绝大部分基本处于下游或者处于全国末位。这说明，宁夏科技创新政策法规体系建设中，一直比较重视政策环境建设而且收效明显，但在“硬政策”建设上远远不够，刚性不足、含金量不高、优惠程度较低，很难保证科技创新的基本资金需求等。

（九）促进科技创新的具体政策力度不足

一是财政科技投入政策刚性不足。财政科技投入主要面临资金总量偏少、分散投资严重、地区投入不平衡、投入重点不突出等问题。目前还缺乏对财政科技投入的刚性约束政策，没有用政策法规形式明确规定各级财政科技投入的比例。二是税收支持科技创新的政策弹性不佳。一些优惠政策限制条件多，适应性和灵活性不够。最突出的是，好多政策条文主要针对高新技术企业、科技型企业、大中型企业，而没有针对所有企业的研发活动，那么其他类型和规模的企业则被政策限制，拒之门外，无法享受优惠。三是金融支持科技创新的政策创新性不够。大部分金融机构对支持科技创新的金融产品开发严重不足，各地都没有针对科技风险投资、科技型中小企业贷款风险补偿基金、设立地方创业投资引导基金等进行实质性探索，鼓励银行加大对企业技术创新的信贷支持的有效机制没有建立。四是人才队伍建设的政策灵活性不强。许多地方以资金不足等为借口，忽视人才使用和发展环境的建设，一方面是编制、财政、人力资源部门执行政策的协调性不够，硬扣编制、死扣标准，延误重要创新人才的引进。另一方面是有些地方和部门不能与时俱进，用旧标准落实新政策，冲淡了政策的优惠性。

（十）企业高科技创新人才匮乏

一是企业自身人员素质普遍低，科技人才总量不足，尖端人才稀缺，高层次人才严重缺乏，特别是重点行业和特色优势产业发展急需的科技创新型领军人才严重短缺。二是人才结构不尽合理。全区从事科技活动的人员1.6万人，其中工程院院士1人，科研领军人才60多人，自治区级学术技术带头人300多人，高层次创新型科技人才1100多人。领军人才占全区从事科技活动人员总数0.38%，自治区级学术技术带头人占总数的1.8%，高层次创新型科技人才占总数的6.8%。全区从事教学和卫生等社会公益性的技术人员占到了2/3以上，2009年全区从事科技活动的人员仅占从业人员的3.56%，比全国平均水平低1.78个百分点；从事R&D活动的人员只占从业人员的1.89%，比全国平均水平低0.7个百分点。三是人才分布不均衡，科技人才主要集中在银川和其他中心城市，基层一线的科技人员较少。

三、加快推进科技创新的对策思考

2016年7月，习近平总书记视察宁夏时指出："越是欠发达地区，越需要实施创新驱动发展战略。"所以，我们必须把创新作为引领发展的第一动力，加快推进创新型宁夏建设。

(一) 强化自治区科技创新领导小组统筹科技资源作用

科技创新领导小组的工作职责是：研究、审议全区科技创新发展战略规划及重大决策；统筹协调、优化配置科技资源；检查科技专项执行情况及效果；协调各部门及部门与地方之间科技重大事项；督查、考核各地各部门科技创新工作。

(二) 推动创新与产业经济互动发展

在"十三五"规划中期评估中安排创新驱动发展专题评估试点，建立国有企业创新考核机制；打通科技和经济转移转化的通道；依托重大专项推动产业发展，加强新兴前沿交叉领域部署，推进行业关键共性技术开发；发展现代服务业，加强技术集成和商业模式创新。

(三) 提高科技项目管理的科学化水平

一是建立科技项目入库备选机制，加强科技对经济社会发展的支撑作用。二是将自治区科技项目立项工作前移，每年年底前完成项目立项评审工作，项目实施起始时间从批准立项之时算起。三是建立重大科技项目招投标制度。对拟批准立项的重大科技项目公开面向社会招标；对区域特色项目可以邀标方式，遴选项目承担单位及主持人；对共性技术或公共技术领域项目可面向全国公开遴选项目承担单位及主持人。四是完善科技项目监督评估制度，建立独立的项目执行监管验收制度，最终实现政府退出具体项目管理的目标。

(四) 进一步完善科技项目经费管理制度

分类指导，建立竞争性经费和稳定支持相协调的投入机制，优化基础研究、应用研究、试验发展和成果转化的经费投入结构，对研究周期长，效益显现较慢或我区特色产业发展中的关键技术项目要给予持续稳定的专项支持，对一些共性技术的研究开发要公开进行招标，择优支持。加强监管，实施跟踪检查，监督项目的用款方向和进度。对重大专项，首期拨付50%以内资金，通过审核后，对符合使用要求的项目全部予以拨付。改进财政科技经费支持方式。根据项目及承担单位实际情况，综合运用无偿资助、以奖代补、贷款贴息以及参股、风险投资等多种投入方式，充分发挥财政资金的引导作用，带动企业、银行和社会资金共同参与科技项目实施，提高财政科技资金的使用效益。建立健全项目立项及预算评审机制。根据自治区科技计划管理要求，逐步建立健全政府决策和专家咨询相结合的科研项目立项评审以及预算编制、评审机制，健全完善技术、管理以及财务等项目评审指标体系，实行严格的评审制度，进一步提高科研项目立项及预算编制的科学性和规范性。实行项目库管理。建立完善科研项目管理数据库，将企业申报的科研项目全部纳入项目库管理。对财政资金支持的科研项目，要将申报、评审、立项以及执行、验收等信息全部纳入项目库。对项目库信息实行各有关部门共享制度，避免重复申报、重复立项等现象。

（五）进一步完善自治区科技评价和奖励制度

一是健全科技评价制度。建立独立的第三方评估机制，改变目前决策、立项、实施和评价不分家的做法；重大科技项目应经过独立的第三方评估和论证，重大项目实施过程要有独立的专家评估和监督，项目成果要由独立的第三方评估机构验收。二是进一步优化科技评价指标，对不同类型的科技活动，要有不同的评价指标，要从过去的单纯依靠论文、成果等数量指标转而依靠效益指标；从目前的单纯依靠专家评价逐步改变为依靠市场和税收来评价。三是在自治区科技进步奖中设立“企业创新奖”，奖励在技术创新、商业模式创新方面成效显著的企业经营管理者，以及那些真正能够为地方经济服务的创新型企业。四是细化自治区科技进步奖的评分细则，提高科技奖励的额度，发挥奖励对科技创新的引导和鼓励作用。五是允许并鼓励行业协会或社会团体设立科技奖项，着重对某一行业或为地方经济社会发展做出突出贡献的项目或科技人员予以奖励。

（六）切实加大科技创新投入力度，建立有利于科技发展的稳定增长机制

一是建立和完善多元化、多层次、多渠道的科技投入体系。要积极实现科技投入从政府配置资源为主向建立多元化的创新投入体系转变，充分发挥政府投入的引导作用，在建立健全财政性科技投入稳定增长机制，完善财政资助、贴息、信用担保等方式促进政策性融资的同时，鼓励和支持企业增加研发投入，发挥财政投入“四两拨千斤”作用。突出财政支持科技创新的重点领域。政府科技投入要突出重点，重点用于支持市场机制不能有效配置资源的基础研究、前沿技术研究、社会公益研究、共性关键技术研究开发等科技活动。积极建立和完善科技创新的税收优惠支持机制，建立针对所有企业研发活动的税收优惠政策体系。把主要针对高技术企业及其产品和服务实施的税收优惠，转变为对所有企业研发活动实施税收优惠。更多地关注对小微企业的科技研发活动的政策优惠。尽快建立科技型企业和企业研发活动的标准体系。一是建立适应宁夏实际的科技型企业的认定标准。二是通过法律形式进一步明确界定企业研发活动的范围和内容，建立与国际规范相一致的研发活动统计标准以及研发支出会计核算，建立企业研发强度计算的统一规范标准，并使之与税收政策紧密衔接，为税收部门提供比较科学的政策依据。扩大研发税收激励范围和激励强度。进一步降低税收优惠的门槛，从技术创新的角度制定评估研发税收激励措施的详细指南，根据企业技术创新活动的特点及其创新环节构建健全的税收激励体系，促使企业真正成为技术创新投入和活动的主体。各级税务部门要增强服务意识，最大程度地减少企业获得创新税收优惠的成本，将激励创新的税收优惠落到实处。积极建立和完善科技创新的金融支持机制，不断拓展金融服务科技创新的方式和途径。完善以科技金融为核心的科技政策，发展创业投资、科技担保、科技保险等金融手段，建立多层次资本市场，扩大科技企业投融资渠道；引导金融机构综合运用买方信贷、卖方信贷、融资租赁等方式，加大对科技型中小企业的信贷支持力度，切实解决科技型中小企业普遍存在的创新资金紧缺困难。

（七）加强科技创新人才队伍建设

大力引进高端人才及创新团队。支持企业建设人才引进平台,集聚海内外高端人才和创新团队。统筹重大人才引进工程，建立企业急需紧缺人才需求目录，加快引进一批高端对口、急需紧缺人才和创新团队。引进的高层次人才，聘任专业技术职称不占单位职数限额，有关部门要落实科研项目、配备技术人员、提供良好平台以及良好居住条件等方面的优惠待遇。加快科技创新人才培养。高度重视学科领军人才、拔尖人才和技术带头人培养，大力培养年轻人才、大胆选用拔尖人才，加强创新人才和高技能人才队伍建设。引导区内高等院校、职业学校（院）调整专业设置，有针对性地设置区内产业急需紧缺学科。鼓励大学生自主创新创业，对进入各孵化器、科技园区开展科技创新创业的大学生，参照相关政策给予补助。完善科技人才激励制度。引导企业建立科技奖励制度，对做出突出贡献的科技人才给予奖励，激发企业技术人员创新热情。对企业、科研院所、高校自主引进且对我区经济社会发展产生显著影响的高层次人才，自治区及市县应给予相应奖励。稳步推进企业薪酬制度改革，探索试行知识产权入股、技术入股、期权激励等分配方式，推动科技人员薪酬收入与市场接轨。完善创新人才认定办法，逐步取消科研机构、高等学校统一职称评定。提高自治区人才专项资金规模，用于创新团队建设、科技人才引进、奖励、培训和其他补贴。

（八）引导企业重视研发产出，加大对知识产权保护力度

加大对企业知识产权保护等知识的宣传，使企业不断提高知识产权保护意识。加大对中、小型企业知识产权政策支持与鼓励，引导企业加强合作，转变观念，加强研发，注重产出，寻求企业效益增长新亮点。

2016年宁夏医疗卫生事业发展研究报告

王维成

2016年，自治区党委、政府贯彻落实党的十八届三中、四中、五中、六中全会精神和全国卫生与健康大会精神，学习贯彻习近平总书记视察宁夏时的重要讲话精神和刘延东副总理视察宁夏时的指示精神，高度重视医药卫生体制改革工作，突出重点，抓住难点，逐项制订实施方案，采取了一系列措施，先后投入81亿元，推动卫生改革发展，稳步推进全区综合医改试点工作，取得显著成效。

一、宁夏医疗卫生改革发展情况

（一）医疗卫生改革进展

1.公立医院综合改革取得明显成效。公立医院综合改革范围不断扩大，县级公立医院综合改革全面推开，覆盖全区22个县（市、区）。强化顶层设计，推进分级诊疗，完善药品集中采购，改革医疗服务价格，控制医疗费用不合理增长，财政补助水平进一步提高，财政补助收入占公立医院总支出的7%，科学补偿机制初步建立，降低药品虚高价格，优化了医院收入结构，药占比持续下降，医保支付同步跟进，为“三医联动”提供了重要保障。

作者简介　王维成，宁夏回族自治区卫生和计划生育委员会信息中心主任，主任医师。

2.积极探索管理体制改革。76%的县（市、区）成立了以公立医院管理委员会为主要形式的政府办医体系。银川市成立了由政府负责人和人社、财政、卫生计生委等12个部门组成的公立医院综合改革领导小组，建立完善了医院管理委员会联席会议制度，出台了30个相关政策配套文件，落实了24项改革任务，堵死以药养医的老路，调整262项医疗技术服务价格补偿，为群众让利6236.7万元。永宁县试行县乡一体化管理，盐池县改革支付制度提高卫生效益，全区县级以上医院围绕医疗集团建立联动机制，坚持政府主导、社会参与、先行先试，统筹兼顾，创新体制，完善机制，对公立医院的资产、财务、人事、薪酬、绩效、管理目标、政府投入等重大事项进行决策和监督，取得了显著成效。

3.改革和推进人事薪酬制度。重新核定了公立医院人员编制，按照老人老办法、新人新机制、总量控制的要求，银川市探索岗位管理和动态调整机制，建立了公立医院绩效工资总量核定办法和考核分配办法，将以药养人变为以技养人，实行全员聘用、岗位管理，市级医院工资总额较改革前增长50%，医务人员年收入增长20%。石嘴山市、吴忠市、固原市和中卫市组建医疗联合体，统筹使用人员编制，实行统一的人员招聘、岗位聘用、薪酬待遇、考核机制和教育培训制度，对紧缺、高层次人才由医院采取考察的方式予以招聘，合理提高公立医院绩效薪资总量。部分公立医院实行院长年薪制，由同级财政发放，不纳入工资总额。

4.分级诊疗制度建设初见成效。全区各县（市、区）通过开展家庭医生签约服务，组建区域医疗联合体，推动医疗资源流动与整合，完善医疗保障政策等多重组合方式，推动分级诊疗格局。自治区卫生计生委、人社厅等部门也及时调整医保报销政策，引导群众到基层就诊，建立分级诊疗制度，以高血压、糖尿病等慢性病为切入点，建立健全慢性病患者全程管理体系，开展签约患者全程健康管理，逐步形成了“慢病先行，急慢分治，上下一体”的医生签约服务、预约诊疗、转诊服务、疾病管理等基本服务模式，促进医疗资源下沉，提升基层医疗服务能力。

5.医疗服务能力进一步提升。自治区党委深改组和自治区政府常务会议多次研究深化医药卫生体制改革方案，强化顶层设计，以省级综合医改试点工作为契机，以深化公立医院改革为主线，坚持公益性方向，落实政府责任，健全制度体系，统筹推进医疗服务、医疗保障、药品供应、公共卫生、监管体制等综合改革，着力打好基础，提升信息化服务水平，实现远程诊疗9100余例，增强了改革的系统性、整体性和协同性，整体医疗服务能力进一步提升，基本满足了群众看病就医需求。

（二）医疗卫生发展成果

1.医疗卫生费用。政府卫生预算支出连续增长，2015年宁夏卫生总费用为229.72亿元，其中政府卫生支出达77.14亿元，占财政支出的6.78%，占GDP的2.65%（见表1）。

表1　“十二五”期间宁夏卫生费用情况

年份	卫生总费用（亿元）				卫生总费用构成（%）			卫生总费用占GDP比重（%）
	合计	政府卫生预算支出	社会卫生支出	个人卫生支出	政府卫生预算支出	社会卫生支出	个人卫生支出	
2011	116.31	45.53	28.13	42.65	39.14	24.19	36.67	5.53
2012	135.00	51.80	36.51	46.69	38.37	27.04	34.59	5.77
2013	168.06	60.44	48.91	58.72	35.96	29.10	34.94	6.55
2014	206.76	67.56	71.22	67.98	32.67	34.44	32.88	7.51
2015	229.72	77.14	77.03	75.55	33.58	33.53	32.89	7.89

2.医疗卫生机构。全区现有医疗卫生机构（不含村卫生室）1925个。其中，医院168家（公立医院71家，民营医院97家）；专业公共卫生机构130个，信息中心、健康教育所以及血液中心等其他卫生机构10个，卫生院246家，城市社区卫生服务机构193家（其中社区卫生服务中心25所，社区卫生服务站168所，131家具有独立法人地位），门诊部24家，诊所、卫生所、医务室1154所。

3.医院床位。全区医疗卫生机构设立床位31853张，病床使用率为83.24%。其中，医院27721张（占87.03%），基层医疗卫生机构2977张（占9.35%），专业公共卫生机构1055张（占3.31%）。每千人口拥有医疗卫生机构床位数4.77张，处于全国中等位置。

4.医疗卫生人员。全区医疗卫生人员总数48980人（不包含乡村医生和卫生员3632人）。其中，医疗卫生技术人员41505人，其他技术人员2240人，管理人员2026人，工勤技能人员3209人。卫生技术人员中，有执业（助理）医师15860人，注册护士16135人。每千人口拥有卫生技术人员6.21人，每千人口拥有执业（助理）医师2.37人，每千人口拥有注册护士2.42人，处于全国中上等位置。

5.基本公共卫生服务。全区基本公共卫生服务项目为12类52项，补助标准为人均40元。居民健康档案规范化电子建档人数累计达到561万人，建档率为87.4%；65岁以上老年人健康管理率为86.1%；0~6岁儿童健康管理率为96.2%；孕产妇产前健康管理率为98.4%；国家免疫规划疫苗11种疫苗单苗报告接种率达95%以上；基层医疗卫生服务机构传染病疫情报告率为99.98%；重性精神疾病规范管理率达93.3%；城乡居民高血压规范管理率达85.6%，高血压患者血压控制率为70.1%；糖尿病患者规范管理率达85.7%，糖尿病患者血糖控制率为67.6%。

6.健康指标。截至2015年末，全区人口667.88万人，其中城镇人口368.90万人，占常住人口的55.23%。人口出生率为12.62‰，死亡率4.58‰，人口自然增长率为8.04‰。婴儿死亡率7.46‰，孕产妇死亡率19.54 /10万。人均期望寿命74.13岁，处于全国中等水平。

（三）医疗卫生改革发展面临的挑战

1.人民群众看病就医的刚性需求快速释放。2009年新医改启动以来，群众医疗服务需求连年释放，到2015年，全区各类医疗机构诊疗人数达3588.29万人次，年人均就诊5.37次。其中各级各类医院诊疗1713.94万人次，占47.76%；社区卫生服务中心（站）诊疗169.74万人次，占4.73%；乡镇卫生院诊疗613.15万人次，占17.09%；村卫生室诊疗499.45万人次，占13.92%；其他医疗机构（卫生所、诊所、医务室、门诊部）诊疗592.00万人次，占16.50%（见表2、表3）。2015年出院人数达97.04万人，住院率14.53%。其中各级各类医院出院86.81万人次，占89.46%；社区卫生服务中心（站）出院598人次，占0.06%；乡镇卫生院出院5.56万人次，占5.73%；其他医疗机构（卫生所、诊所、医务室、门诊部）出院4.60万人次，占4.75%（见表4、表5）。

表 2　2009—2015 年全区各类医疗机构诊疗人次数

机构	2009 年	2010 年	2011 年	2012 年	2013 年	2014 年	2015 年
合计	24518129	25905974	28321682	31549776	33393402	36683830	35882877
医院	11003564	11314914	12505345	14105079	15507992	16785159	17139418
公立医院	9692176	10116409	11170294	12589518	13925758	15070113	15229326
其中:省级医院	1955672	2639352	3004679	3725810	4326198	4733189	4904635
市级医院	4718986	4338759	4814633	5266787	5749339	5996816	5891959
县级医院	3017518	3138298	3350982	3596921	3850221	4340108	4432732
民营医院	1311388	1198505	1335051	1515561	1582234	1715046	1910092
社区卫生服务中心(站)	600588	677056	794834	1267570	1300090	2548856	1697421
乡镇卫生院	4289359	4510503	5107308	5481286	5592712	6172631	6131512
村卫生室	4095975	4801897	5228864	5293178	5392873	5314920	4994499
其他医疗机构	4528643	4601604	4685331	5402663	5599735	5862264	5920027

表 3　2009—2015 年全区各类医疗机构诊疗人次分流比

(%)

机构	2009 年	2010 年	2011 年	2012 年	2013 年	2014 年	2015 年
合计	100.00	100.00	100.00	100.00	100.00	100.00	100.00
医院	44.88	43.68	44.15	44.71	46.44	45.76	47.76
公立医院	39.53	39.05	39.44	39.90	41.70	41.08	42.44
其中:省级医院	7.98	10.19	10.61	11.81	12.96	12.90	13.67
市级医院	19.25	16.75	17.00	16.69	17.22	16.35	16.42
县级医院	12.31	12.11	11.83	11.40	11.53	11.83	12.35
民营医院	5.35	4.63	4.71	4.80	4.74	4.68	5.32
社区卫生服务中心(站)	2.45	2.61	2.81	4.02	3.89	6.95	4.73
乡镇卫生院	17.49	17.41	18.03	17.37	16.75	16.83	17.09
村卫生室	16.71	18.54	18.46	16.78	16.15	14.49	13.92
其他医疗机构	18.47	17.76	16.54	17.12	16.77	15.98	16.50

表 4　2009—2015 年全区各类医疗机构出院人数

机构	2009 年	2010 年	2011 年	2012 年	2013 年	2014 年	2015 年
合计	604190	657991	705343	818688	901112	971134	970366
医院	498740	555371	602541	718795	804272	874358	868134
公立医院	457481	515959	556210	660916	727096	775901	770270

续表

机构	2009年	2010年	2011年	2012年	2013年	2014年	2015年
其中:省级医院	91587	142341	147963	190781	231896	250778	259173
市级医院	192390	182930	200668	233665	247891	264788	249212
县级医院	173504	190688	207579	236470	247309	260335	261885
民营医院	41259	39412	46331	57879	77176	98457	97864
社区卫生服务中心(站)	315	974	1523	1563	1347	630	598
乡镇卫生院	71646	65396	63102	57135	51333	49669	55596
其他医疗机构	33489	36250	38177	41195	44160	46477	46038

表5 2009—2015年全区各类医疗机构出院人数分流比

(%)

机构	2009年	2010年	2011年	2012年	2013年	2014年	2015年
合计	100.00	100.00	100.00	100.00	100.00	100.00	100.00
医院	82.55	84.40	85.43	87.80	89.25	90.03	89.46
公立医院	75.72	78.41	78.86	80.73	80.69	79.90	79.38
其中:省级医院	15.16	21.63	20.98	23.30	25.73	25.82	26.71
市级医院	31.84	27.80	28.45	28.54	27.51	27.27	25.68
县级医院	28.72	28.98	29.43	28.88	27.44	26.81	26.99
民营医院	6.83	5.99	6.57	7.07	8.56	10.14	10.09
社区卫生服务中心(站)	0.05	0.15	0.22	0.19	0.15	0.06	0.06
乡镇卫生院	11.86	9.94	8.95	6.98	5.70	5.11	5.73
其他医疗机构	5.54	5.51	5.40	5.03	4.90	4.80	4.75

2.控制医疗费用不合理增长的压力加大。近年来，医疗技术的进步、耗材涨价、大型医疗设备增加、定价机制不合理、制度性诱导等因素导致医疗费用不合理增长，给医疗机构改革发展造成了很大的压力。2009年至2015年，门诊次均费用年均增长7.79%，次均住院费用年均增长14.34%(见表6、表7)。加之目前医院成本核算方法是将出院结账收入扣除药品收入、上月退费等与“各科室直接成本表”中的该科室成本费用项目（不含药品成本）配比得到收支结余总额后，再根据医院确定的风险系数对应不同的收支结余提取比例，形成科室的奖励性绩效工资，科室再根据每个职工的医疗风险、业务技术要求的高低、工作量、病人满意度等进行分配。

这种核算制度过分注重科室创造的利益，难以体现不同岗位的真实劳动投入，客观上形成利益驱动理念，助推医院盲目扩张趋势和医疗费用不合理增长，导致看病贵问题。

表 6　2009—2015 年全区各类医疗机构次均门诊费用

(元)

机构	2009 年	2010 年	2011 年	2012 年	2013 年	2014 年	2015 年
合计	88.88	81.85	88.78	90.80	105.40	115.00	130.40
医院	110.42	130.40	138.38	143.00	162.00	185.10	203.90
公立医院	116.33	135.14	143.91	148.50	167.20	191.40	211.40
其中:省级医院	210.99	217.44	228.61	225.30	254.90	288.40	316.70
市级医院	118.41	133.35	141.81	145.00	158.50	181.30	194.80
县级医院	76.91	85.29	90.77	93.40	104.10	119.70	133.70
民营医院	66.78	90.37	92.06	97.50	116.80	129.80	143.60
社区卫生服务中心(站)	26.24	26.60	29.87	21.80	27.50	14.50	27.70
乡镇卫生院	23.19	25.86	29.08	29.20	32.90	35.20	37.00
村卫生室	10.01	9.84	10.57	11.29	12.08	13.85	14.32

表 7　2009—2015 年全区各类医疗机构次均住院费用

(元)

机构	2009 年	2010 年	2011 年	2012 年	2013 年	2014 年	2015 年
合计	3747.59	4351.17	4861.84	4861.84	5966.20	6460.70	6941.70
医院	4342.61	4966.01	5488.31	5488.31	6492.60	6976.80	7541.20
公立医院	4548.63	5135.42	5707.49	5707.49	6829.20	7448.00	8038.10
其中:省级医院	10386.08	9584.40	10864.64	10864.64	11693.70	12549.90	13418.00
市级医院	4361.62	4762.10	5411.39	5411.39	6394.10	7003.70	7559.70
县级医院	2310.13	2581.91	2796.97	2796.97	3303.70	3586.10	3808.10
民营医院	2058.29	2748.12	2858.28	2858.28	3321.00	3263.20	3630.30
社区卫生服务中心(站)	2365.08	2924.02	2859.49	2859.49	2923.50	2211.10	2075.30
乡镇卫生院	637.48	680.71	778.47	778.47	1031.30	1049.30	919.30

3.医师工作负荷过大，基层医务人员待遇仍然偏低。2015 年综合医院医生人均每日承担诊疗 6.66 人次，医生人均每日承担住院 2.43 床日。县级医院临床科室每日工作时间均大于有效工作时间 6 小时，一线医（技、药）师每日工作时间最长的科室为外科（8.14 小时）、妇产科（7.28 小时）、儿科

(7.23 小时)；一线医（技、药）师每日工作时间最短的科室为内科（检验科 5.40 小时）。HIS 提示的工作日志发现，县级医院临床科室的一线医师周六、日平均投入 2.1 小时在工作上,且手术科室一线医师周末工作时间比非手术科室多 1.3 小时，手术科室二、三线医师的临床工作时间也显著多于非手术科室。医务人员不仅超负荷工作，而且待遇偏低。据调查，目前县级医院工作人员月均工资为 3506 元，年薪 4.21 万元，卫生专业技术人员月均工资为 4387 元，年薪 5.26 万元，主任医师级别的医生年薪仅为 8.4 万元。

4.全面开展分级诊疗的制度尚未形成。目前宁夏县级公立医院平均开展 1665 个诊疗项（92.1%为常规诊疗项）、162 个护理操作项，符合国家《二级综合医院评审标准（2012 年版）实施细则》和《临床护理实践指南(2011 版)》规定的二级综合医院临床科室基本诊疗技术标准和护理技术要求。按照年门诊人次、年急诊人次、年住院患者入院出院例数、出院患者实际占用总床日、年住院手术例数、年门诊手术例数、恶性肿瘤手术前诊断与术后病理诊断符合例数、住院患者死亡与自动出院例数、住院手术例数、危重抢救例数、死亡例数、出院患者平均住院日、平均每张床位工作日、床位使用率%、床位周转次数等指标衡量，宁夏 26 所县级综合医院和 12 所县级中医医院均达到了二级甲等医院的服务水平，但由于全面分级诊疗制度尚未形成，三级医院人满为患，病人下转到县级医院进行康复治疗难以实现。

5.卫生改革发展难度加大。随着改革纵深推进，利益格局深刻调整，体制性、结构性矛盾集中暴露，工业化、城镇化、农业现代化以及人口老龄化进一步加剧了卫生资源供给约束与卫生需求日益增长的矛盾，疾病谱变化、医药技术创新、重大传染病防控和卫生费用快速增长对优化资源配置、扩大服务供给、转变服务模式和提升管理能力都提出了更高的要求，但目前医疗卫生机构普遍存在技术骨干青黄不接、人才断档的问题，改革难度越来越大。

二、建设健康宁夏，推动医疗卫生改革发展的对策建议

(一) 实施健康宁夏战略，全面推动医疗卫生改革发展

1.健康宁夏是开放宁夏、富裕宁夏、和谐宁夏、美丽宁夏建设的基础。没有健康就没有全面小康。2013 年 12 月，自治区党委十一届三次全会审议通过了《中共宁夏回族自治区委员会关于深化改革推动经济社会发展若干问题的决定》，提出了建设开放宁夏、富裕宁夏、和谐宁夏、美丽宁夏“四位一体”的宏伟目标。2016 年 1 月，自治区十一届七次全会指出，“十三五”时期要以创新、协调、绿色、开放、共享发展理念统领“四个宁夏”建设。宁夏属于经济欠发达地区，因病致贫、因病返贫是制约经济社会发展的瓶颈因素。在当前全区经济发展进入新常态的大环境下，没有健康，就没有全面小康。因此，必须以五大发展理念为引领，加快医药卫生体制改革步伐，健全医疗保障体系，完善药品供应保障机制，从大健康、大卫生的高度出发，将健康融入经济社会发展各项政策，打造健康环境和健康社会，发展健康产业，建立更加公平有效的基本医疗卫生制度，形成以健康为中心的经济社会发展模式，实现人人享有健康的生产生活环境和社会环境，人人形成健康的生活方式和行为方式，人人享有有效方便的医疗卫生服务，大幅度提高全民健康水平。

2.健康宁夏是一个创新型发展理念，建设健康宁夏的发展路径是健康优先。要推动卫生发展模式创新，从以疾病治疗为中心转向以健康促进为中心，以满足群众健康需求为导向，实施精准医学计划，建立完善有利于健康的经济发展模式、社会环境、自然环境、管理体系、筹资体系、法制体系，推动城乡区域协调发展，在投入和政策上重点向农村和南部山区倾斜。要以信息化为支撑引领医改，整合碎片化的服务体系，构建以健康为中心的综合卫生服务体系，实现医防结合、上下协作、医养结合、多元发展。要改善城乡基础设施和生态环境，强化食品药品安全，推进全民健身，建设完善的公共安全保障体系，完善社会支持系统，推进健康城市建设，有效防控重大疾病，强化健康风险保护，提高医疗服务的可及性、公平性和服务质量，重点改善老年人、妇幼、贫困人口、流动人口、职业人群等

重点人群的健康状况。

3.健康宁夏建设首要任务是贯彻落实好新形势下党的卫生与健康工作方针。习近平总书记高度提炼概括了新时期卫生与健康工作方针，这就是“以基层为重点，以改革创新为动力，预防为主，中西医并重，将健康融入所有政策，人民共建共享”。这三十八字方针，是我们党在深入总结国内外医药卫生工作的实践经验的基础上，立足国情，遵循卫生健康事业的基本规律，把握行业特点，科学研判形势提出的，与党在不同历史时期的卫生工作方针一脉相承又在新形势下与时俱进。三十八字方针明确指出了今后的工作重点、发展方式、发展路径、发展目的。健康宁夏建设必须始终不渝地把这一方针贯彻到卫生改革发展的全过程，毫不动摇地把公益性写在医疗卫生事业的旗帜上，向全民提供健康公共产品，更好地满足人民群众多元化健康需求。

（二）确定重点领域，加快改革发展步伐

1.大力促进农村基层和城市社区卫生改革发展。推动村医职业化，强化村卫生室“网底”建设，全面提升乡镇卫生院服务能力，实行乡村卫生人员与服务一体化管理，探索县乡村医疗卫生人员与服务一体化管理，逐步提高基层卫生人员待遇，稳定农村基层卫生队伍。发挥政府在社区卫生服务体系建设中的主导作用，保障服务机构基础设施和人员配置，改革管理体制和人事分配机制，建立社区医生和居民契约服务关系。鼓励社会参与，多元化举办社区卫生服务机构。

2.抓好分级诊疗制度建设。继续引导医疗卫生工作重心下沉、资源下沉，把健康守门人制度建立起来，是满足人民群众看病就医需求的关键，也是一条重要的国际经验。这项制度是对现有医疗卫生服务模式、就医理念、就医秩序的深刻调整，是一项基础性、长远性的政策。因此，要按照居民自愿、基层首诊、政策引导、创新机制的原则，建立健全家庭医生服务制度，让群众患病后第一时间问诊自己的家庭医生，实现小病在基层，大病到医院，康复回基层的合理就医制度。要通过机制创新组织大医院的医生组建家庭医生签约团队。家庭服务要从重点区域做起，逐步拓展。签约服务先从公共卫生服务以及高血压、糖尿病、慢性病开始，不断拓展内容，努力搭建分级诊疗制度框架，逐步形成分级诊疗制度。

3.加快建立符合行业特点的薪酬制度。医疗行业培养周期长，职业风险高，技术难度大，责任担当重。因此，要调动医务人员的积极性，保护医疗服务的生产力，尊重医务人员劳动成果和辛苦付出，提高医务人员薪酬水平，允许医疗卫生机构突破现行事业单位工资调控水平，允许医疗服务收入扣除成本并按规定提取各项基金后主要用于人员奖励，同时，推动实现同岗同薪同待遇，激发广大医务人员的活力。鼓励各县（市、区）按照国家有关公立医院薪酬制度改革试点指导性文件精神进行探索，为建立符合行业特点的薪酬制度创造经验，调动广大医务人员参与改革的积极性。

4.深入推进医保支付方式改革。全民医保是中国特色基本医疗卫生制度的基础，医保作为医疗服务需方的总代表，在领导行为、完善价格、控制费用等多方面发挥着基础作用。因此，要充分发挥医保的杠杆作用，建立利益调控机制，引导群众有序就诊，让医院和医生有动力合理用药、控制成本；有动力合理收治和转诊患者，从而进一步撬动分级诊疗和药品领域的整个供给侧改革。鼓励各县（市、区）结合实际实施临床路径，加快推进按病种付费、按床位付费、按人头付费、总额预付等复合型支付方式改革，形成需求侧对供给侧的强有力的推动。

（三）以县级公立医院改革为突破口，夯实健康宁夏建设的基础

1.鼓励探索创新。各级政府要把医药卫生体制改革纳入全面深化改革中，同部署，同要求，同考核，支持市（县、区）因地制宜差别化探索，充分放权给基层，发挥基层首创精神，努力做到“人民有所呼，改革有所应”，根据当地经济社会发展水平和群众医疗服务实际需求，因地制宜，全面推进公立医院综合改革的理论创新、制度创新、管理创新、机制创新、技术创新。对一些难度大的改革，自治区订方案，各市（县、区）蹚路子，通过试点示范，避免走弯路，总结试点经验，再上升为全区的制度和政策，使改革逐步深入。

2.落实政府责任。政府是公立医院的举办者和所有者，要切实履行领导责任、保障责任、管理责任、监督责任，要建立强有力的改革领导体制和组织推进机制，深化公立医院管理体制和运行机制的改革。各级公立医院要树立正确的办院方向和价值取向，确保公立医院的公益性，统筹做好卫生事业发展，解决公立医院“谁来办，在哪办，办多大”的问题。要全面落实政府对公立医院的投入政策，逐步偿还和化解公立医院的长期债务，逐步理顺政府和公立医院的权责关系，集中政府办医权力，推进公立医院治理体系和治理能力现代化，形成政府举办、部门监管、医院依法自主管理的格局，强化卫生计生行政部门医疗服务的监管职能，实行统一规划、统一部署、统一监管、属地化管理、全行业监责的管理体制，着力解决制约公立医院改革发展的全局性、根本性和长期性的矛盾。

3.建立现代公立医院管理制度。探索建立决策、执行、监督相互协调、相互制衡、相互促进的公立医院管理体制和制度机制。在决策层面，要坚持政事分开，管办分开，关键是要合理界定政府作为出资人的举办监督职责和公立医院作为事业单位自主运营管理权限，打破“九龙治水”的局面，组建公立医院管理委员会，将分散在政府相关部门的公立医院举办权发展权集中到管理委员会，代表同级政府举办公立医院，并作为出资人行使政府对公立医院的所有权，加强宏观管理，管方向，管政策，管引导，管规划，管评价，加大对医疗服务行为、医疗费用等方面的监管，减少对医院人事编制、科室设定、岗位聘任、收入分配等管理。同时，实行院长负责制，院长代表公立医院依法行使人事管理、内部机构设置、副职推荐、中层干部聘任、人员招聘和人才引进、薪酬分配、年度预算执行等经营管理自主权。医院内部要建立健全机构组织规则和意识规则，实现内部运行和监督有章可行，有据可依，推动管理的科学化、精细化和信息化，规范医疗行为，不断提高服务能力和运行效率。加强对公立医院和院长的绩效考核，考核结果与医院财政补助、医保支付、工资总额、院长薪酬、任免和奖惩挂钩。构建综合监管体系，形成“政府监管，行业自律，社会监督”相结合的公立医院治理格局。

4.完善公立医院补偿机制。按照“腾空间，调结构，保衔接”的路径，破除以药补医机制，建立新的补偿机制。腾空间就是取消药品加成，降低流通环节的虚高价格，规范用药行为，促进合理用药，开展处方点评，加强抗菌药物等临床用药管理，对价格高，用量大，辅助性、营养性的药品建立监控目录，开展跟踪监控，超常预警，应用信息化手段，对所有医疗机构门诊、住院诊疗行为和费用开展全程监督和智能审核；调结构就是要利用降低药品耗材费用腾出的空间，调整医疗服务价格，建立动态调整模式，按照“总量控制，结构调整，有升有降，逐步到位”的原则，着眼公立医院的良性运行，综合调，动态调，逐步建立以成本和收入结构变化为基础的价格动态调整，基本理顺医疗服务比价关系；保衔接就是医保支付和财政补助政策要同步到位，无缝衔接。确保群众负担总体不增加，维护社会和谐发展。

2016年宁夏就业创业研究报告

马　妍

2016年宁夏经济稳定发展，社会事业全面推进，在新常态下，宁夏的就业与创业呈现出平稳增长的态势。前三季度，宁夏城乡就业保持基本稳定，由于经济持续下行的基本面没有改善，产业结构调整和转型升级对就业的影响在加深，人力资源市场提供的就业岗位有所下降，稳定就业压力较大，创业带动就业效果显著。

一、2016年宁夏就业创业现状

（一）宁夏的劳动力资源和从业人员基本情况

2015年末，宁夏全区劳动力资源（16~60周岁）504万人，占总人口的75.4%，其中，城镇劳动力278万人，农村常住劳动人口劳动力为226万人。除去劳动年龄的高中高职以上各类在校学生、无就业能力残疾人和公安机关刑事在押人员，全区从业人员约为365万人，其中城镇从业人员为147万人，农村从业人员为218万人，高校毕业生及劳动力供给的主要特点如下。

1.劳动力人口总量继续增长且依然年轻化。从人口增长来看，宁夏人口自然增长率依然处于较高增长区间，年均增长率依然达到0.9%，劳动力

作者简介　马妍，宁夏社会科学院社会学法学研究所助理研究员。

总量相应也在不断增长。从人口年龄结构来看，目前16~45周岁人口达到劳动力人口的76%，16~34岁以下人口占劳动力人口近50%。总体来看，宁夏的劳动力人口总量依然较大。一方面，丰富且年轻的劳动力能够为宁夏的经济发展提供强大的人力资源支持；另一方面，随着人力资源市场需求的下降，就业的总量压力仍然较大。

2.劳动力素质结构有所改善。宁夏全部劳动力年龄人口中，未接受过学校教育的占总数的4.5%，受过小学教育的占25%，受过初中教育的占39%，受过高中教育的占18%，受过大专以上教育的仅占13.5%。虽然近些年来宁夏教育普及水平不断提升，力度也在逐渐加大，劳动力受教育程度有所提高，但初中及以下文化程度仍占劳动力总量的68%左右，提高劳动力素质任重道远。

3.劳动力与从业结构进一步优化。从产业分布来看，2015年宁夏第一产业从业人员占从业人员总数的44.5%，第二产业从业人员占从业人员总数的36.4%，比上年增加1.4个百分点，低于全国5个百分点，吸纳就业还有很大空间。第三产业从业人员增加明显，从宁夏全区人才交流市场提供的就业供求变化数据来看，第三产业的需求量增速最快，2016年1—9月份增速为去年同期的27%，其次为第二产业，增速为16%，但第三产业求职者明显不足，呈现供小于求的现状，因此，还有很大的就业吸纳空间。

从行业分布情况来看，各行业供求比例变动不大，但需求人数均有不同程度增加。制造业增加最多，增加了10061个岗位，其次是贸易、零售、批发业和居民服务业，分别增加了4774个和4005个岗位，但人才市场求职者数量明显不足，说明这几个行业更容易就业。

（二）宁夏就业创业现状

1.就业现状。2016宁夏城乡就业基本稳定。从各项就业指标的完成情况来看，截至10月底，全区实现城镇新增就业7.8万人，同比增加2847人，增长3.8%；失业人员实现再就业5.62人，同比增加4163人，增长8%；就业困难人员实现就业7518人，同比增加619人，增长9%。高校毕业生就业率达93%，同比增长2.4个百分点。

据宁夏人力资源市场招聘会情况显示，1—9月，全区各级就业服务部门举办各类招聘会296场次，提供岗位17.57万个，95%以上为民营企业提供，达成意向性协议6.26万个。与上年同期相比，2016年无论是入场企业还是提供岗位均有一定程度的下降，但下降幅度不大，约为2%左右，宁夏全区各地人力资源市场供求基本平衡。

从失业动态监测情况来看，10月底监测的504家企业，监控企业岗位总数比上月末增加1064个，岗位增长0.57%，由负转正，监测企业生产稳中有增，带动就业明显增长。从领取失业保险金人数情况来看，全区10月底领取失业保险金人数12677人，同比减少1175人，减幅8.5%；环比减少1098人，减幅8%，领取失业保险金人数已连续4个月呈下降趋势，就业向好态势初现。

从农村就业来看，2016前三季度宁夏农村劳动力转移就业72万人，同比增长2.2%，其中，其中区内转移就业53万人，同比增加4.9%，区外转移就业19万人，同比减少1万人，实现工资收入62亿元，同比增长12.3%。人均劳务收入8600元左右，同比增长10.6%。从农村劳动力转移就业情况来看。截至10月底，全区农村劳动力转移就业73.8万人，完成全年任务的105.4%，同比增长4%，其中，区内转移就业54.47万人，区外转移就业19.33万人；实现工资收入65.03亿元，完成目标任务的108.3%。同比增长12.5%，人均收入8812元，同比增长8.2%；全区农村劳动力转移就业培训7.7万人，同比增长102.6%。

2016年宁夏高校毕业生近5.7万人，其中区内3.2万人，区外宁夏籍毕业生2.5万。截至8月31日，全区18所普通高校2016届毕业生已就业25754人，初次就业率为81.06%，较2015年同期上升5个百分点。从就业单位性质看，企业依然是吸纳毕业生就业的主渠道，占已就业毕业生总数的71.60%。其中，到私营民营企业就业的有12802人，占比59.38%。

2016年以来，宁夏的纺织、葡萄酒、枸杞、旅游等新兴产业发展势头强劲，成为吸纳就业的重要产业。石嘴山市、贺兰县、灵武市、吴忠市纺织业吸纳就业人数尤为明显。区内就地就近就业成为主趋势。据有关部门统计，农民工在区内建筑业就业19万人（含部分外籍农民工），在区内从事葡萄酒产业就业11.5万人，区内从事枸杞采摘的农民工大约8万余人。

从事农田水利工程建设项目的1万余人，宁夏农村劳动力转移就业形势基本稳定。

2.创业现状。从创业情况来看，截至2016年10月底，全区共完成创业能力培训12535人，培育小企业3546家，培养小老板7243个，创造新岗位33401个；发放创业担保贷款10.8亿元，创业带动就业6.2万人，发挥了创业担保贷款促进就业的倍增效应；落实大学生创业引领计划880人，培育创业孵化园区（基地）217家，其中国家级创业孵化示范园区1家。以石嘴山市大武口区为例，2016年大武口区重点建设八大创业创新基地，完善六个公共服务平台，推进四项机制创新，开展“七项行动”，放宽政策，引导大中专学生、留学生、转岗职工、复退军人、返乡农民工等创业主体以创业实现就业，以创新实现可持续发展。截至2016年11月，共创办小企业211户，新登记注册各类经营主体户数1001户；城镇新增就业人数9882人，小微企业新增就业人数6602人，以创业带动就业效果明显。银川iBi育成中心引入“新华网创客大学”项目，培养了广大青年及大学生创新创业意识。

针对特殊群体和困难群体，宁夏加大创业贷款力度，支持特殊群体和困难群体创业。2016年前三季度，宁夏共发放支持少数民族创业贷款2.73亿元，发放支持女性创业贷款2.87亿元，发放支持大中专毕业生及高校在校生创业贷款4779万元，发放支持农民创业贷款2.88亿元，发放支持互联网创业人员创业贷款273万元，发放支持就业困难人员创业贷款8213.9万元，发放支持复转军人创业贷款706万元等。宁夏自2008年开展全民创业工作以来，至2016年全区累计注入担保基金4.58亿元，共发放创业担保贷款95.5亿元，直接带动就业43.2万人。

二、2016宁夏就业创业形势分析

在经济下行，国家去产能政策进一步实施，传统增长动力正在减弱，而互联网企业、科技创新企业等新经济体的发展壮大需要一个过程的情况下，2016年宁夏就业创业能够保持平稳增长的局面，主要得益于以下几个因素。

（一）经济增长带动就业增长

虽然宁夏经济增长趋缓，但仍处于中高速增长，且经济增长的基数仍然在不断扩大，对就业的带动也呈增长态势。据宁夏就业部门测算，“十二五”期间，全区经济增速每提高一个百分点，带动城镇就业6000~7000人。而“十三五”期间，经济增速每提高一个百分点，带动城镇就业就可能是8000~9000人。根据人力资源市场提供岗位的比例权重测算，今年宁夏城镇新增就业主要集中在二、三产业，其中，制造业就业约为2.19万人，批发零售业1.61万人，住宿餐饮业1.39万人，居民服务业5179人，建筑业4758人，信息传输业3279人，分别占城市新增就业总数的30%、22%、19%、7.1%、6.5%和4.5%，其他行业如电力制造业、房地产服务业、交通运输业、金融服务业、采矿业及其他服务业、涉农产业就业的0.8万人，占城市新增就业总数的10.9%。

预计2016年1—10月份，全区规模以上工业增加值增长7.5%，增速较上半年加快0.4个百分点，与前三季度持平。截止9月末，全区规模以上工业实现利润同比增长1.3%，其中亏损企业亏损额同比下降0.9%。预计1—10月份，全区完成投资3068亿元，增长9%，增速较前三季度回落1.8个百分点，10月份当月完成投资358亿元，同比增长2.5%。投资增长和企业亏损的回落增加了就业岗位，一定程度上缓解了就业形势。

（二）经济结构逐步优化缓解了就业压力

2016年，宁夏三产结构比例由2010年的9:49:42转变为2015年的8.2:47.4:44.4。产业结构逐步优化，第三产业吸纳就业能力较强，全区服务业就业比重以及提高到36.4%，也就是说，全区365万左右的从业人员中，有将近133万人从事服务业。服务业和新兴产业的稳定增长缓解了全区就业压力，同时，产业内部结构有所优化，工业过重局面进一步改善。2016年，宁夏纺织、葡萄酒、枸杞、旅游等新兴产业发展势头强劲，成为吸纳就业的重要领域，石嘴山市、贺兰县、灵武市、吴忠市纺织业吸纳就业人数尤为明显。

（三）大众创业、万众创新带动就业

截至2016年9月底，宁夏全区已累计成立各类创业服务组织115家，通过举办各类创业大赛、创业论坛、创业观摩活动，营造起浓厚的“双创”氛围。创新引领作用得到进一步增强，各类电商创业园，电商物流园正在纷纷建起，新经济形态发展充满了活力。累计建设创业园区（基地）216个，1.3万家企业入园创业。2016年1—9月份全区培养小老板6686个，同比增长1.1%，培育小企业3220个，同比减少5.5%，创造新岗位30372个，同比增长4.5%，创业带动就业55417人，同比增长5.8%，发放创业担保贷款9.8亿元，同比增长20%左右。

（四）积极就业政策促进就业

1.高校毕业生就业压力得到缓解。围绕高校毕业生“就业促进计划”和“创业引领计划”，宁夏回族自治区连续出台一系列促进高校毕业生就业政策，健全完善高校就业创业部门联席机制和校企合作交流机制，统筹组织实施招考1308名公务员，招聘4863名事业单位人员，招聘1500名特岗教师，招募3000名“三支一扶”人员，招聘1120西部志愿者，选聘100名村官以及到企业工作、应征入伍、区外就业、自主创业、事业单位实习兜底、10%公益性岗位安置等措施，延伸拓展高校毕业生到基层工作的服务保障机制，努力引导高校毕业生到基层长才干。通过给予小微企业招聘高校毕业生社保补贴、困难高校毕业生一次性求职创业补贴、创业担保贷款、创业补贴等一揽子优惠政策，鼓励小微企业吸纳高校毕业生就业，支持大学生就业创业。2016年共有6996名高校毕业生享受求职补贴699.6万元。

2.就业援助政策兜底困难人员就业。2016年宁夏积极开展各项就业援助，通过购买公益性岗位兜底困难就业人员就业，自治区政府购买了5500个公益岗位，进一步缓解就业困难人员的就业压力，购买岗位较往年新增2000个。继续开展女灵活就业“4050”人员社会保险补贴工作，预计全年将为近4.5万余名灵活就业人员发放社保补贴1.3亿余元。通过社区就业、推荐就业、职业技能培训就业安置等方式促进零就业家庭成员实现就业，2016年以来，宁夏已动态清零零就业家庭365户502人，有效解决了困难人员就业和贫困家庭生计问题，促进了社会的和谐。

3.援企稳岗补贴稳定就业。落实自治区降低失业保险费率和援企稳岗政策。落实自治区降低失业保险费率和援企稳岗政策，鼓励企业少裁员或者不裁员，阶段性将失业保险缴费费率从2%降低到1.5%，其中单位缴费降低0.3个百分点、个人缴费降低0.2个百分点，职工养老保险单位缴费费率由20%降为19%，工伤、生育保险费费率也相应进行了调整，为参保单位减负2.4亿元。截至2016年8月底，宁夏共为1512家企业发放稳岗补贴资金1.3亿元，惠及职工29.57万人，帮助企业稳定了就业岗位。

三、宁夏就业创业存在的主要问题

（一）隐性失业逐渐显现

隐性失业就是劳动者具有劳动能力并在职工作，但工作量不足，不能通过工作获得社会认可的正常收入，虽有工作岗位但未能充分发挥作用的失业，或在自然经济里被掩盖的失业。2015年下半年，随着国家降产能、去库存、去杠杆和处置“僵尸企业”等政策的实施，宁夏部分企业关停并转，领取经济补偿解除劳动关系的职工人数增多。比如，神华宁煤集团有7个子公司厂矿关停，有1.6万名职工面临再就业，目前已通过停薪留职、经济补偿、内部退养、转岗分流等办法安置1.1万人，隐性失业进一步显性化。据调查，银川市、中卫市、吴忠市企业都有这样的情况，部分企业正式职工工资大幅度下滑，部分农民工被解除了劳动合同。

（二）结构性矛盾依然突出

受经济增速放缓等因素影响，劳动力技能素质与岗位不匹配等结构性矛盾更加凸显，有些失业者找不到合适的工作岗位，也有一些工作岗位招不到条件合适的员工。主要表现为：高等教育结构与劳动力市场需求结构不匹配，部分高校毕业生因专业限制找不到合适的工作，企业岗位需求与劳动者技能素质之间的匹配度较差，在产业结构升级和化解产能过剩过程中，职工失业与企业招工难问题并存，技能型人才尤其是高级技工十分短缺。

（三）重点群体就业压力较大

受年龄、文化程度影响，城镇就业困难群体、失地农民、“4050”人员就业依然很困难，以高校毕业生为重点的就业问题比较突出。2016年宁夏高校毕业生近5.7万人，其中区内3.2万人，较2015年增长6%，区外宁夏籍毕业生2.5万；区外高校宁夏生源毕业总数为2.2万人，每年回宁夏就业人数在6000人左右，2016年比往年略有增加。区内高校毕业生到区外就业的约为3000人，在区内需就业的高校毕业生总数约为3.5万人。受经济下行等因素影响，区内国有企业、传统制造业等岗位需求明显减少，尤其是涉煤企业、金融保险业对高校毕业生的需求下降幅度较大。比如，神华宁煤集团、伊品生物集团今年取消了高校毕业生招收计划；石嘴山市天地奔牛集团和部分金融企业今年只招收少量高校毕业生，高校毕业生就业难度大。

四、加快解决宁夏就业创业问题的对策建议

（一）继续落实积极的就业政策，稳定和扩大就业岗位

全面深入落实已出台的各项稳定就业岗位和促进就业的措施，建立促进就业的政策支持体系，包括产业政策、投资政策、财政政策、税收优惠政策、金融政策、城乡统筹、区域统筹和群体统筹的就业政策。建立统一、规范的人力资源市场体系，面向所有劳动者的职业教育和培训体系，不断完善公共就业服务体系，建立劳动者公平就业制度和困难群体就业援助制度。充分发挥创业担保贷款等手段的积极作用，加大小微企业融资服务，切实降低企业税负，增强小微企业吸纳就业的能力，进一步拓宽就业渠道。加大失业保险基金稳岗补贴力度，支持和帮助企业稳定就业岗位。通过发展经济和调整产业结构、实行有利于促进就业的各项经济和社会政策，拓宽就业渠道，增加就业岗位。建立健全失业保险制度，依法确保失业人员的基本生活。

（二）加大力度推进创新创业培训，以创业带动就业

大众创业、万众创新，是发展的动力之源，也是富民之道、公平之计、强区强国之策。党的十八届五中全会提出，要完善创业扶持政策，鼓励以创业促就业。宁夏要坚持把激励创业作为拓宽就业渠道、推动实现更高质量就业的重要基础，作为培育新的经济增长点、增强经济发展活力的重要引擎，积极搭建服务平台。人才的培养是创新创业的根基，要实现全社会释放创新创业的潜能，首先要围绕以提高科技素质、职业技能和经营能力为核心的创业人才素质的培养。研究表明，“一个社会的创业教育水平越

高，其社会成员灵活就业、自主创业、岗位立业的效果就越好，随之取得的社会效益和经济效益也就越好，从而极大地推动社会的繁荣和发展，促进社会充分就业。”①

培养创新创业素质所面临的最大挑战不是技术、资源，而是新的思维方式和正确的创业意识。利用广播、宣传栏、电视、互联网等方式宣传政府支持农民创业的政策，帮助从业者了解当前有利的创业形势，激发他们参与创业培训的热情，认同并主动接受创新创业培训。通过媒体及培训宣传创业成功农民的先进事迹，发挥他们的引领示范作用，给予农民创业的信心及动力，使他们消除创业顾虑，克服创业失败的恐惧，树立强烈的创业意识，引导从业人员改变传统观念，积极参与创业。

从培训内容看，应该以实用性和专业性为原则，为从业人员开发实用性强的培训内容，提供提高职业素养与职业技能的培训。根据市场发展需要及不同培训对象的需求实行专业分类培训。针对接受能力强的有志青年，例如返乡农民工，开展技术要求高、创新性强的技能系统培训，注重提高他们使用电子信息技术的能力。要尽可能有针对性地开展创业经营管理方面的培训，提升创业者项目分析、项目运作和管理水平。

（三）提前预设防范措施，积极化解结构性失业风险

结构调整和改革将进入攻坚阶段，新旧动能转换仍需磨合，随着去产能、去库存、去杠杆力度加大，化解过剩产能行业范围扩大，“僵尸”企业市场出清加快，一些大中型企业的隐性失业风险或将集中释放，规模性减员现象可能多发。在此情况下，应该把职工安置摆在结构性改革中的突出位置，引导帮助各市县政府和企业多渠道、多方式、规范有序有效做好职工安置工作。采取降低企业综合成本、提供稳岗补贴、加强在岗培训等措施，鼓励企业不裁员或少裁员。对下岗失业人员实施再就业帮扶行动，通过拓展就业渠道、开展再就业培训、加强就业服务等环节，帮助失业人员尽快实现转岗就业。充分尊重市场力量，鼓励和支持地方、行业、企业自主解决就业结构矛盾的同时，要加大与中东部对口支援省份的就业合作，

---

①王珉等《创业教育管理概论》，浙江工商大学出版社2014年版，第19页。

跨区域的同行业就业合作，促进就业空间的拓展性发展。还可以探索采取一些项目制的委托方式，完善政府购买服务成果机制，如对化解产能过程中职工分流安置任务可以打包委托专业的市场人力资源服务机构承担，安置经费上也可以是裁员企业和政府分担。

（四）落实引导帮扶措施，关注重点群体就业创业

着力抓好高校毕业生、返乡农民工、留学回国人员等重点群体就业创业。提供政策、培训、服务一条龙跟踪帮扶。打破城乡、地区、行业分割和身份、性别歧视，维护劳动者平等就业创业权利，在提供公平就业创业机会基础上，针对不同的劳动者有针对性地改革完善相关政策，开展有针对性的创业服务。例如社会组织参与创新创业培养，搭建平台孵化企业来促进创业保就业。落实企业招用大学生的社保补贴，大学生求职创业补贴等就业政策，精心组织好大学生“三支一扶”“西部计划志愿者”、事业单位实习等促进大学生就业创业系列活动，持续开展常态化招聘和就业送政策、送信息、送岗位、送培训等活动，不断拓宽大学生就业渠道，确保高校毕业生年底就业率不低于2015年就业率93.6%的水平。

（五）创造有利条件，扶持返乡农民创业

对返乡农民工要有针对性地帮助他们开展职业技能提升计划，在解决生计的基础上提高他们就业创业能力，培育乡村精英，使他们成为乡村致富的楷模的同时增加乡村的就业岗位。在前期创业资金问题的解决上，扩充创业担保基金规模，提高创业贷款额度，降低反担保门槛，推行3户或5户联保，为返乡创业人员解决资金不足的问题。推进农民工返乡创业园建设，支持农民网上创业，建立返乡创业项目库，强化创业培训和创业指导；开展项目推介活动，为返乡创业农民工等人员提供创业培训、管理咨询、融资指导等“绿色通道”服务。在“双创”背景下，支持农村青年创业致富，培育乡村创业人才队伍，有利于带动产业基地，创造就业岗位，带动农村剩余劳动力就业，缓解当前就业压力。

（六）继续扩大岗位购买服务，托底弱势群体就业

对贫困家庭子女、残疾人、转岗职工、生态移民等特殊群体要多加关怀，实施免费职业培训行动，加强对弱势群体就业服务指导和技能培训，发挥政府托底、帮扶的作用，落实政府购买公益性岗位、企业招用困难人员社保补贴、技能培训补贴、加强就业实名制登记和分类帮扶，保障零就业家庭成员、退役军人、残疾人、刑满释放人员等群体有效就业，以维持生计，改善生活条件，维护社会和谐稳定。

专题篇

ZHUANTIPIAN

精准扶贫工作中的道德风险及其化解研究

李保平

贫困是人类社会的伴生物，也是社会的推进剂，从某种意义上说，正是人们对贫困的恐惧，促使人们勤奋劳作，推动了社会的进步。从唯物史观看，贫困的产生要从现存的制度中去寻找原因，解决贫困问题，也要从改革现有制度开始。马克思虽然是针对19世纪的资本主义社会而言的，但对我们正确认识和解决贫困问题提供了重要的理论依据。20世纪30年代席卷资本主义社会的经济危机爆发后，为缓解资本主义社会的矛盾，社会政策成为资本主义调节贫富差距、缓解阶级矛盾的重要方式，为资本主义发展奠定了一定的社会基础。但与此同时，社会政策的不断发展和完善，在保障基本人权，提高人民生活的同时，也不同程度引发了一些道德问题。

一、社会政策与道德风险

在马克思主义看来，要彻底解决贫困问题，必须从解决所有制入手，消灭私有制。如何避免资本主义的固有矛盾引发的社会革命，在资本主义发展过程中，特别是经历了20世纪初的金融危机后，社会政策作为解决资本主义基本矛盾和缓和阶级关系的重要手段走上了历史舞台。社会救济、社会保障、劳动保护、教育卫生等作为社会政策的主要内容，通过二次或

作者简介　李保平，宁夏社会科学院社会学法学研究所所长，研究员。

多次分配，减少社会贫富差距，维护工人最基本的生存权利和发展权利。从资本主义的发展看，正是得益于大量社会政策的出台和不断完善，不但为资本主义社会提供了稳定的社会环境，也为资本主义发展提供了发展的动力，是资本主义能够生存发展的重要条件。

20世纪80年代以来，社会保障的道德风险与负激励问题日益受到许多国家政府和经济学家的关注。从福利国家的历史经验看，福利国家制度设计曾经在欧洲相关国家经济发展与社会进步方面发挥了重要的作用。但是也不能否认福利制度的缺陷曾给欧洲国家，特别是西北欧国家带来严重的负激励问题。自70年代以来，福利国家的制度性缺陷普遍出现。首先是发达国家经济出现财政赤字、“滞胀”现象迫使社会各界要求削减政府开支和社会福利，减少税收以刺激投资。但高税收是高福利的基础，减少税收，高福利难以为继。其次是由于国际竞争日益激烈，福利国家高福利、高工资、高补贴、长假期的优越条件，削弱了他们产品的市场竞争力。经济全球化导致了西方就业机会外流和第三世界廉价商品大量进入西方市场，福利国家竞争力减弱，难以支撑高昂的福利开支。更严重的是，高福利还会不断培养出一批批坐享其成的懒汉。据统计，在高福利政策下的欧洲，工人一年除了法定公休日外，还有大约30天的休假日。德国人一年工作时间仅为1660个小时，比美国人少240个小时，比日本人少410个小时。在英国，“三天打鱼，两天晒网”，拿着疾病津贴在海滨度假的大有人在。近年来，随着全球经济下滑，财政收入下降，西欧社会高福利社会政策的不可持续性日益显现，希腊债务危机从某种意义上讲就是高福利政策带来的恶果。在公正与效率之间，西欧各国政府正面临艰难的选择。综观西欧社会政策，我们可以发现，引发道德问题的原因有如下几点：第一，政府包得过多，从摇篮到坟墓，使得个人失去了奋斗的动力。第二，福利标准过高，使得个人可以不通过努力就可以过上相对舒适的生活，这大大降低了奋斗创业的积极性。第三，社会福利的普惠性。在解决了贫困人口生活保障的同时，使许多有劳动能力的人通过“搭便车”不劳而获，形成了一种逆向激励的社会氛围。第四，政策制定缺乏道德考量和市场化的制度设计，过分关注结果公平，而忽视了人性的弱点，使得社会发展失去活力。这些经验，都是我们在制定社会政策时需要汲取的。

二、精准扶贫过程中道德问题的实证研究

扶贫工作是党和政府的一项重要工作，在长期的扶贫工作过程中，我们积累了许多的经验，其中，道德风险问题是我们在扶贫工作中面临的重要问题之一。中央决定实施精准扶贫，出发点除了在较短时间内解决贫困人口的脱贫问题外，实际上也有对以前“大水漫灌式”扶贫引发的道德问题的考量。但在精准扶贫过程中，我们发现，许多道德问题依然存在，甚至在有些方面得以强化。虽然我们看到的只是一些个别现象，但也需要引起我们高度重视。

（一）精准扶贫中道德问题之一——等靠要思想的强化

等靠要思想是在贫困人口中普遍存在的一种观念，它的产生，有其深刻的历史文化背景和现实的政治、经济根源。我们一般把等靠要思想作为一个整体来看待，实际上等靠要思想是三种不同的心理状态，它们之间有一致性的同时，也有着细微的差别。“等”是对关系、制度、规范的高度信赖以及建立在这种信赖基础上的一种心理状态。其积极一面是信任，对关系、制度等抱有希望；消极一面是自身缺位，缺乏积极主动性，把希望寄托在关系、制度、规范上。“靠”是一种发展依赖，相比于“等”，心理上稍微积极一点，有一定的主动性，但这种主动性是建立在对关系、制度、规范依赖的基础上，缺少独立发展的勇气和魄力。“要”是一种赤裸裸的索取，是对关系、制度、规范不满进而反抗的行为，主观上认为是关系、制度、规范对他的亏欠，心理结构表现为一种受害者心理。相比于等、靠，要是一种彻底负面的行为方式和心理状态，需要坚决防范。

（二）精准扶贫中的道德问题之二——以贫穷为荣，争当建档立卡户

精准扶贫工作的基础在确定贫困人口和贫困家庭，只有精准识别，才能精准施救。是否进入建档立卡户，会享受不同的帮扶待遇，而且在现有政策的条件下，这种差别有时还比较大。因此，争当建档立卡户，就成为精准扶贫工作中出现的又一种道德困境现象。从政策制定角度看，进入建档立卡户与不进建档立卡户之间的待遇差距和建档立卡户数规模是驱使人

们争当建档立卡户的客观原因。如有的地方整个一个村子住户不过300多户实有住户，但建档立卡户就有230多户，使得贫困户之间的边界模糊，认定难度增大，容易引起群众的不满。但由此反映出当前农村以贫困为荣，争当贫困户的道德环境和对国家资源不占白不占的心状，是我们在精准扶贫工作中面临的主要道德问题。从经济发展的角度看，这种现象的持续将导致精准扶贫工作缺少最基本的社会资源而陷入一种进退失据的境地，需要引起我们的高度关注。

（三）精准扶贫中的道德问题之三——利益面前干群关系、亲情关系和邻里关系紧张

精准扶贫工作牵涉到群众利益，因此群众关注度高，工作难度大。当资源有限，不可能照顾到所有人群时，谁能够享受政策的优惠就成为一个焦点问题。基层干部是该项工作的执行者，因此首当其冲，干群关系紧张不可避免。同时，这种道德紧张也像瘟疫一样，在亲情关系和乡土关系中蔓延，使得原本淳朴的社会关系变得越来越功利、越来越微妙。长期在一起生活，一个村子里谁家是贫困户大家都清楚，并时常受到大家的照顾。当贫困户进入建档立卡户，特别是以前不怎么贫困的家庭也进入建档立卡户，随着待遇差距的拉大，人们看待这些建档立卡户的态度就发生了变化，从同情、不满发展到敌视，使得农村的社会关系普遍出现紧张。

（四）精准扶贫中的道德问题之四——社会资本匮乏，诚信意识缺失

诚信是现代社会发展的基础，也是精准扶贫最重要的社会资源，在调研的过程中，我们发现，农村最稀缺的可能并不是资金，而是比金钱更重要的诚信。许多农民并不是因为贫困而缺少资金，而是因为不诚信而无法获取资金。在我们调研过程中，我们发现，农村中存在大量的不诚信记录，有的村子涉及的人员比例竟然高达70%。有的是自己借钱不还，有的是给别人做担保。资金是农民致富的瓶颈，但大量的不诚信记录又将农民阻挡在现代金融业之外，造成政策的优惠农民无法享受。另外，非诚信的社会环境，也使得政府在分配扶贫资金时需要过多考虑安全与效率问题，加重了扶贫成本，影响了扶贫工作的进度。

（五）精准扶贫中的道德问题之五——孝道的失落

孝道是中国传统文化的核心，讲究孝道也是中华民族的传统美德。以前的农村一般是分家不分户，儿子结婚后分开居住，但户籍一般不分，从形式上保留了一个大家庭的完整性，儿女虽分家另过，但对老人的养老义务还不同程度保留着。“十一五”“十二五”生态移民时，一般是以户为搬迁单位，许多分家未分户的农民受到了损失。在吸取以往的教训后，现在的农民一般都非常注意分户，能分得越小越好，以便能够享受政策的红利。这样农村中的老人都被分了出来，形成了许多老人户。在精准扶贫中，许多老人户被确定为建档立卡户，政府予以帮扶，但老年人没有发展生产的能力，政策的红利往往被子女享用。但在养老的问题上，子女却将责任往政府、社会推，认为老人已经分户单过，自己没有义务养护老人，力避自己的养老义务，许多老人的养老成为问题。

三、解决精准扶贫中道德困境的路径选择

社会政策引发的道德问题是一种世界性的现象，也是一个世界性的难题。如何破解社会政策的负面效益，走出道德困境的“魔咒”，需要我们在制定社会政策时综合考虑多种因素，实现从思想观念到制度规范的创新性发展和创造性转化。

（一）观念转变

解决贫困问题是人类的一个美好的愿望，也是我们党执政为民的宗旨所在。贫困问题的产生有着较为复杂的原因，既有自然条件、个人禀赋的原因，也有制度等社会条件的制约。贫困问题在我国的存在不是始于现在，显然也不可能终结于现在。可以想见，在一个相当长的时期内，解决贫困问题都是我们面临的重要任务。要实现扶贫观念从“毕其功于一役”到长期奋战的转变。虽然中央确定了两个一百年的奋斗目标，但全面建成小康社会并不等于贫困问题的终结。那种认为可以在较短时间内彻底解决贫困问题的想法是不符合马克思主义的，也是不切实际的。西方社会已经进入到资本主义高度发达的阶段，但贫困问题仍然是困扰西方社会的一个重要问题。美国是最为发达的资本主义国家，美国的贫困人口达总人口的

12.6%，770多万个家庭生活在贫困线以下，平均8个美国人中就有1个为贫困人口。转变急于求成的思想观念，学习国外的扶贫经验，树立长期扶贫的思想准备，对指导我们的扶贫工作意义重大。

（二）社会主导，专业化方向

要实现扶贫方式由政府主导向社会主导的方向转变，强化扶贫工作的专业化，发挥社会组织在扶贫工作中的重要作用，推进国家治理体系和治理能力现代化。扶贫工作是政府的主要工作之一，但政府发挥作用的方式是直接参与还是提供服务，其结果有明显的不同。扶贫工作，看似简单，实际上是一项非常复杂、专业的工作，在国外一般都是政府委托专业的机构来实施。党的十八届三中全会提出要实现国家治理体系和治理能力现代化，但由于惯性思维，在精准扶贫工作中对传统路径的依赖非常明显，政府包办太多，导致社会参与不足。扶贫工作实现由政府主导向社会主导的转变，还有很长的路要走，但社会化、专业化的方向必须要坚持，有条件的地方，要开展试点，推进这项工作向前发展。

（三）综合施策与社会政策的价值回归——社会政策从解决贫困问题向生产要素转型

长期以来，我们有一种思想或理论误区：认为贫困就是经济贫困，导致往往把扶贫工作单纯看作是一项经济工作，认为只要把农民收入搞上去，扶贫目标就实现了。所以，我们的扶贫工作基本上是在如何提高农民收入上下功夫，大量的扶贫资金也是用于农民的增收。近年来，国家在农民的社会保障和危房改造中投入了大量的资金，改善了农民的居住条件和生活条件，也极大改善了农村的面貌。但这一切都是建立在政府持续不断投入的基础上的，是一种输血型扶贫，一旦政府减少投入，就会出现贫困的反弹。如何实现从输血到造血的转变，增强扶贫效果的可持续性，是需要我们深入研究的课题。通过调研，我们发现，在全区现有的扶贫政策支持下，贫困地区往往最缺乏的不是资金，而是知识、技术和社会资本。从某种意义上讲，正是由于知识、技术匮乏与社会资本特别是诚信、勤勉的缺失，导致农民无法从市场渠道获取发展需要的资金，从而失去自我发展的能力。所以，精准扶贫工作既要聚焦贫困家庭生活条件改善，更要注重扶贫政策的社会性，从贫困人口职业技能培养、贫困家庭的教育、社会法治建设等方面开展精准扶贫工作，实现精准扶贫的结构优化，为贫困地区彻底解决贫困问题打造一种软环境。

（四）建立社会政策的道德风险评估机制——社会政策的安全阀

社会政策会产生一些道德问题，这是社会政策制定和执行过程中不可避免的一种现象，源于个体道德差异和人性的弱点，中外概莫能外。社会政策的出台应尽可能减少道德风险，如果一项政策的出台产生了较为严重的道德问题，需要检视的不是不道德者，而是政策本身。为克服社会政策的负面效应，许多国家建立了社会政策的道德风险评估制度，专门分析评估一项社会政策的道德风险以及预防措施，取得了较好的社会效果。党的十八大特别是三中、四中全会都明确了要建立风险评估制度。但从全区的实际看，风险评估的主要局限于基础设施建设、政府政策等，主要关注的是社会稳定风险、环境生态风险，对社会政策的道德风险评估还没有引起重视，实践中也没有具体实施的案例。建议在自治区层面成立社会政策道德风险咨询委员会，对宁夏出台的社会政策面临的道德风险进行评估，提出预防的措施，减少社会政策执行中负面性。

（五）人民主体、市场化路径——精准扶贫的依靠力量和动力之源

政府扶贫有其巨大的优势，可以在较短时间内聚集大量的人力物力解决贫困人口的生产生活问题。与此同时我们也应看到，政府扶贫也有明显的局限性，最为主要的问题是除非政府持续投入，这种扶贫绩效是没有可持续性的，扶贫效率低，一旦政府阶段性扶贫任务完成， 贫困人口反弹率高。发挥人民群众在扶贫工作中的主体作用，是摆脱扶贫工作面临周期性困境的关键。而要实现扶贫主体的转化，市场化的扶贫机制建立不可或缺。在当前精准扶贫工作中，市场化的机制可以考虑从以下几个方面建立：第一，鉴于贫困地区基础设施建设滞后，大力实施贫困地区基础设施建设，吸引大量农村劳动力就业，增加就业机会和收入，为农民以后发展培养技能和奠定物质基础。第二，产业扶贫要从过程帮扶向结果奖励转变。产业扶贫是精准扶贫工作的重要方面，也是当前我区各地都在普遍开展的一项扶贫工作。产业扶贫可以解决贫困人口的持续发展问题，成为目前精准扶贫的主要方式。从目前宁夏推进产业扶贫情况看，注重过程帮扶而轻视结果奖励的倾向比较明显，过程帮扶工作环节多，需要一定的专业性要求，也面临一定的市场风险，政府管得过多会产生一系列的问题，包括产品销售和道德风险问题。第三，采取人性化的方式开展职业技能培训。一方面贫困人口缺乏劳动技能，另一方面许多农民不愿意参加技能培训，构成一种发展悖论。导致这种现象出现的原因是非常复杂的，有培训流于形式的问题，有培训内容不接地气的问题，也有农民怕耽误时间的现实考量。就调动农民参加技能培训而言，宁夏完全可以借鉴贫困地区教育中普遍推行的营养午餐计划，通过给农村中小学生提供营养午餐，不但可以提高儿童身体素质，对父母而言也是一种激励，有效保证了贫困地区适龄儿童的入学率。在现有条件下，可以考虑给参加培训的农民以适当的现金补贴或其他奖励形式，鼓励农民参加劳动技能培训，通过技术将命运掌握在自己手中。宁夏近期出台“2016 年全区精准脱贫能力培训实施方案”，采取了市场化、人性化的方式鼓励农民参加各种职业技能培训，参加培训的农民，只要取得职业技能证书，就可以领取一定数额的现金补贴。如果该方案的实施能够得到扎实的推进，就会使精准扶贫的效果呈倍数增加，勤劳致富就不会成为一句空话。

（六）社会资本——精准扶贫考核的重要指标

对于“社会资本”概念，目前尚没有为人们普遍认同的定义，从其基本内涵看，社会资本是相对于经济资本和人力资本的概念，它是指社会主体 (包括个人、群体、社会甚至国家) 间紧密联系的状态及其特征，其表现形式有社会网络、规范、信任、权威、行动的共识以及社会道德等方面。社会资本存在于社会结构之中，是无形的，它通过人与人之间的合作进而提高社会的效率和社会整合度。实际上，对一个社会而言，诚信、法治、勤勉、友爱、包容等无疑构成一个社会最大的社会资本。社会资本看似与经济发展无关，但实际上是经济发展的基础，对一个社会的社会资本的考察，构成我们判断一个社会是否健康的重要面向。美国著名学者弗朗西斯·福山在《信任——社会美德与创造经济繁荣》一书中指出，“社会资本很低的国家不仅容易导致弱小且缺乏效率的公司，而且也将深受政府官员腐败横生和公共管理效率低下之苦”；社会资本“它更容易被政府行为所破坏，一旦消亡，很难通过政府把它重建起来”；当今世界，“意识形态和体制之争已经落下帷幕，从今以后，社会资本的保存和积累将成为关注的焦点”。[①]制度的优势不再是纯理论的说教或暂时的经济、军事实力的比拼，而是看谁能够积累巨大的社会资本。从这个意义上说，未来的国际和国内不同地区之间的竞争，主要取决于社会资本而非其他。重视社会资本的保存与累积，不但是社会政策优先方向，也是实现中华民族伟大复兴和宁夏经济社会全面发展的先决条件。

扶贫工作需要考核，通过考核也是检验扶贫工作进度与效果的一种方式。但现在的考核基本是一种经济指标考核，考核的内容多为数字指标，社会资本的积累基本没有纳入考核指标，从而使得精准扶贫工作的考核存在结构性偏差。2016 年 8 月，自治区发布了“贫困县党委、政府扶贫开发工作成效考核实施方案”。从综合指标、减贫成效、专项扶贫、行业扶贫、社会帮扶等五大类进行考核。从实际工作看，重心还是在短期扶贫的效果上，在社会扶贫项下谈到的社会帮扶指标只包括群众满意度和闽宁合作、各厅局帮扶等两项。社会组织参与扶贫工作并没有纳入考核范围，扶贫工作的社会效应，如社会诚信度、乡村和谐度、社会法治度、扶贫资金安全度、农民创业主体性等并未进入指标考核体系，反映了在对扶贫工作考核中，重视对硬指标的考核，忽视了对社会软环境的关注和塑造，考核指标体系存在结构性缺失。扶贫工作的最终绩效不但表现为贫困人口的脱贫，也要体现为农村的新风新貌和贫困人口的精神状态，特别是诚信、勤勉、包容、奋进的社会环境，而后者，才是保持扶贫效果持续的精神动力和力量源泉。

---

①[美]弗郎西斯·福山《信任——社会美德与创造经济繁荣》，广西师范大学出版社 2016 年版，第 335、339 页。

宁夏扶贫与救助政策有效衔接精准核对研究

陈国华　李艳军

一、研究背景

2015年11月29日，中共中央、国务院出台了《关于打赢脱贫攻坚战的决定》，将脱贫攻坚作为一项政治任务来部署，提出把精准扶贫、精准脱贫作为基本方略，按照“六个精准”的要求，依靠“五个一批”的途径，确保到2020年，稳定实现农村贫困人口不愁吃、不愁穿，义务教育、基本医疗和住房安全有保障，贫困地区农民人均可支配收入增长幅度高于全国平均水平，基本公共服务主要领域指标接近全国平均水平，确保我国现行标准下农村贫困人口实现脱贫，贫困县全部摘帽。

作为西部民族地区，宁夏既是“三西”扶贫开发的发源地，也是六盘山集中连片特困地区扶贫开发的主战场，贫困整体上呈现出范围广和程度深的双重特征。一方面，贫困地区面积广、人口多。从贫困地区面积看，同心、盐池、西吉、海原、泾源、彭阳、隆德、原州、红寺堡9个贫困县占自治区总面积的65%。从贫困人口数量看，扶贫部门建档立卡贫困人口58万人，占全区总人口的8.7%。另一方面，贫困程度较深，按照统计部门

作者简介　陈国华，宁夏回族自治区民政厅社会救助家庭经济状况核对中心主任；李艳军，北方民族大学管理学院副教授。

提供的数据显示，南部山区和中部干旱带地区农民人均纯收入仅为6500元，约占全区平均水平的71%。

为了打赢脱贫攻坚战，与全国同步进入全面小康社会，宁夏按照中央的统一部署，结合区情实际，提出通过发展生产、异地搬迁、生态补偿、教育扶贫，分别解决30万、8万、1万和4万贫困人口的脱贫难题。显然，“五个一批”中，发展生产、异地搬迁、生态补偿、教育扶贫都属于开发式扶贫的范畴，目的是通过完善基础设施、提供投资补贴，调动贫困人口发展的主动性，参与到各类发展项目中。但是，需要强调的是，参与扶贫项目并从中获益的前提是贫困人口具有完全或部分劳动能力，并且具备摆脱贫困的内生动力。对于完全丧失劳动能力而陷入长期性贫困，或由于自然灾害、疾病、农业产出价格的波动而陷入暂时性贫困的人口，只能通过社会保障给予兜底。

在“五个一批”家庭认定中，扶贫与救助有效衔接是前提，只有两项政策有效衔接，相互配合，精准扶贫的目标才能顺利完成。扶贫对象家庭经济状况核对则是关键，不仅低保兜底的一批对象从扶贫部门移交给民政部门，必须经过核对环节，而且对于开发式扶贫家庭，也应该委托民政部门对其家庭经济状况进行科学核对。

二、扶贫与救助政策有效衔接的理论基础和运作逻辑

理论是实践的先导。科学清晰的理论有助于我们准确把握公共政策的内涵，制定正确的行动路线，实现最终的政策目标。严格意义上讲，“衔接”一词并非公共政策领域的专业术语，频繁使用容易带来普遍的迷思。因此，我们使用“整合”的概念来分析扶贫与救助政策的衔接问题。

“整合”的概念最初属于系统论的范畴，是指通过协调和再造，把系统内部彼此相关但却彼此分离的资源和职能组合成一个协调的整体，取得一加一大于二的效果。对扶贫与救助政策发展历程的回顾和分析，可以发现二者之间存在彼此相关但却彼此分离的特征，通过对扶贫与救助政策的有效整合，可以更加精准高效地实现脱贫目标。

在具体探讨两项制度整合之前，我们先从政策分析的视角，采用比较

研究的方法，对两项制度进行深入地分析，厘清二者之间的异同，为有效整合提供理论支撑。[①]

（一）扶贫与救助政策的比较：相同之处

1.政策目标一致。正如国务院办公厅转发扶贫办等部门制定的《关于做好农村最低生活保障制度与扶贫开发政策有效衔接工作的通知》所指出的，农村最低生活保障制度和扶贫开发政策都是将贫困人口作为帮扶对象，政策目标均是帮助贫困人口摆脱贫困。从系统论的视角来看，扶贫与救助政策都属于“大扶贫”概念下的具体政策，应该通过协调和整合，充分发挥两项政策的合力，提升反贫困的效率。

2.资金来源一致。扶贫救助资金均主要来源于财政拨款。扶贫投入属于中央地方共同负担项目。由于贫困地方财政紧张，且贫困面大程度深，中央财政投入通常占到总投入的60%以上。根据《中国实施千年发展目标报告（2000—2015年）》提供的数据显示，2000—2014年中央财政累计投入扶贫专项资金2966亿元。农村低保资金同样来自于中央和地方共同投入。根据民政部的统计数据显示，截至2014年底，全国有农村低保对象2943.6万户、5207.2万人。全年各级财政共支出农村低保资金870.3亿元，其中中央补助资金582.6亿元，占总支出的66.9%。

（二）扶贫与救助政策的比较：差异之处

1.政策理念不同。开发式扶贫政策通过在贫困地区实施基础设施建设、农业技术推广、劳动力培训和输出、信贷补贴等项目，调动贫困人口参与发展的主动性和积极性，其本质属于发展型社会政策。最低生活保障制度通过直接的现金援助，为收入水平低于低保线的贫困家庭提供兜底保障，本质上属于补缺型社会政策。

2.目标对象不同。开发式扶贫的目标对象是农村中家庭人均纯收入低于农村扶贫标准，有劳动能力或劳动意愿的农村居民。农村低保政策的目标对象则是家庭人均纯收入低于当地低保标准的农村居民，主要是因病、

---

①由于低保是农村最重要的制度化救助项目，为了研究目标更加明确，我们对农村救助政策的讨论将聚焦于低保政策。

因残、年老体弱、丧失劳动能力以及生存条件恶劣等原因造成生活常年困难的农村居民。

3.管理机构不同。开发式扶贫工作由国务院扶贫领导小组办公室和地方各级扶贫部门负责。具体开展扶贫政策制定、贫困户认定、扶贫资金管理、扶贫项目管理等工作。农村低保工作则由民政部和地方各级民政部门负责，具体开展低保政策制定、低保户识别、低保资金分配、低保绩效评估等工作。

通过对两项制度的比较分析，可以发现，扶贫低保的政策目标是一致的，都将反贫困作为最终的目标，这是两项制度有效整合的前提条件。扶贫低保的资金来源是一致的，均主要来源于财政拨款，这是两项制度有效整合的基础。扶贫与救助的政策理念、目标对象和管理机构均不同，这是两项制度整合的着力点。

（三）扶贫与救助政策整合的重点

通过对扶贫与救助政策异同点的仔细梳理，可以发现，“两项制度”有效衔接试点工作的重点包括如下几个方面。

1.政策有效衔接。政策有效衔接是两项制度顺利衔接的前提，也是两项制度有效衔接的关键。只有政策有效衔接，两项制度衔接才能合法推进。地方政府应该在国务院《关于做好农村最低生活保障制度与扶贫开发政策有效衔接试点工作的指导意见》（国开办发〔2009〕60号）和《关于做好农村最低生活保障制度和扶贫开发政策有效衔接扩大试点工作的意见》（国办发〔2010〕31号）两个文件的指导下，结合地方工作实际，出台符合本地实际情况的政策方案。对于符合低保条件的建档立卡户，特别是因为年老、长期患病和残疾而丧失劳动力的家庭和个人，要按照政策规定程序及时纳入农村低保范围。对于符合扶贫条件，家庭成员具有劳动能力和脱贫意愿的低保家庭，要及时纳入建档立卡范围，并采取产业帮扶、异地搬迁、生态保护、资产收益等方式帮助脱贫。

2.对象有效衔接。对象有效衔接是两项制度有效衔接的核心，也是两项制度有效衔接的基础。要按照信息比对、倒排序法和民主评议等程序，分别识别出扶贫对象、低保对象、扶贫和低保交叉对象，实施分类扶持，做到应保尽保、应扶尽扶，真正实现对象有效衔接。具体而言，在对象有效衔接中，一方面，要重点扩大低保对象和扶贫对象的重合率，充分发挥低保制度在脱贫攻坚中的兜底作用。另一方面，要通过科学研究和分析制定易于操作的低保和扶贫对象核对标准，确保基层工作人员更方便地按照标准甄别出真正的帮扶对象。

3.标准有效衔接。标准有效衔接是两项制度有效衔接的重点。尽管两项制度所采用的帮扶措施分别是开发式扶贫和救助式补贴。但其目标都是帮助陷入贫困或困境中的农村居民摆脱贫困，促使其收入达到一定的标准。因此，在科学分析、准确测算的基础上，推动低保扶贫“两线合一”，实现低保救助政策帮扶标准统一，是两项制度有效衔接的题中应有之义。除了标准统一之外，随着物价水平上涨和人民生活水平提高，各地还需要结合当地实际，建立低保线和扶贫线同步提高的动态增长机制，确保贫困人口共享社会经济发展成果。

4.信息有效衔接。信息有效衔接是两项制度有效衔接的基础。只有信息在主管部门之间互联互通，互通有无，相互比对，才能保证扶贫救助对象准确识别，政策有效实施。对民政部门而言，重点是积极推动民政云平台建设，依托“全国最低生活保障信息系统”，建成地方低保数据库，并及时动态更新，确保数据的真实有效。对扶贫部门而言， 重点是推动扶贫云平台建设，建立信息准确和动态更新的贫困人口数据库。两个部门之间要建立数据共享机制，通过数据交换和协同研究，针对数据分析和比对中发现的问题及时提出解决建议，积极采取改进措施。

从上述四个整合的内容来看，扶贫与救助政策有效衔接是前提，它是对象、标准和信息有效衔接的基础。只有政策有效衔接，其他内容的衔接才能具体执行。从当前实际来看，国务院早在2009和2010年分别出台了扶贫与救助政策有效衔接的相关文件，并要求试点地区加以落实，扶贫与救助政策有效衔接的政策障碍已经消除。但是，关注对象、标准和信息的有效整合才刚刚开始。其中，居民家庭经济状况的核对是上述三个内容有效整合的必经之路和科学保证。只有经过精准核对，扶贫救助对象才能准确地识别出来；只有经过精准核对，扶贫救助标准才能科学地确定下来；

只有经过精准核对，准确的扶贫救助信息库才能完整地建立起来。

三、问卷设计及描述性统计

（一）问卷设计

为了深入了解宁夏扶贫与救助政策有效衔接精准核对的整体情况，我们于 2016 年 4 月组织实施了“宁夏农村扶贫与救助政策有效衔接精准核对评估”项目的问卷调查。调查问卷包括户主信息、家庭状况、家庭资产及收入和家庭支出状况四个部分。户主信息重点关注户主的年龄、民族、宗教信仰、政治面貌、教育程度、就业等特征；家庭状况主要关注家庭的人口数量、老年人口、残疾人口、低保享受、住房结构等指标；家庭资产及收入重点关注家庭拥有的耐用品和收入来源；家庭支出状况主要关注家庭支出的具体类别。

问卷抽样采取多阶段随机抽样方法。首先，按照随机抽样的原则，在全区 9 个贫困县中，随机抽取 3 个县，分别是吴忠市的红寺堡区、中卫市的海原县和固原市的西吉县。然后，从上述 3 个县区中随机抽取 2 个乡镇。在每个乡镇内部，又随机抽取 3 个行政村。最后，在每个行政村内部根据花名册随机抽取 60 户家庭进行调查，共计抽取调查对象 1080 户。

（二）农村贫困户识别效率

在精准脱贫过程中，精准识别是前提，也是关键。只有准确地将贫困家庭和人口识别出来，才能采取精准的帮扶措施。那么，基层政府和社区有没有识别真正的贫困户？贫困户识别的准确性到底有多高？这是需要重点关注的问题。按照调查中收集的被访家庭收入状况，我们计算了 3 个样本县贫困户识别效率。

1.贫困户覆盖率。2015 年度，在调查的 891 户家庭中有 305 户被认定为贫困户。贫困户占被调查家庭比例为 34.23%。其中，红寺堡区 303 户家庭中有 86 户被认定为贫困户，贫困户覆盖率为 28.38%。西吉县 308 户家庭中有 102 户被认定为贫困户，贫困户覆盖率为 33.12%。海原县 280 户家庭中有 117 户被认定为贫困户，贫困户覆盖率为 41.79%。除过家庭覆盖率之外，还可以从人口覆盖率的视角进行考察。在被调查的 4145 位农民中，共计有1430人被认定为贫困人口，人口覆盖率为34.5%。其中，红寺堡区1501位农民中453人被认定为贫困人口，贫困人口占比为30.18%。西吉县1418人中471人被认定为贫困人口，贫困人口占比为33.22%。海原县1226人中506人被认定为贫困人口，贫困人口占比为42.17%。

2.贫困户识别效率：基于绝对贫困标准的测量。

(1) 第一类错误：弃真错误。为了确定贫困家庭与人口是否被排除在贫困户认定之外，我们首先按照人均纯收入的多寡对891户家庭进行排序。然后以2855元作为绝对贫困的标准确定贫困家庭。在全体被调查家庭中，350户家庭的人均收入低于绝对贫困标准，占总家庭的比重为39.28%。贫困人口为1749人，占总人口的比重为42.20%。在贫困家庭中，212户家庭未被确定为建档立卡户，贫困识别的弃真错误率为60.57%，意味着超过3/5的贫困家庭没有被认定为贫困户。而从人口的视角来看，在1749位贫困人口中，共有1054位未被认定为贫困人口，贫困人口识别的弃真错误率为60.26%，同样表明超过六成的贫困人口没有被认定为贫困人口。

(2) 第二类错误：取伪错误。为了确定取伪错误的发生比率，我们主要分析了到底有多少非贫困家庭和人口被认定为贫困人口。从统计结果来看，在305户建档立卡户中，共有170户非贫困家庭被认定为贫困户。贫困识别的取伪错误率55.74%，意味着一半多的扶贫对象是非贫困家庭。而从人口的视角来看，在1430位非贫困人口中，共有747位被认定为贫困人口，人口识别的取伪错误率为52.24%，同样表明超过1/2的救助对象是非贫困人口。

四、基于现代信息技术的社会救助家庭经济状况核对

根据识别标准的不同，低收入家庭经济状况核对一般分为家计调查和准家计调查两种方式。家计调查指的是管理机构对贫困户和最低生活保障申请家庭的收入信息进行收集和验证。收入信息通常来源于申请者个人和第三方机构，如来自于税务机构的纳税信息、雇主的工资信息和银行的金融信息等，家计调查机构需要对上述信息的准确性做出评估。严格的家计调查能够确保每一个申请者准确地获得必须数量的救助，以便将收入提高

到贫困线之上。

随着我国信息化水平的快速提高和互联网技术的广泛应用，将现代化的信息技术引入贫困户和最低生活保障制度之中，利用信息化手段进行居民家庭经济状况核对，不仅可以解决传统的家计调查无法准确获取申请家庭财产与收入信息的弊端，提高了核对工作的准确性，而且减少了入户调查中人力、物力和财力等资源的耗费，提高了核对工作的投入产出比。

（一）宁夏社会救助核对工作的发展历程

2014 年 6 月，宁夏民政厅成立了自治区社会救助家庭经济状况核对中心，负责全区社会救助家庭经济状况核对信息系统的管理、维护和核对工作，同时指导各地市开展社会救助家庭经济状况核查工作。2014 年 12 月 19 日，自治区编办、民政厅联合下发《关于建立健全全区社会救助家庭经济状况核对工作机制等有关问题的通知》（宁编办发〔2014〕198 号），要求全区各市、县（市、区）低保中心（救助中心）加挂同级社会救助家庭经济状况核对中心牌子，与低保中心（救助中心）一套人员两块牌子。所需人员从市、县（市、区）事业编制中调剂解决，也可以通过政府购买服务的方式解决。截至 2015 年 6 月，全区 27 个市、县（区）全部建立了社会救助家庭经济状况核对中心，核对工作机构实现了全覆盖。宁夏也成为全国核对机构全省（自治区、市）较早全覆盖的省区之一，实现了“十二五”末全国县区级地区全面建立核对机制的目标。

（二）宁夏社会救助核对体制建设的基本做法和经验

自 2015 年 1 月以来，宁夏各级核对机构对历年来已享受城乡低保的社会救助对象进行了普遍筛查，共核对已享受城乡低保救助对象 95 万人次，清退不符合低保条件 30409 户 60044 人，同时，对 2016 年上半年 43834 户 52033 人新申请城乡低保人员全部进行了家庭经济状况信息核对，核对出不符合低保条件不予批准申请人员 7300 户 10352 人，占新申请人数的 19.89%。如果按照 2015 年全年城乡低保标准测算，经过核对清退，全区仅城乡低保资金就可节约 1.1 亿元。尽管这些数据没有区分城乡，但是，核对工作对于农村社会救助对象的精准识别和节约财政资金同样具有非常重要的作用。核对工作之所以取得巨大成就，主要的做法包括如下方面。

1.建立完善核对制度，核对工作依规开展。社会救助家庭经济状况核对中心成立后，在深入调研和广泛征求意见的基础上，起草了《宁夏社会救助家庭经济状况核对办法（试行)》，并于2015年1月报请自治区人民政府颁布出台。作为全区核对领域首个规范性文件，《办法》的出台，为核对部门履行核对职能，相关部门协助配合，共同开展核对工作提供了政策依据。在此基础上，又起草和出台《宁夏社会救助家庭经济状况核对实施细则（试行)》，制定《宁夏社会救助家庭经济状况核对工作流程》，细化核对办法，对委托授权、核对申请、核对内容、核对范围等各个环节进行了规范，使核对工作做到有章可循，依规开展。

2.突破信息共享难点，与七部门签署共享协议或联合发文。核对工作需要依靠收入和财产信息来验证居民家庭经济状况。但是，这些信息往往分布在不同的政府部门而难以共享。2015年，核对中心提前谋划，不等不靠，把打通信息孤岛，实现信息互联互通作为工作重点，积极与相关部门协商，先后成功的与自治区公安厅、人社厅、住建厅、林业厅、农牧厅、工商局、银监局就信息共享签署协议或联合下发通知，有力地提升了全区核对工作的能力和水平。

3.紧贴核对业务需求，做好核对信息系统。基于现代信息技术，建设多部门间信息资源共享的核对信息系统是有效开展核对工作的抓手。在自治区民政厅党组的支持下，核对中心先后到广东、广西、湖南等地广泛调研，学习发达地区的先进经验，并结合本地实际，认真拟定核对信息系统功能需求报告，主动与自治区信建办联系对接，获得项目论证支持并通过项目论证。同时，针对系统功能完善，部门间数据共享等内容，中心积极陪同系统开发公司工程师进行调研和对接，为核对信息系统按时成功上线提供了保障。

宁夏“十二五”生态移民绩效评价及对“十三五”生态移民的政策建议

刘天明　李文庆　李　霞

宁夏是全国集中连片扶贫开发重点省区之一，贫困人口集中、贫困程度深是个现实问题。全面落实精准扶贫方略，需要进一步理清思路、明确目标、强化责任，坚持因人因地施策，因贫困类型施策，实现精准脱贫目标，推动宁夏贫困地区整体脱贫，推动宁夏经济社会持续健康发展。

一、宁夏生态移民成效

生态移民是指为了保护或者修复某个地区特殊的生态环境而进行的人口迁移，也指因自然环境恶劣，当地不具备就地扶贫的条件而将当地人民迁出，实施异地生态移民扶贫开发。

（一）宁夏贫困地区现状

宁夏中南部地区九县区，是国家确定的14个集中连片特困地区之一，也是宁夏脱贫攻坚的主战场。建档立卡贫困人口从2011年的101.5万人下降到2015年底的58.12万人，贫困发生率从74.8%下降到14.5%，实现了贫困地区脱贫致富与生态建设的双赢。

1.宁夏贫困地区基本状况。从20世纪80年代开始，先后实施了5次

作者简介　刘天明，宁夏社会科学院副院长，研究员；李文庆，宁夏社会科学院农村经济研究所所长，研究员；李霞，宁夏社会科学院农村经济研究所副所长，研究员。

大规模的移民搬迁，其中，吊庄移民19.8万人，扶贫扬黄灌溉工程移民30.8万人、国家异地扶贫搬迁工程14.72万人、中部干旱带县内移民15.36万人、“十二五”生态移民32.96万人，累计搬迁移民113.64万人。“十二五”期间生态移民实现了扶贫开发与生态建设的双赢，为民族团结、社会和谐稳定做出了贡献。

2.宁夏贫困人口状况。宁夏中南部地区盐池县、同心县、原州区、西吉县、隆德县、泾源县、彭阳县、海原县及红寺堡区9个县区，其中红寺堡区为贫困人口移民区。⑴贫困人口规模大。2015年，宁夏中南部8个县区的贫困人口有55.3万人，加上红寺堡区的贫困人口，宁夏中南部9个县区贫困人口为58.12万人，占中南部地区总人口的24.7%，贫困人口规模大。⑵贫困人口分布面广且呈大集中小零星式格局。宁夏中南部9个县区全都有贫困人口的分布，除红寺堡区外，其他8个县区贫困人口主要分布于六盘山外缘核心区、地质灾害区、生态脆弱区、交通偏远、干旱缺水区。从区域内部来看，贫困人口居住又十分分散，“一村一片区，一户一山头”现象十分普遍，从一个山头到另一个山头，看不到几户人家。⑶贫困人口分布于自然条件恶劣区。宁夏贫困人口主要分布在中部风沙干旱区和南部黄土丘陵沟壑区，这里沙化土地广布、水土流失严重，生态环境容量有限，旱灾、沙尘暴、滑坡、泥石流等自然灾害频繁发生，是全国最干旱缺水的地区之一，也是我国自然条件极为严酷、一方水土养活不了一方人的贫困地区之一。⑷贫困人口结构特征。宁夏贫困人口呈极低收入、多回族、大家庭、高龄化、低文化程度、无技能、“等、靠、要”思想严重。宁夏中南部地区的西吉、海原、泾源等县农民人均纯收入仅在1800元左右，其中包括了大约30%左右的外出务工收入。从年龄结构看，41~60岁的所占比例最多，占48%；60岁后的占8%，这一年龄段的大多进入老龄化阶段，体力和能力等各方面大有下降趋势；18~40岁的所占比例为28%，其中男的多在外务工。从受教育水平来看，小学以下的约占60%，初中以上的占30%~40%。

（二）宁夏生态移民开发情况

2000年中央提出，在西部地区对一部分生活在自然条件严酷、资源贫乏、生态环境恶化地区的贫困人口，实行移民搬迁，易地安置，使扶贫开发和生态环境建设进一步有效结合起来，宁夏是我国生态移民试点地区之一。

生态移民按移民搬迁形式划分为二种：一是整村搬迁移民。宁夏易地扶贫移民的主要来源是水源涵养林区，当地交通闭塞，生产水平低，人口超过了土地承载能力。采取整村搬迁的形式，将群众搬迁到条件较好的扬黄灌区，为这部分群众脱贫致富创造了有利条件。二是自愿搬迁移民。水源涵养林区边缘和风沙治理区，水土条件和生产生活条件相对较好，但人口、资源的矛盾仍十分突出，对这部分区域的群众，采取自愿搬迁的原则，迁移出部分人口，减轻人口压力，使当地人口、资源的矛盾得到缓解。

生态移民的特点：政府主导的生态移民，政府有组织地把生态恶化地区或自然保护区的人口迁移出来，以恢复和保护生态环境为主要目的，同时兼顾扶贫和提高经济收入的迁移活动以及迁移出来的人口。这种类型的移民，既体现了生态移民的原因，也体现了生态移民的目的。

（三）“十二五”生态移民实施效果

“十二五”期间，宁夏生态移民搬迁工作按照“搬得出，稳得住，能致富”的总体目标，稳步推进，健康发展，取得了阶段性成效，探索出了一条山川共济、以城带乡、以工促农，具有宁夏特色的生态移民成功之路。

1.“十二五”生态移民搬迁完成情况。宁夏“十二五”期间规划对中南部地区7.88万户34.6万人实施生态移民搬迁，涉及原州区、西吉县、隆德县、泾源县、彭阳县、盐池县、同心县、海原县及红寺堡区9个县（区）91个乡镇684个行政村1655个自然村。为加快脱贫攻坚进程，2011年宁夏启动了“十二五”中南部地区易地扶贫搬迁工程。五年来，在国家的大力支持下，在自治区党委、政府的坚强领导下，各地各部门精心组织、奋力拼搏，易地扶贫搬迁工作取得明显成效。全区累计完成投资123亿元，通过土地权属处置批准安置区用地9万亩，批复建设移民安置区161个，建成移民住房7.75万套，搬迁安置移民7.65万户32.9万人，完成“十二五”生态移民规划任务的95.26%。

2.生态移民职业结构。移民区通过大力发展设施农业、特色种植业、高效养殖业，使移民群众彻底从过去低效农业生产中解放出来；鼓励移民依托靠城、沿路居住的便利条件，从事加工、运输、建筑、餐饮、商贸以及旅游服务等二三产业；通过培育发展劳务产业，培育特色产业，完善商贸服务设施等致富产业，培育后续发展产业。据调查统计，在生态移民中，大约有 20%的搬迁户从事第三产业，45%的搬迁户从事劳务输出，35%的搬迁户从事种植业和养殖业，劳务输出成为生态移民增收的主要方式。

3.生态移民收入稳步增长。为了保证农户搬得出、稳得住、能致富，在移民安置时把培育产业作为重中之重，因地制宜积极有效地促进移民产业发展。通过技能培训提高移民的生产技能，多方面多途径拓宽增收渠道和致富空间。移民人均收入由原来的 1678 元提高到现在的 3415 元。移民年人均纯收入在 2000~2400 元的占搬迁总数的 12.6%，人均纯收入在 2400~2800 元的占搬迁总数的 45%，人均纯收入在 2800 元以上的占搬迁总数的 42.4%。

4.生态移民增收途径明显拓宽。引导移民发展特色种养、交通运输、商贸服务等多种经营，拓宽增收渠道。加强移民实用技术和务工技能培训，提高转移就业能力。引进企业在移民安置区投资建厂或建设农业生产基地，发展劳动密集性产业，吸纳移民就近务工。移民收入结构明显变化，务工收入占家庭总收入的 67.8%，种养收入占 23.5%，转移支付等其他收入占 8.7%，形成特色种养收入为基础、劳务收入为主体的增收格局。移民收入水平稳步增长，绝大部分移民已初步跨越贫困线。移民村累计建设养殖圈棚 3.19 万座，大中型拱棚 1.28 万亩，日光温室 0.35 万亩；发展马铃薯、枸杞、葡萄、中药材等特色种植 21.68 万亩；开展移民培训 12.55 万人次，实现务工就业 11.85 万人。

5.区域收入不平衡性相对减弱。“十二五”期间，尽管宁夏城乡居民收入、山川农民可支配收入差距继续呈现不平衡的态势，但区域不平衡性相对减弱。2010—2015 年，宁夏城乡居民收入绝对差距从 9967.9 元扩大到 16067.3 元，沿黄灌区与中南部地区农民可支配收入绝对差距由 2010 年的 2610.0 元增至 2015 年 4002.7 元。但城乡收入比从 2010 年的 2.94:1 下降到 2015 年的 2.76:1，灌区与山区收入比由 1.72:1 降为 1.59:1，差距均呈现出相对缩小的态势。

表 1 “十二五”期间宁夏灌区与贫困地区农民可支配收入区域对比表

单位：元

年份	全区农民平均可支配收入	灌区农民可支配收入	中南部贫困地区农民可支配收入	灌区、贫困地区农民收入比
2010 年	5125	6222	3612	1.72:1
2011 年	5931	7149	4193	1.70:1
2012 年	6776	8143	4856	1.68:1
2013 年	7599	9104	5550	1.64:1
2014 年	8410	10023	6227	1.61:1
2015 年	9119	10821	6818	1.59:1

6.生态移民迁出区生态修复状况良好。移民搬迁后，人为破坏生态环境的行为明显减少，大大减轻了迁出区的生态环境压力，既巩固了退耕还林成果，又达到了恢复生态的目的，实现了脱贫致富与生态建设的“双赢”，促进了人与自然的和谐发展。通过实施固原和中部干旱带黄土丘陵地区坡耕地水土流失综合治理工程，在葫芦河、茹河、洪河流域和海原、同心、盐池南部划定水土流失重点治理区域，实施封禁养育，加快了植被恢复。实施海原、同心、灵武、盐池北部沙漠化治理工程，进一步完善和落实退牧还草政策，综合治理退化草原、恢复草地植被，有效遏制了生态环境的恶化。

2013 年，自治区制定出台了对历次移民迁出区 1272.1 万亩土地进行生态修复和保护的意见，其中实施封禁保护自然修复 879.7 万亩，安排人工生态修复 380.1 万亩。对 12.3 万亩原水域、水利设施和道路进行保护并服务于生态修复。人工生态修复中，林业工程造林 76 万亩，经果林 2.1 万亩；草地建设与保护工程人工种草 56 万亩，补播改良 244 万亩。通过自然修复与人工治理相结合，全面加强生态移民迁出区生态建设与修复，切实改善了生态移民迁出区的生态环境质量。

二、宁夏“十三五”生态移民搬迁存在的主要问题

（一）自然条件恶劣仍是制约脱贫摘帽的主要因素

目前，宁夏贫困人口集中分布在中南部自然条件恶劣、产业基础薄弱、教育科技以及其他各方面社会化程度低、各种疾病频发的区域，相对贫困程度深，脱贫难度大，自然条件恶劣仍是今后制约贫困县区脱贫摘帽的主要因素。

（二）脱贫摘帽任务艰巨而复杂

总体上宁夏贫困人口分布面广，分布地区自然条件差，贫困原因多样，贫困户的分布趋势越来越零散，越来越偏僻，越来越向老年人口、残疾人口、文化水平低、劳动技能低以及多人口大家庭集中，这些弱势群体，脱贫难度大，而且已经解决温饱的人口也是低水平的温饱，极不稳定，一旦遇灾遇病，往往会迅速返贫，脱贫摘帽任务艰巨而复杂。

（三）基础设施瓶颈仍然存在

从宁夏9个贫困县区的具体情况来看，农村道路、人畜饮水、电网等基础设施薄弱，农田基础设施建设、农村危房改造任务艰巨，影响贫困地区群众的生产生活。贫困地区水资源总量不足，区域资源性、工程性缺水严重，水资源量少质差，干旱少雨仍然是制约中南部地区经济发展的瓶颈。宁夏省际大通道尚未形成，对外交通联系尚不便捷，综合交通运输水平较低，贫困地区农民行路难问题还未彻底解决。

（四）现有移民区增效扩容能力不足

生态移民有利于恢复南部山区的生态环境，但人口集中、土地开发和水资源消耗都会对移入区产生重大的影响。北部川区与红寺堡部分移民集中安置区经过几年建设与发展，土地资源的开发已接近极限，生态环境和水资源的问题已经逐渐显现，成为制约移民可持续发展的重要因素。

（五）大规模、跨区域集中安置的管理问题凸显

在移民的管理上,由于移民管理政策没有很好衔接，土地的补偿、拆迁前房屋折算价格及户籍管理的档案信息不全，出现了两地共同管理移民区的问题；低保政策、养老政策、民政救助政策等社会保障问题突出；计划

生育等问题凸显，造成了移民区管理不适应发展和移民需求等问题，矛盾突出。

三、宁夏“十三五”生态移民的政策建议

（一）进一步争取国家政策支持

宁夏实现贫困县区整体脱贫摘帽，是在国家和自治区两级强力支持下实现的，是国家财政资金支持和各项政策扶持的结果，是一种初步的、不稳定的脱贫形态，如果资金支持和政策扶持一旦松懈，极易陷进再度整体贫困的怪圈。在宁夏9个贫困县区整体脱贫摘帽的同时，中央和自治区各项资金支持和政策扶持不能减弱，只能加强，必须大力争取国家扶贫资金、各项财政资金以及相关政策，并在现有基础上加大扶持力度，巩固现有扶贫成果。

（二）创新移民安置区基础设施建设

积极协调财政、扶贫、民政、交通、农业、教育以及卫生等部门机构，将脱贫摘帽与国家退耕还林还草、扶贫开发、少生快富以及美丽乡村建设、农村道路等项目有效结合，整合各种资源，共同加大投入力度，努力改善贫困县区人居环境，拓宽贫困人口的生产和发展空间，为贫困地区发展能力的改善提升提供现实保障。

（三）创新产业发展模式

积极发展特色产业，在移民搬迁中，应坚持发展特色产业与劳动力转移就业同步规划，加强土地开发利用和就业安置，着力培育特色农产品种植、畜牧养殖、劳务增收等产业，因地制宜、多业并举，创造多种产业发展模式，为稳定解决移民群众的基本生活和加强社会管理奠定坚实的物质基础。大力发展劳务产业，坚持县内转移与县外输出相结合、季节性转移与长期转移相结合、组织转移与自发转移相结合的形式，实行政府引导、部门主抓、中介搭桥、能人带动的新机制，优化贫困县区劳务移民务工环境，引导贫困县区农民向沿黄经济区、重点城镇、工业园区、产业基地等经济优势区域就业转移，实现收入来源由农业向二三产业的转变。

（四）扎实做好社会管理工作

一是应建立和完善管理制度，明确移民新村规划建设、产业培育、教育培训、环境卫生、土地房屋确权登记、社会管理等方面的政策措施。制定相应的配套管理制度，为加强移民安置区各项社会管理工作，实现规范管理、依法管理提供制度依据。二是应加强基层组织建设。移民安置区在移民搬迁入驻移民新村时，应及时组织成立移民新村党支部和村委会，委派得力的干部担任移民村党支部第一书记，通过下派干部挂职、个人自荐、移民推荐、民主选举等方式，配齐配强村“两委”班子，成立村民代表联防治安队、妇女创业互助组织等，建立移民自我发展、自我完善、自我管理机制，结合原村委干部参与和支持移民新村社会管理。三是应开展高效便捷的社会服务。移民村应设立社区服务中心，采用“一站式”服务模式，按照“户随人走”原则，及时办理移民户籍、养老、医保、低保等社会关系结转手续，依法办理土地承包、土地流转、奶牛托管合同和土地、房屋产权证等，及时为移民提供社会公共服务。同时，移民村应建立医疗卫生服务室、计生工作站、文化活动室等，开展了相应工作，方便移民群众生活。四是应加强法制宣传教育。移民迁入县（区、市）应把有关移民搬迁安置工作的法规、政策纳入普法规划，引导移民正确理解和把握移民法规、政策，依法维权、依法表达利益诉求，提高法治化管理水平，确保移民新村和谐稳定。五是应开展平安创建活动。在移民安置区应注重完善社会防控体系建设，建立矛盾纠纷预警机制、应急处置机制、分流调处机制、检查考核机制，在移民村建立相对稳定、能力素质较强、群众认可的调解员队伍，采用“网格化”管理措施，扎实开展“平安移民社区”“依法治理示范村”创建活动，切实维护移民村社会稳定。

（五）创新移民管理政策

加强户籍管理，为避免移民户籍管理方面容易出现的问题，如迁出县提供户籍资料不全。责成生态移民迁出地各级户籍管理机构，认真核查搬迁农户的户籍信息，超生子女未入户的应给予相关处理并入户，户籍信息不完整或错误的应及时完善或给予纠正，重户的应核实注销，并坚持先办理迁户手续、后搬迁的原则，做到户籍信息准确无误、人随户走，缩短户籍迁转和社保关系接转周期。系统出台移民社会管理政策，移民群众是一个非常脆弱的群体，政府应充分考虑移民群众搬迁后脱贫过程较长的现状，明确规定移民原享受的扶贫、营养午餐、村级互助资金等政策继续享受一定年限后与迁入地居民同等对待，这对保持移民安置区社会和谐稳定具有重大的现实意义。

（六）合理设置农村社区管理规模

适当地扩大农村社区建设规模，既有利于道路、农田水利等基础设施建设，又有利于公共服务设施发挥规模效益。但是，农村社区管理规模并不是越大越好，而是要适度。各地应从便于加强社区管理、方便移民群众满足公共需求的方面考虑，在移民新村合理设置村级组织社区管理规模，就目前条件而言，村级组织社区管理规模以3000~5000人为宜。

宁夏生态移民社会适应实证研究

束锡红

实施重点区域生态移民，既是多年扶贫实践探索出的成功道路，也是解决宁夏南部地区贫困问题的现实需要。但生态移民是在较大地理空间内实施的迁移行为，移民生活的自然环境和社会环境都发生了较大变化，这导致他们在迁入地社会产生了一定程度的不适应。移民的社会适应状况与移民个体的生存和发展息息相关，只有对移民安置区的新环境有较好的社会适应，他们的物质和精神需求才能得到较好的满足。为了缓解搬迁给移民生存和发展带来的不适和冲击，使生态移民安心定居，并尽快融入迁入地社会，本文在大范围抽样调查①基础上，从多个方面阐述移民搬迁后的社会适应情况，探究影响移民社会适应的显著性因素，寻求促进移民社会适应的合理途径，助力移民实现“搬得出，稳得住，能致富”的最终目标。

作者简介 束锡红，北方民族大学社会学与民族学研究所所长，教授，博士。

①本文数据来源于中国社会科学院社会学研究所与北方民族大学社会学与民族学研究所共同主持、联合实施的“宁夏生态移民社会适应与后续产业发展调查”项目。该项目调查范围覆盖宁夏三市五县/区的10个移民村，回收调查问卷804份。被调查人口的人口学特征如下：在性别上，男性65.30%，女性34.70%；在民族上，汉族41.92%，回族58.08%；在年龄上，16～20岁2.86%，21～30岁16.42%，31～40岁24.50%，41～50岁26.74%，51～60岁16.92%，61～69岁12.56%；在受教育程度上，文盲半文盲42.29%，小学22.26%，初中23.38%，高中8.46%，大学专科/本科及以上3.61%。

一、移民社会适应现状

（一）自然环境的适应

表 1 生态移民搬迁前后对居住地自然环境的评价

单位：%

		不好	不太好	一般	比较好	非常好
空气	搬迁前	1.74	7.72	15.80	61.06	13.68
	搬迁后	1.50	4.92	15.20	64.46	13.92
水质	搬迁前	4.60	13.56	23.13	51.74	6.97
	搬迁后	2.86	12.44	44.90	37.31	2.49
气候	搬迁前	0.99	6.97	17.66	66.79	7.59
	搬迁后	1.49	12.31	56.59	28.86	0.75

由表 1 可见，移民认为搬迁前后居住地的空气环境变化并不明显，但水质条件和气候环境变化较大。对于水质条件，移民认为搬迁前居住地水质条件“比较好”和“非常好”的占 58.71%，而认为搬迁后居住地水质条件“比较好”和“非常好”的仅占 39.80%。对于气候环境，移民认为搬迁前居住地气候环境“比较好”和“非常好”的占 74.38%，而认为搬迁后居住地气候环境“比较好”和“非常好”的仅占 29.61%。整体来看，多数移民认为原居地自然环境优于现居地。关于“您是否适应现居地的自然环境”，81.72%的移民表示“比较适应”和“很适应”，仅有 7.46%的移民表示“不太适应”和“很不适应”。70.40%的移民表示“搬迁后，您有没有因为水土不服而产生身体上的不舒服”，24.88%的移民表示“开始有些水土不服，现在基本习惯了”，仅有 4.10%的移民表示“身体经常会产生各种问题”。虽然宁夏南部地区水资源十分匮乏，但因其基本是海拔较高的山区，不论在气候还是水质上都要优于人口和工业企业比较集中的宁夏中部干旱带和北部平原地区。但宁夏中北部地区地势平坦，沟渠纵横，水资源丰富，仍是比较适宜移民居住的。所以，绝大多数移民在生理上能够较好地适应现居地的自然环境。

（二）饮食适应

关于“您觉得现居地和原居地饮食习惯和饮食结构差别大吗”的问题，

84.20%的移民认为“差不多”，分别有12.69%和2.24%的移民认为“比较大”和“非常大”，关于“您适应这种饮食习惯和结构上的差异吗”的问题，分别有1.52%和9.09%的移民表示“非常不适应”和“不太适应”。地理环境的变化虽然导致农业产业结构的调整，但多数移民的饮食习惯并没有发生较大变化，尤其是回族移民的饮食禁忌在很大程度上使其饮食习惯和饮食结构保持了较好的稳定性和延续性。而且，即使面对饮食习惯和结构的一些变化，多数移民也能够较好地进行自我调适。

（三）衣着适应

关于“您觉得现居地和原居地在衣着方面差别大吗”的问题，85.07%的移民认为“差不多”，仅有1.74%和11.19%的移民认为“非常大”和“比较大”。对于衣着上的差异，分别有67.96%和17.48%的移民表示“比较适应”和“很适应”。受现代社会主流文化的影响，即使是回族移民，他们在日常生活中也很少穿着民族服饰，多数移民认为现居地和原居地的衣着差别并不明显，而且多数人也能够较好地适应衣着上的变化。

（四）住房适应

关于“搬迁前后，您家的住房条件变化大吗”的问题，分别有18.91%和46.64%的移民认为“非常大”和“比较大”，仅有10.57%的移民认为“没有变化”。关于“您对目前的住房条件满意吗”的问题，分别有50.75%和6.72%的移民表示“比较满意”和“很满意”，但仍有6.72%和18.53%的移民表示“很不满意”和“不太满意”。关于不满意的原因，85.71%的移民认为“面积小”，11.82%的移民认为“设施条件差”。早期移民住房并非由政府统筹规划，根据各安置地土地存量情况由政府帮助移民自行筹建房屋。近年来，随着迁入人口的增多，政府开始有计划地兴建移民新村，房屋及其配套设施严格按照规划方案执行。《宁夏回族自治区“十二五”中南部地区生态移民规划》中明确规定移民安置房屋按每户54平方米计，相较搬迁前，住房质量和设施条件均有所提升，但人均居住面积有所降低，也出现了“三代一户”共居一室的问题，这给人口较多家庭造成一定困扰，导致移民的居住不适。

（五）交通适应

关于"搬迁后，您觉得出门交通方便吗"的问题，94.15%的移民表示"比原居地方便多了"。移民被安置在地势较为平整的地区，尤其是宁夏中北部地区，地势平坦，交通发达，相比移民原居地交通条件更加优越。良好的交通条件、多样化的交通工具给移民生产生活带来极大便利。

（六）人际关系适应

表 2　移民人际交往情况

单位：%

	留在原居地的亲戚朋友	留在原居地的其他人	现居地的亲戚朋友	现居地的邻居	现居地的村干部	现居地的其他人
没有交往	10.82	14.18	1.74	0.25	32.58	11.57
交往不太多	11.94	21.89	7.71	4.73	36.94	20.52
交往程度一般	20.15	24.25	17.54	18.78	19.53	37.44
交往比较多	49.25	36.45	59.58	64.18	10.33	28.61
交往非常多	7.84	3.23	13.43	12.06	0.62	1.86

由表 2 可见，移民表示与留在原居地的亲戚朋友"交往比较多"和"交往程度一般"的比例分别为 49.25%和 20.15%，与留在原居地的其他人"交往比较多"和"交往程度一般"的比例分别为 36.45%和 24.25%。这说明，搬迁后，移民脱离了原来的熟人社会，但基于亲缘关系及其他关系的社会关系网络并没有完全瓦解，仍在一定程度上继续维持下来。搬迁后，移民与现居地的亲戚朋友和邻居交往比较频繁，移民表示与现居地亲戚朋友和邻居"交往比较多"的比例分别为 59.58%和 64.18%。基于血缘关系和地缘关系，移民很快重构起个人的社会关系网络。另外，移民与现居地村干部和其他人的交往仍不多见，但可以预见，随着时间的推移，一个新的熟人社会将会出现。关于"您适应现居地的人际关系吗"，分别有 67.42%和 19.90%的移民表示"比较适应"和"非常适应"。在后期的生态移民搬迁中，政府优化了搬迁安置方式，"整村搬迁，整村安置"的方式使移民的社会关系网络在现居地获得较好地留存，移民在新的社会情境中并不会产生完全的陌生感和疏离感。另外，基于共同的宗教信仰，回族移民通过迅速吸纳来自不同地区的人，建立起除亲缘、地缘、业缘关系之外的社会联系。

（七）风俗习惯的适应

关于“您觉得现居地的风俗习惯和原居地相比差别大吗”的问题，分别有60.07%和28.11%的移民认为“没有差别”和“差别不大”，仅有9.33%的移民认为“差别很大”。关于“其他移民或当地居民的风俗习惯对您是否造成了影响”，90.79%的移民表示“没有影响”，仅有4.98%和1.37%的移民表示“有一些影响”和“影响很大”。关于“您是否能够适应这种影响”的问题，仅有0.10%和13.73%的移民表示“很不适应”和“不太适应”。“十里不同风，百里不同俗”。移民原居地与现居地的风俗习惯确实存在一定的差异，但这种差异并不明显。对汉族移民而言，风俗习惯的核心内容是基本一致的，不同的只是某些表现形式；对回族移民而言，其风俗习惯多与宗教信仰相关，回族作为一个信仰伊斯兰教的民族，不论其身处何地，他们遵循的都是基本相同的风俗习惯。因此，无论是回族移民还是汉族移民，他们都能够较好地适应现居地的风俗习惯。

（八）现居地社会认同

关于“现在您觉得对原居地的感情深还是现居地的感情深”的问题，47.57%的移民表示对“原居地”感情深，35.12%的移民表示对“现居地”感情深，还有17.31%的移民表示“说不清”。关于“搬迁后您回过原居地吗”的问题，79.11%的移民表示“回去过”，仅有20.89%的移民表示“从未回去过”。关于回老家的目的，80.79%的移民主要是“看亲戚”，还有10.71%的人是回家“祭祖、上坟”。关于“您多久回原居地一次”的问题，43.40%的移民表示“几个月”，52.83%的移民表示“几年”。以上可见，移民对现居地社会认同程度一般，有少数移民的心理正处于迁出和迁入的不稳定状态中，社会认同还比较模糊。因亲缘等割舍不断的亲密关系，导致移民出现“一头有家，两头跑”的现象，另一方面，安土重迁的传统观念使部分移民在潜意识层面仍停留在原居地的社会生活中。

综上可见，移民对现居地自然环境、日常生活（衣食住行）以及风俗习惯的适应程度较高，人际关系的适应程度一般，心理层面的适应程度较低。总体来说，64.30%和16.67%的移民表示“比较适应”和“很适应”现居地的生活。心理层面的适应是社会适应的最高层次，移民的社会适应是一个由外而内、纵深推进的过程，只有随着时间的推移，以及政策措施的积极推动，移民才能逐渐强化对现居地的认同感和归属感，适应并融入现居地的社会生活中。

二、移民社会适应影响因素探析

本文利用二元 logistic 回归模型对宁夏生态移民社会适应进行实证分析。二元 logistic 回归模型如下：

$$\ln\left(\frac{p}{1-p}\right)=\alpha+\beta_1x_1+\beta_2x_2+\cdots+\beta_mx_m$$

在模型中，因变量为生态移民社会适应变量，适应为 1,不适应为 0。自变量的设置具体如表 3 所示。

表 3　logistic 模型中相关变量描述说明

自变量	变量说明	最小值	最大值
性别	男=1,女=0	0	1
年龄	连续变量	18	69
民族	汉族=1,回族=0	0	1
受教育程度	小学及以上=1,文盲半文盲=0	0	1
外出务工经验	有=1,无=0	0	1
居住环境	满意=1,不满意=0	0	1
生活设施	满意=1,不满意=0	0	1
养老保险	有=1,无=0	0	1
医疗保险	有=1,无=0	0	1
移民期待	高=1,低=0	0	1
社会支持	强=1,弱=0	0	1
移民时间	连续变量	0	18
生产技能	强=1,弱=0	0	1
交往能力	强=1,弱=0	0	1
交往意愿	强=1,弱=0	0	1
家庭土地质量	中等及以下=1,肥沃=2	1	2
家庭土地面积(亩)	连续变量	0	13
家庭人口数(人)	连续变量	1	9
水资源情况	充足=1,不足=0	0	1
生态环境	一般及以下=1,好=2	1	2
因变量	变量说明	最小值	最大值
社会适应	适应=1,不适应=0	0	1

通过利用 SPSS17.0 将设定的相关变量一次性全部进入二元 logistic 回归模型进行处理。我们以 P 值为变量入选标准，P<0.05 的变量是为显著影响因素。如表 4 显示，在所有自变量中，有 7 个自变量对生态移民的社会适应有显著影响，模型的整体显著性为 0.000，表示模型的整体显著性非常好。其它因素对生态移民的社会适应影响并不明显。

表 4　模型全部自变量及主要结果

	系数值	标准误	卡方值	自由度	P 值	发生比率
性别	–0.524	0.221	1.028	1	0.119	0.358
年龄	–0.078	0.037	1.335	1	0.067	0.635
民族	0.268	0.520	1.085	1	0.368	1.195
受教育程度	0.156	0.441	0.063	1	0.810	2.692
外出务工经验	0.074	0.022	3.445	1	0.029	1.058
居住环境	0.486	0.420	0.269	1	0.215	0.395
生活设施	0.885	0.302	1.423	1	0.139	1.628
移民期待	–0.273	0.049	2.395	1	0.017	0.672
社会支持	0.684	0.028	0.152	1	0.091	1.620
生产技能	1.870	0.348	4.266	1	0.042	4.855
交往能力	0.201	0.287	0.295	1	0.067	0.958
交往意愿	1.017	0.730	0.525	1	0.034	0.263
家庭土地质量	1.205	0.682	4.804	1	0.029	0.448
家庭土地面积	0.226	0.055	0.091	1	0.364	1.301
家庭人口数	–0.349	0.860	2.351	1	0.168	1.624
水资源情况	3.116	0.563	49.260	1	0.003	0.068
生态环境	0.526	0.238	2.347	1	0.013	0.693
常数	6.628	1.752	11.258	1	0.000	128.028

注：＊＊＊P<0.01，＊＊P<0.05，＊P<0.1

结合访谈结果，对影响生态移民社会适应的显著性因素进行分析。

1.外出务工经验变量的 P 值为 0.029，对生态移民社会适应影响比较显著。其影响系数为正，说明有外出务工经验的移民，越能适应迁入地社会环境。调查显示，有外出务工经验的人，眼界更开阔，思维更活跃，更能体会到搬迁带来的潜在激励。而且，较之在临近迁出地务工的移民，有本省其他地区或外省务工经历的移民社会适应能力更强。

2.移民期待变量的 P 值为 0.017，对生态移民社会适应影响比较显著。

其影响系数为负，说明移民对搬迁后新生活的期待越高，越不能适应迁入地社会环境。虽然移民迁入地政府采取各种措施和优惠政策力求确保移民可以“搬得出，稳得住”，但在搬迁后续发展中，在社保、教育、务工、住房等具体实施环节仍存在不少问题。现实与预期的落差使移民在面临具体问题时显得手足无措，不能很好适应。

3.生产技能变量的P值为0.042，对生态移民社会适应影响比较显著。其影响系数为正，说明移民生产技能越强，越能适应当地社会环境。搬迁后，移民职业身份发生较大变化，但不论是农业劳动者，还是工商业从业者，都需要较强的生产技能才能获得较高的经济收入。为此，要想适应迁入地的经济生活，首先要具备较强的生产技能。

4.交往意愿变量的P值为0.034，对生态移民社会适应影响比较显著。其影响系数为正，说明移民交往意愿越强，越能适应当地社会环境。数据显示，37.24%被访移民的交往意愿偏弱。这部分人性格内向、交往能力弱，一般不常与他人交往。交往意愿是移民交往行为与相互适应的先决条件，弱交往意愿会阻碍移民尽快适应并融入当地社会环境。

5.家庭土地质量变量的P值为0.029，对生态移民社会适应影响比较显著。其影响系数为正，说明迁入地土地质量越好，移民越能适应当地社会环境。宁夏土地质量差异明显，相对北部平原地区，中部风沙干旱带因过载放牧，乱采乱挖导致土地沙化严重，沙化土地面积约占自治区土地总面积的1/4；而在南部黄土丘陵区，千百年来的流水切割及人为盲目垦殖导致严重的水土流失。因此，家庭土地质量对生态移民社会适应的影响要比土地面积显著得多。

6.水资源情况变量的P值为0.003，对生态移民社会适应影响非常显著。其影响系数为正，说明迁入地水资源越充足，移民越能适应当地的社会环境。宁夏地带狭长，南高北低，水资源的时空分布极不平衡。北部平原因黄河流经，水源充沛。而中南部地区处于我国半干旱黄土高原向干旱风沙区过渡的农牧交错地带，“十年九旱”，为全国最干旱缺水的地区之一。水资源的严重匮乏连人们日常生活都不能保障，人们往往依靠“雨水”“咸水”来维持生活。可见，水资源是否充足已成为影响移民社会适应的重要因素。

7.生态环境变量的P值为0.013，对生态移民社会适应影响比较显著。其影响系数为正，说明迁入地生态环境越好，移民越能适应当地社会环境。移民搬迁的根本原因在于人口无序增长导致对区域资源的掠夺开发，以及对生态环境的过度破坏。长期以来，这一地区干旱少雨、风沙肆虐、灾害频发，同时土地贫瘠、生态脆弱、收益低下，加之人口增长失控、人口密度较大，在这种人口与资源环境恶性循环的情况下，居民的生存环境和生存状态极为恶劣。生态环境的好坏对移民身体健康及社会适应产生较大影响。

三、移民社会适应的对策建议

通过以上分析，本文认为应当从以下方面推动生态移民的社会适应。

一要优化移民务工环境，注重移民创业能力的培养，引导移民面向市场，培养移民的市场意识，发挥移民的主观能动性，促进移民到沿黄经济区、重点城镇、工业园区、产业基地务工就业，实现移民收入来源由农业向二、三产业的转变。抓好移民技能培训工作，全面整合就业、扶贫、教育、科技、农牧、林业等各类培训资源，搭建培训平台，集职业院校教育、职业技能培训、岗位实训和技术人员现场传授等多种方式，注重培训内容与移民及用工单位实际需求的衔接，组织移民进行分层、分期、分班培训。保证移民安置区每户都有人出外务工，增加移民的工资性收入，使劳务收入成为移民收入的主要来源。

二要生态移民搬迁后，除保证移民与当地居民享有同等的教育、医疗卫生、养老保险、失业保险、社会救助、社会福利和慈善等社会保障政策外，要紧紧围绕移民对象的确定、户籍核查、搬迁方式、安置模式以及移民培训、务工就业、子女教育以及社会保障的接续等重点工作，积极开展迁入地与迁出地、市与县（区）的移民安置对接工作，主动征求移民意见和建议，完善搬迁安置方案。

三要充分挖潜利用现有国有、集体、企业及个人经营的各类耕地和中北部土地整理新增耕地，并在引、扬黄灌区和库井灌区通过节水改造适度开发部分宜农荒地、对山区原耕地改造等多种途径解决土地资源紧张问题。在北部引黄灌区，主要通过实施灌区节水改造，调整种植结构，提高水资源利用率，实现水资源优化配置；在中南部地区，主要通过对已建成的固海扬水、固海扩灌、盐环定扬水、红寺堡扬水灌区和库井灌区的节水改造，新建一批水源延伸工程、水库、集雨场和田间水柜等措施，大力发展高效节水农业和集雨补灌农业，解决农业用水问题。

四要在土地沙化及土壤盐渍化严重地区，通过采取营造农田防护林、草场改良与恢复、围栏封育、人工补播封育、固沙造林、庭院经济林等措施，使农田和林地免遭风蚀、水蚀，减少水土流失，防治土地退化，为移民营造良好的生产生活环境；此外，要合理规划移民安置区人口密度，寻找移民人口与资源环境的平衡，保持适度人口，避免移民人口的不断增加与资源环境承载力的不断减弱造成的人地关系紧张，同时加强环保宣传，提高移民环保意识，促使移民自觉保护生存空间。

宁夏综合医改试点现状、问题及对策

俞学虹　吴灵捷　孙国华　张存华　梁多勇

中央始终高度重视深化医药卫生体制改革，2016 年 4 月 27 日，国务院召开医改工作电视电话会议，指出医改工作要坚持目标和问题双导向，以人民群众得实惠、医务人员受鼓舞、党和政府得民心为标准，紧紧围绕事关医改全局、涉及重大利益调整、急需探索的改革“硬骨头”，聚焦深层次体制机制改革，集中力量攻坚突破。主要内容是，以分级诊疗制度建设为抓手，优化卫生资源配置，为群众提供便捷的医疗服务；以建立现代医院管理制度为目标，加大公立医院改革力度；以医保支付方式改革为重点，推进医保异地结算和大病保险全覆盖，织好困难群体看病就医的基本保障网；坚持医疗、医保、医药“三医”联动，加快理顺药品和医疗服务价格，建立符合行业特点的薪酬制度，调动医务人员积极性。

一、全国首批医改试点省的主要经验

2015 年中央决定在江苏、安徽、福建、青海等四省开展综合医改试点，2016 年又增加上海、浙江、湖南、重庆、四川、陕西、宁夏等七省

作者简介　俞学虹，宁夏回族自治区党委政策研究室副主任；吴灵捷，宁夏回族自治区党委政策研究室社会发展处处长；孙国华，宁夏回族自治区党委政策研究室社会发展处调研员；张存华，宁夏回族自治区党委政策研究室社会发展处副处长；梁多勇，宁夏回族自治区党委政策研究室社会发展处副主任科员。

（市、区）为第二批省级综合医改试点。首批医改试点省按照中央的统一部署，先行先试，稳步推进，在一些重点领域和关键环节取得了突破。

江苏努力实现“五个覆盖”。一是县级公立医院综合改革实现全覆盖，力求实现“两增两减两满意”的目标。即：病人服务量和医疗服务收入增加；药品费用及药费占比降低，次均费用增长率降低；群众和医务人员对改革实际效果总体满意。二是新农合统筹地区实现大病保险制度全覆盖，全面建立大病保险制度，新农合参合率保持在98%以上。三是基层卫生机构达标实现全覆盖，所有政府办乡镇卫生院和社区卫生服务中心都达到国家标准，所有基层机构均配有合格全科医生。开展县乡村一体化管理，将乡镇卫生院人员编制纳入县级公立医院统一调配和管理，全省有17个县（市、区）的667名乡村医生纳入乡镇卫生院事业编制管理。四是公共卫生服务实现全覆盖，基本公共卫生服务已覆盖包括流动人口在内的全体居民。五是基层医疗卫生机构信息化应用全覆盖，省辖市和约2/3的县（市）建成区域健康信息平台基本架构。

福建推行公立医院改革。一方面，建立科学补偿机制。在全省范围内的各级各类公立医院实现了所有药品和耗材零差率销售。各地同时建立“三合一”的补偿机制，即医疗服务价格调整与医保支付政策调整、财政补偿同时到位。医疗服务价格调整面不低于整个医疗服务项目的50%。调整后的医疗服务收费按规定纳入职工和城乡居民基本医保支付范围。省级及各地财政同步将补偿经费纳入预算，确保起步阶段运行平稳。药品零差率改革后，省、市、县公立医院通过医疗服务价格调整补偿比例分别为90%、85%和82%，财政补偿比例分别为0%、10%和15%，医疗机构自身消化比例分别为10%、5%和3%。耗材零差率改革后，省和市公立医院按100%、县级公立医院按82%通过医疗服务价格平移补偿；另一方面，实行医疗服务价格“四拉开”。即拉开不同地域（省、市、县）、不同等级医院、不同技术等级医生、不同技术和风险医疗项目的服务收费水平。同时，兼顾医疗服务价格调整与医保支付、财政补偿、医院收支、群众负担等四方面的平衡（“四个平衡”），进行降低检查化验价格、合理提高医务人员技术劳务价格、县级医院调整幅度较小、市属医院调整幅度稍大等差别化调整，基本达到了“医院收入不降低、医保（新农合）可承受、财政可持续、群众负担有所减轻”的改革目标。

青海推动分级诊疗。一是选择高血压病、糖尿病、结核病等9种疾病制定双向转诊指征，在全省范围内进行试点；在基层医疗机构开展对患有慢性疾病的60岁以上老年人提供免费基本药物诊疗模式试点，引导患者在基层医疗机构就诊。二是整合共享检查检验资源，在省级三级医院组建慢性病诊疗中心，各市成立区域分中心，为各级医疗机构的慢性病诊治提供技术支撑。三是充分发挥医保作用，完善转诊约束机制，对个人要求转诊或未经医疗机构、医保管理机构审批的分级诊疗病种患者，其医保报销比例下浮10个百分点，慢性疾病逐步实行按人头打包付费。

安徽降低虚高药价和就医限时限号。在所有城市公立医院全面取消药品加成，同步推行药品带量采购，药品按照省级统一招标中标价销售。降低医用设备检查治疗价格，提高体现医护人员技术劳务价值的诊察、手术、治疗、护理及部分中医服务价格。全省组成药品带量采购联合体，省属医院药品带量采购联合体完成了首批10个单品种注射剂的带量采购，降价幅度5%~20%，城市三级公立医院实行门诊限号限时制度，确保患者能挂上号，看好病。除少数科室外，专家门诊每半天原则上不超过25个号，患者平均看病时间原则上不少于10分钟，普通门诊每半天原则上不超过38个号，平均看病时间不少于6分钟。

二、宁夏公立医院改革现状

2014年9月，按照自治区的统一部署，宁夏在永宁、灵武、平罗、盐池、同心、海原等6个县推进公立医院改革试点，2015年在全区推开。按照国家公立医院改革试点要求，立足全区实际，从运行机制、人事管理、补偿保障、医保支付、成本核算、服务价格、绩效考核等方面进行了全面探索。

（一）县级公立医院改革实现了三项突破

一是在全国率先以省为单位推进“先住院后付费”诊疗模式，极大地方便了群众就医，目前已有343家医疗机构，累计为15万患者免住院押金

2.5亿元。二是完善取消药品加成的补偿政策，确定县级公立医院1077项医疗服务价格调整目录，并纳入医保报销范围。三是各县财政加大支持，积极支持公立医院改革。同心县将县级公立医院财政供养人员经费补贴比例逐步提高到全额拨款，今年又提高了15%，计划今后三年再分别提高10%，县财政每年还安排400万元专项资金用于县级公立医院大型医疗设备的购置。灵武市每年在定项补助中安排公立医院重点学科发展和人才培养预算经费100万元。

（二）银川城市公立医院推进三项改革

一是财政保障机制改革。今年，增加取消药品加成财政预算达到2100万元，人才培养经费150万元，中医药发展经费100万元，投入2000万元用于康复医院设备购置，增加1亿元用于公立医院人事薪酬制度改革，增加6762万元用于基层卫生服务机构人力成本保障和运行经费保障。二是补偿机制改革。破除“以药补医”，建立了60%通过调整医疗技术服务价格、30%由政府补助、10%通过医院加强成本控制内部消化的长效补偿机制。取消加成的60%通过先后两次取消挂号费，调整261项医疗服务项目价格进行了平移。三是医保支付方式改革。2016年，城乡居民医保政府补助标准提高到432元。城镇职工医保单位缴费比例提高到8%，居民大病保险筹资标准提高到32元，全市户籍人口参保率达到95%。

（三）基层医改力推三件事

一是建立了大医院与基层医疗服务共同体。从人员、技术、资金、设备等方面对基层医疗机构给予支持，推进城乡医疗合作。二是实行药品集中招采。对药品中标（成交）价格实施监测和动态调整，调整降低了516个品规药品的中标（成交）价格，平均降幅为6.18%。对年度销售额在50万元（含）以上且多家企业生产的573个品种、795个品规药品实施公开招标采购。三是引导就医群众“小病不出村，常见病不出乡”。注重“下沉”医疗资源，让群众愿意就近就医。海原深入推进乡村卫生一体化管理和乡村医生签约服务，管理覆盖率100%、签约率80.12%。盐池85%以上群众门诊首选乡村医疗机构，80%的住院病人愿意留在县内就医。

三、宁夏综合医改面临的主要问题

宁夏深化医药卫生体制改革了取得积极进展，有的方面走在了全国前列，得到了国家有关部门的充分肯定。但开展综合医改试点，仍面临诸多问题。

（一）统筹推进改革缺乏合力

一方面改革的整体性不够，政策叠加效应和整体推进医改的效果不明显；另一方面改革的协同性不够，多部门在改革政策的配合上未达到同步。如医疗属卫生部门管理，药品属药监部门管理，医保属人社部门管理，这些部门又分属不同的自治区领导分管，不仅部门之间不便沟通而且容易造成统筹协调不畅，“三医”联动效应难以有效发挥。

（二）医疗卫生资源不足与过剩并存

受诸多因素影响，一方面部分地区医疗卫生资源过剩，另一方面又存在基层医务人员严重不足的现象。一头是基层医疗机构门前冷落“不够吃”，医疗资源闲置，另一头是城市大医院门庭若市“吃不了”，医疗资源紧张。如在县级医院、乡镇卫生院、社区卫生服务中心就诊中，虽然政策上给予优惠，但群众大病小病还是要去大医院看，“小病大医”现象仍然普遍。据调研，2015年宁夏附属医院年门诊量为203万多人次，出院人数为118万多人次，而彭阳县共31个卫生医疗机构全年门诊量仅为11620人次，只占其门诊量的5%左右，出院病人9849人次，不到其出院人数的1%。

（三）制约公立医院改革的管理体制尚未破题

虽然宁夏在推进县级公立医院改革时出台了一系列配套政策，这些政策在试点推进中也发挥了明显作用，但由于一些医疗体制机制的根本问题尚未破除，影响了改革的整体效果。在用人方面，医院急需人才“进门难”，进来的人又不能完全胜任本职工作；目前大多数在岗医护人员没有编制，无法实现真正同工同酬，很大程度上影响了他们工作的积极性。

（四）药品购销体制需要进一步完善

目前，药品市场销售环节多，转手频繁，费用高，采购吃回扣，医生拿“红包”，缺乏市场监督机制，致使“个人获利，患者受损”，药价虚高现象仍然比较严重。据调研，中成药出厂价格一般为零售价格的20%~25%，化学药品为10%~20%。也就是说，药品的零售价格一般是出厂价格的4~10倍，个别药品甚至更高。

（五）财政补助资金筹措难

实行改革的医院取消药品加成后，都要依靠地方财政补助。宁夏大部分公立医院历史欠账较多，债务短期内难以化解，进行医改需要大量的资金投入。如青海省医改试点中，取消药品加成，医院因此减少的收入，由政府财政予以全额补偿。而宁夏的一些贫困地区，补偿数额较大，给有限的地方财政带来不小的困难。

四、宁夏综合医改试点要重点解决的问题

按照中央综合医改的试点要求，结合全区实际，在推进医改试点中，应坚持“四项原则”、建立“四个机制”、加强“两个保障”。

（一）坚持“四项原则”

一是政府主导。强化政府办医责任，加大财政投入，维护基本医疗卫生的公益性。二是重点突破。统筹推进医疗、医药、医保协调联动发展，在分诊医疗、降低药价等重点领域有新突破。三是问题导向。针对医改推进中的突出矛盾和问题，积极寻求解决这些问题的新思路、新办法、新举措。四是因地制宜。从宁夏实际出发，按照国家医改目标和要求，积极探索建立符合区情的基本医疗卫生制度，形成可复制、可推广的改革经验。

（二）建立“四个机制”

一是完善分级诊疗，建立科学有序的医疗运行机制。建立促使优质资源向基层转移“下沉”的工作机制，让医务人员下得去、留得住、受欢迎。综合运用医疗、人才、价格、医保支付、绩效考核等激励约束措施，形成“基层医疗机构（乡镇卫生院、社区卫生服务中心）→二级定点医疗机构→三级定点医疗机构”分诊诊疗和转诊程序，促进分级诊疗的就医新秩序。建立县级公立医院与基层医疗卫生机构之间的便捷转诊通道，县级公立医院要为基层转诊患者提供优先就诊、优先检查、优先住院等便利。基层医疗卫生机构提供基本医疗和转诊服务，加强全科医生队伍建设，推进全科

医生签约服务。

二是破除虚高药价，建立药品采购约束机制。实行药品配送“两票制”，即药品从生产企业销售给批发商一张票，批发商销售给招标平台一张票，控制流通环节，斩断中间利益链条。取消药品（医用耗材）加成，允许患者自由选择在医疗机构或社会药房购买药品和医用耗材。开展医用耗材阳光采购，统一使用目录，统一挂网采购，统一挂网价格，医疗机构和医用耗材生产经营企业必须通过我区药品（医用耗材）集中采购网进行采购。

三是探索管办分离，构建科学管理运行机制。建立医院管委会联席会议制度，由政府分管领导适时召集卫生计生、人社、财政、编办、发改等部门，研究解决改革政策制定、实施等问题，履行政府办医职责。改革人事薪酬制度，实行各类医务人员同工同酬；探索公开招聘院长，落实公立医院独立法人地位和经营管理自主权，推行院长年薪制。完善基层医疗机构绩效工资分配办法，合理拉开收入差距。实行公开招聘、竞争上岗、合同管理，激发医务人员积极性。

四是破除“以药养医”，建立补偿机制。各级财政要加大投入，推动医改试点健康发展。取消药品加成后，将公立医院补偿由服务收费、药品加成收入和政府补助三个渠道改为服务收费和政府补助两个渠道，补偿比例由各地级市自行确定，但原则上政府补助不能低于20%，医疗技术服务价格不能高于70%。同时，调整后的医疗服务收费按规定纳入职工和城乡居民基本医保支付范围，尽量减小群众自费负担。

（三）加强“两个保障”

一是加强组织保障。为发挥医疗、医保、医药“三医”联动效应，将涉及医改的卫生计生、医保、医药等工作调整由一位自治区政府领导统一分管，以增强工作的协调性。同时，将宁夏医改指标纳入对各级政府年度绩效考核。二是加强财政保障。将补偿经费纳入财政预算，确保医疗卫生事业的财政投入只增不减，积极化解债务，对符合规划要求的公立医院债务，纳入政府统一债务平台，逐步进行化解。

宁夏建立和完善被征地农民基本养老保险制度的研究

——以银川市被征地农民养老保险制度优化选择为例

柳成荫　陈丽宇　张倩

土地是农民生活的基本保障，是农村稳定的基础。随着我国城镇化、农业产业化进程的加快，大量农村集体土地被征用，被征地农民数量越来越多。农民在失去土地基本生产要素以后，其生产和生活方式发生重大改变，建立健全被征地农民养老保险制度，充分发挥社会保障政策托底作用，切实保障农民基本生活，是一项十分紧迫和重大的任务。

一、宁夏建立被征地农民养老保险制度路径选择

宁夏被征地农民养老保险制度建立和完善，有三种制度模式运行并不断优化选择。

（一）单建制的被征地农民养老保险制度

由于被征地农民是失去生产要素的群体，其生产和生活融入城市需要长时间的适应性过渡，在养老保险制度设计上既不同于城镇职工，也不同于农村居民。而是专门设计一种参保人群是被征地农民的社会养老保险制度。保障资金筹集采取政府投入、集体补贴或者土地补偿费代缴、被征地农民个人缴纳。保障重点是年龄大，实现就业或创业困难人员，对男年满

作者简介　柳成荫，银川市社保局副局长，高级经济师；陈丽宇，宁夏大学教授；张倩，银川市社保局经济师。

60周岁、女年满55周岁人员按月发放养老金，养老金水平大致在同期城镇职工养老金水平的50%左右。

单建制被征地农民养老保险制度的优势是：保障重点人群，保障目标明确，制度运行灵活，运行成本较低，短期内保障和维稳作用明显。单建制度的不足是：覆盖人群少，保障资金积累规模小，长远保障能力低，养老保险关系跨地区跨制度转移接续渠道不畅。

（二）将被征地农民直接纳入城镇职工养老保险范围

在现行城镇职工养老保险制度框架下解决被征地农民养老保险问题。在参保范围和参保资格方面设置条件，如在耕地承包经营权、征地时间、批准征地机关、征地时的实际年龄、征地后剩余耕地面积等方面设置一定条件，将符合条件的被征地农民直接纳入城镇职工养老保险范围。在资金筹集方面采取政府补贴、集体补助、个人缴纳三方筹集。参照征地时城镇职工缴费标准，按征地农民的实际年龄，采取趸缴养老保险费增加参保年限，执行城镇职工退休条件和养老金计发办法。目前宁夏已有3.6万名被征地农民自愿选择参加职工养老保险[①]。

将被征地农民直接纳入城镇职工养老保险制度的优势是：征地农民在养老保险政策上具有和城镇职工平等选择的权利，消除了制度的不平等。征地农民享受职工的退休条件和待遇，如养老金增加机制，发放取暖费及死亡丧抚费待遇，保证了被征地农民退休后的生活，提高征地农民消费水平和生活质量，促进征地农民更快融入城市生活。体现了发展共享的社保政策托底效应。这种制度社保关系转移接续渠道畅通。经办运行成本小。制度的不足是：采取趸缴办法，政府补贴、个人缴费负担重，一些征地农民由于不能承担缴费而放弃参保。已经达到退休年龄的征地农民最多趸缴15年，参保年限短而享受的退休待遇较高，对社保资金发放带来长期的压力，不符合社保基金精算平衡的原则。由于设置了参保的前提条件，对参保资格审核确认严格，一些征地农民由于不符合参保条件不能参保，存在上访及影响社会稳定的问题。

---

①郭正礼、李保平主编《2016宁夏社会蓝皮书》，宁夏人民出版社2015年版，第40页。

（三）被征地农民自愿选择参加城乡居民养老保险制度

以同期城镇职工养老保险缴费标准为依据，按照一次性趸缴政府应给补贴资金数额，直接将补贴资金划转到被征地农民城乡居民养老保险资金账户。执行城乡居民领取养老金条件和计发待遇办法。

选择这种制度的优势是：被征地农民个人享受趸缴补贴，不承担一次性趸缴费用负担。在享受政府资金补贴方面，无论选择职工养老保险或者城乡居民养老保险，都按照职工参保补贴标准给予补贴，体现政府在保障被征地农民权益方面政策公平利益均等。选择此项制度的不足是：被征地农民享受养老金、丧抚费待遇低，且按现行政策女的参保人员 60 岁才能领取养老金待遇。

二、银川市被征地农民养老保险制度路径选择

（一）单建制的征地农转非人员养老保险制度

2005 年以来，银川市针对城市化进程加快，征地规模扩大，被征地农民人数剧增，农村社会养老保险制度尚未建立，征地农民没有养老保障政策托底等突出问题，积极探索，大胆实践，制定出台了《银川市已征地农转非人员基本养老保险试行办法》(银政发〔2006〕23 号）文件。此项制度将 2003 年 1 月 1 日以后，由银川市政府统一征地，征地后人均剩余耕地不足 0.5 亩，征地时年龄在 18 周岁以上，并已办理了农转非户口手续的征地农民，在自愿参保的前提下纳入保障范围。这是银川市针对征地农民制定的单建制度，在银川市各县（区）市执行。实行政府补贴、集体补助、个人缴费筹集养老保险基金。按照征地时的实际年龄，采用一次性趸缴 5 年、10 年、15 年的养老保险费。政府在趸缴时一次性补贴在 3972~11914 元，个人缴纳在 3972~11914 元。每人每月领取养老金在 300~1300 元。

此项制度实施取得了显著的社会效益。一是银川市政府加大财政投入并做为“民心工程”大力推动实施，征地农民参保意愿和行为积极。二是达到了保障重点区域重点人群目的。三是增加被征地农民生活消费能力，

加快融入城市的步伐。四是缓解了征地拆迁矛盾，发挥了维稳作用[①]。此项制度在实施10多年以后,也存在一些矛盾和问题,主要是养老金待遇没有相应增长，没有取暖补贴、丧抚费等城镇职工享有的待遇，使征地农民没有共享发展成果。

（二）被征地农民参加职工或者城乡居民养老保险制度

2014年，银川市政府制定并印发了《关于进一步做好被征地农民基本养老保险工作的实施意见》(银政发〔2014〕109号）文件。这项制度规定，征地农民在自愿选择的条件下，可以参加职工或者城乡居民养老保险。

为便于比较分析，将《银川市已征地农转非人员基本养老保险试行办法》(银政发〔2006〕23号）文件称为老制度[②]。将《关于进一步做好被征地农民基本养老保险工作的实施意见》(银政发〔2014〕109号）文件称为新制度[③]。将两项制度规定的重点内容进行比较分析如下表。

银川市被征地农民两项养老保险制度比较分析表

<table>
<tr><th>文号</th><th>实施时间</th><th>参保条件</th><th colspan="2">政府和个人缴费标准(元)</th><th>待遇标准（元/月）</th></tr>
<tr><td rowspan="2">老制度银政发〔2006〕23号</td><td rowspan="2">2006年3月</td><td rowspan="2">1.村集体与市土地储备中心签订《征地方案或协议》。
2.在册的村集体成员，达到参保年龄并办理农转非手续。</td><td>第1类人员</td><td>男年满60周岁及其以上，女年满55周岁及其以上;一次性趸缴15年,缴费总额为23828元,其中个人和村(居)承担11914元,市政府补贴11914元。</td><td>300</td></tr>
<tr><td>第2类人员</td><td>男年满50周岁不满60周岁,女年满40周岁不满55周岁；一次性趸缴15年,缴费总额为23828元,其中个人和村(居)承担11914元,市政府补贴11914元。
男年满40周岁不满50周岁,女年满30周岁不满40周岁；缴费总额为15885元,其中个人和村(居)承担7943元,市政府补贴7943元。</td><td>月领取养老金=达到领取养老金年龄时上一年度自治区月平均工资×缴费年限×1%+个人帐户储存额÷120个月。</td></tr>
</table>

①陈丽宇、柳成荫《银川市被征地农民基本养老保险制度研究》,《宁夏农业科学研究》2008年,第72—73页。

②银川市政府《银川市已征地农转非人员养老保险暂行办法》,2006年3月6日。

③银川市政府《关于进一步做好被征地农民基本养老保险工作的实施意见》,2014年10月29日。

续表

文号	实施时间	参保条件	政府和个人缴费标准(元)		待遇标准(元/月)
		3.完全失地或人均耕地不足0.5亩。		男年满18周岁不满40周岁,女年满18周岁不满30周岁；缴费总额为15885元,其中个人和村(居)承担3972元,市政府补贴3972元。 第2类人员没有达到退休年龄,本人应继续按年度缴纳费用(财政不予补贴),缴费标准按自治区公布灵活就业人员最低缴费基数,按18%比例缴纳。	
新制度银政发〔2014〕109号	2014年12月至今	1.具有1998年以来第二轮农村集体土地承包权。 2.市政府2012年1月1日以后依法统一征地项目。 3.征地后人均耕地不足0.5亩。 4.征地时具有银川市常住户籍。	参加职工养老保险	参加企业职工基本养老保险的,按征地时自治区上年度城镇在岗职工平均工资的60%为基数,以20%的缴费比例参保缴费,并根据被征地时不同年龄段实行趸缴。例：以2013年12月31日以前征地的，以2012年自治区社平工资48961计算)： 1.男年满16周岁不满45周岁、女年满16周岁不满40周岁，一次性趸缴5年;缴费总额为29377元,其中政府补贴17626元,个人缴费11751元。 2.男年满45周岁不满55周岁、女年满40周岁不满50周岁，一次性趸缴10年；缴费总额为58753元其中政府补贴35252元,个人缴费23501元。 3.男年满55周岁、女年满50周岁及以上的，一次性趸缴15年。缴费总额为88130元,其中,政府补贴为52878元,个人缴费35252元。 4.年满70周岁及以上的,个人承担的一次性趸缴部分按照个人应缴纳总额的50%缴纳。缴费金额为17626元。	按职工基本养老保险待遇计发办法按月领取养老金。(一次性缴纳15年养老保险费,并且达到待遇领取年龄人员每月养老金:男770元，女730元)
			参加城乡居民养老保险	参加城乡居民社会养老保险的,由政府按照参加职工基本养老保险的同年龄段被征地农民缴费补贴标准给予一次性补贴,全部计入其养老保险个人账户。	养老金=基础养老金(银川市现行标准190元)+个人账户积累总额÷139(一次性缴纳15年保险费并达到年龄的人员每月养老金465元)

三、新老制度效果对比分析

老制度中年满 60 周岁享受城乡居民基础养老金，最低养老金由每人每月 300 元增加到 435 元。

新制度养老金待遇水平大幅提高。最低养老金由老制度每人每月 300 元增加到新制度 730 元（参加职工养老保险），平均养老金由老制度每人每月 690 元增加到新制度 810 元。参加职工养老保险还能享受养老金正常调整、采暖补贴、高龄津贴、一次性抚恤金、丧葬费等政策。新制度政府补贴力度加大。征地农民按照年龄段一次性趸缴养老保险费用，老制度由政府、个人分别承担 50%，新制度由政府、个人分别承担 60%和 40%。新制度规定年满 70 周岁以上人员，个人承担的一次性趸缴费用按应缴纳总额的 50%缴纳，体现了对高龄群体的帮扶。新制度采取一事一议办法，解决因征地项目主体不明确等原因产生的被征地农民参保问题。已解决了兴庆科技园区、掌政镇小城镇建设、银川滨河新区横城村等征地项目中 4000 余名征地农民参加职工养老保险问题。新制度可以趸缴补差。对符合银川市被征地农民参保条件，且以企业职工或灵活就业人员身份已参加了职工基本养老保险的人员，允许按年龄段在趸缴年限内补差。已参加职工养老保险的被征地农民趸缴补差，按照最后一次征地的时间划分 3 个年龄段确认趸缴年限和补差时间。在规定的趸缴年限内，除去个人已缴纳的年限，剩余年限为补差年限。补差年限内个人和政府承担的缴费比例按银政发〔2014〕109 号文件执行。

四、被征地农民养老保险制度优化路径选择的建议

一要充分发挥政策利益导向，鼓励引导征地农民从单建制度逐步转向城镇职工养老保险制度。单建制度的保障水平已越来越不能满足征地农民的基本生活需求。通过城乡居民参保意愿问卷调查统计，选择城镇职工养老保险并有强烈参保意愿的人达到 80%。为保障被征地农民的长远生计，顺应他们的新期盼，在征地农民养老保险政策设计上，应加大政府承担费用的责任，提高补贴标准，将征地农民纳入城镇职工养老保险范围。为征

地农民更好地融入城市生活，享受“同城同待遇”提供制度保障，避免养老保险关系转移接续等方面的复杂问题。

二要建立被征地农民养老保险先保后征机制。将政府补贴养老保险费用列入征地成本，在征地前落实保障资金、保障对象并形成方案。

三要加强宣传引导确保应保尽保，增强被征地农民的参保意识。深入基层，切实向群众把政策讲懂、把道理讲清、把账算明，使政府惠民政策深入人心，确保符合条件的被征地农民应保尽保。

四要进一步完善城乡居民养老保险制度，增强政策吸引力。城乡居民养老保险保障水平低，与城镇职工养老保险待遇差距较大，虽然城乡居民保险制度设计中体现了缴费激励机制，但“多缴多补，多缴多得，长缴多得”的激励政策体现不足。缴费档次与补贴档次之间，缴费年限、档次和基础养老金之间的激励机制不明显，制度的养老保障功能未能很好发挥，不能从根本上解决征地农民养老保险问题。应将基础养老金与个人缴费水平和缴费年限建立明确的适度的联动关系，增强政策吸引力，提高群众参保积极性。

新时期宁夏社会矛盾的主要特点及处理机制研究

李　霞

社会矛盾纠纷是指在社会转型的背景下，由于利益分配格局变化引起的不同社会群体之间的摩擦、对立与冲突的一种互动过程与社会现象，是经济社会发展到一定程度的必然产物。在经济体制改革、社会结构转型、思想观念变化的新形势下，宁夏面临的各种社会矛盾纠纷日益增多，对社会的稳定发展带来了强烈的冲击。准确把握当前宁夏社会矛盾纠纷的主要特点，深入分析宁夏处理社会矛盾纠纷存在的问题及成因，从而科学构建宁夏社会矛盾纠纷化解的长效机制，对于促进宁夏经济社会发展具有重要意义。

一、宁夏社会矛盾纠纷的表现形式

从整体上看，当前宁夏社会矛盾纠纷呈现出数量增多、群体性增强、范围拓展、突发性事件增多等特点，其表现形式具有鲜明的时代性。

（一）征地拆迁补偿安置引发的矛盾纠纷

一是随着城市新建住房日益增多，房价随之高涨。而市民拿到的拆迁费却在同等地区买不起住房，换地区又存在交通、教育等费用问题，造成拆迁户不及时搬迁，由此引发的社会矛盾日益突出。二是同类级别的土地，

作者简介　李霞，宁夏社会科学院农村经济研究所副所长，研究员。

由于用地项目不同、征用时间不同，出现不同的征地补偿价格，造成同样是失地农民却有不同的补偿标准，失地农民互相攀比引发的矛盾纠纷。

（二）土地流转、土地权属问题引发的矛盾纠纷

因土地流转、土地权属纠纷导致村民之间打架斗殴的治安案件时有发生。一是农村承包土地流转不按流转程序进行登记备案，不依法进行流转引发的矛盾纠纷。二是村民自行转包、转租引发的村民之间的矛盾与纠纷；三是土地权属发生纠纷。2016 年 4 月 12 日，原州区开城镇郭庙村八组群众马某与张某、海某因土地权属发生纠纷，双方因言语不和发生肢体冲突，致使马某身体受伤。

（三）邻里、家庭不和睦导致的矛盾纠纷

在农村，因邻里间的宅基地、通行、排水或田间地埂等事引起的纠纷；城市小区内公共用地引发的许多邻里纠纷，城市小区内的公共用地本来是居民共有的资源，在很多老旧小区，一些居民却将这些公共用地变成了自家的“小菜园”，而这些公共用地的占用也引发了许多邻里纠纷；多子女家庭中，因互相攀比而不履行赡养义务的情况也较为突出；因婆媳不和、夫妻矛盾等因素导致的离婚纠纷。

（四）生产、道路交通及医疗事故引发的矛盾纠纷

生产过程中造成人员伤亡而引发的矛盾也不在少数，特别是生产事故、交通事故、医疗事故“逢死必闹”纠纷已成为社会矛盾纠纷的重点。

（五）拖欠农民工工资或工程款引发的矛盾纠纷

被欠工资的农民工在采取反复寻找老板讨要工钱无果后，少部分选择通过法律途径解决工资拖欠问题，大部分选择到政府上访、堵路等方式要求解决拖欠工资或工程款问题。

（六）环境污染问题引发的纠纷

近年来，一些突出的环境问题引发的纠纷日益增多。据自治区环境保护系统统计，2016 年 1—10 月，全区投诉的环境保护事件同比增长了 9%。据中央第八环保督察组反馈情况显示，永宁县制药企业异味扰民等问题长期没有得到解决，周边群众投诉不断。灵武市、贺兰县、平罗县、青铜峡市、中宁县等地工业园区环境污染问题导致周边群众反映强烈。

另外，村级财务管理引发的问题也逐渐尖锐起来，贪污腐败等问题引发的社会矛盾也不容忽视。

二、宁夏社会矛盾纠纷的主要特点

随着改革开放向纵深推进，处于社会转型期的社会群体之间的利益整合与利益分化呈现新趋势，社会矛盾与社会问题呈现新特点。通过分析，当前宁夏社会矛盾纠纷主要呈现以下两个主要特点。

（一）参与主体多元化，涉及领域广泛化

当前，宁夏社会矛盾纠纷主体呈现出多元化特征，社会矛盾纠纷不仅发生在公民之间、公民与法人、非法人团体和组织之间，而且发生在干部与群众之间。从农民、工人、教师到复转军人、外商、企业主和基层干部，几乎涉及社会各类主体。从发生在城乡的冲突看，土地问题是当前农民“以法维权”的焦点，劳资纠纷是工人“以理维权”的重点，市民物业的“理性维权”则大多是通过法律程序来解决。同时，宁夏社会矛盾纠纷涉及的领域日益扩大，基本上覆盖了社会管理的各个方面。包括农村土地征用、城市房屋拆迁、国企改制、环境问题、以及劳动纠纷、医患纠纷等。矛盾的焦点直接间接集中到对政府的政策不公平、基层干部的贪腐行为、行政不作为、滥用职权、暴力执法和公共资源配置不公等，各级政府首当其冲。

（二）社会矛盾纠纷的表达方式趋于极端化、暴力化

宁夏社会矛盾纠纷具有倾向激化诉诸冲突的趋势，如围堵、冲击党政机关、企事业单位或拦截公务车辆；将生活不能自理者遗弃在信访接待场所；聚众闹事、械斗等。在征地拆迁、工程承包领域，矛盾纠纷的受害方当事人在矛盾出现初期，大多都能通过正当的途径和手段，寻求基层党政组织和有关部门公正合理地解决纠纷。但当事人在多方求助无果的情况下，就会酿造严重的治安案件、刑事案件。如石嘴山市大武口区马永平承包的贺兰县洪广镇劳务移民小区的水暖工程款被分包商拖欠后，在三年讨要无果的情况下，他用两桶汽油点燃银川市一辆 301 路公交车，导致 17 条生命惨死，在社会上造成极坏的影响。

三、宁夏化解社会矛盾的主要做法

按照自治区党委、政府的要求，全区各地切实履行职责，坚持分类化解矛盾，整合力量破解难题，加大财力物力投入，为群众排忧解难，最大限度将矛盾纠纷化解在基层，化解在萌芽状态。

（一）超前集中化解了一批可能引发矛盾纠纷的苗头性问题

自治区对社会矛盾坚持排查在前、疏导在前。一是对属于共性的苗头隐患，及时优化政策，成批化解矛盾纠纷。针对破产和困难企业职工社保问题突出的实际情况，筹资2.2亿元，将全区国有破产企业和困难企业退休人员3.1万人全部纳入城镇基本医疗保险，息诉息访率达98%。二是大力实施“千人万件”工程和疑难复杂矛盾纠纷化解民生工程，全区3260个调解组织，18780名人民调解员化解各类矛盾纠纷3万多件。三是自治区将人民调解工作拓展到民事纠纷、交通事故赔偿、劳动人事争议、医疗卫生等领域，基本实现由单打独斗向联动联调、从事后调解向事前预防化解的转变，加快了人民调解专业化、社会化建设步伐。目前，自治区已建立医疗、劳动争议、交通事故等行业调委会540个，专职调解员超过3500人，并向劳资、物业、集贸市场等社会纠纷难点热点领域拓展。

（二）边排查边化解，就地解决一批矛盾纠纷

自治区各市、县普遍实行横向到边、纵向到底的全方位排查，坚持因案施策，将矛盾纠纷化解在当地基层。2014年至2016年6月底，全区通过多元化纠纷解决机制案外化解矛盾纠纷29143件，占法院受理案件总数的16.2%。为切实解决基层群众“司法服务最后一公里”问题，2013年，自治区高级人民法院在全国率先为所有基层法庭统一配备“便民服务流动法庭工作车”，实现全区基层法庭数字化工作平台全覆盖。据不完全统计，便民服务流动法庭车投入各派出法庭以来，共巡回办案5000多件，法治宣传700多次，接待群众咨询12000多人。

（三）形成各具特色的多元化纠纷解决机制

盐池县人民法院探索建立和不断完善法官村官、法官工会干部双助理联动机制，结合有限的行政、社会、司法资源，实现乡村、社区、机关、企事业单位双助理联动机制全覆盖。据盐池县信访局统计，截至2016年10月，盐池县信访率下降32.7%，实现零进京上访目标。银川市兴庆区人民法院自实行立案登记制以来，受案数同比上升了42.05%，一线法官人均结案数同比上升15.38%。推动构建全方位、多层次的社会矛盾纠纷化解网络体系，实现解纷主体多方参与、解纷方式灵活有效、解纷机制科学便捷、解纷人员专职专业，最大限度地缓解社会矛盾冲突，促进社会和谐。

四、宁夏社会矛盾纠纷存在的问题及成因分析

由于利益冲突、行政执法不规范、解决社会矛盾纠纷的体制机制存在严重弊端等，加剧了宁夏的社会矛盾纠纷。

（一）以信访为主的纠纷解决机制存在严重弊端

作为行政救济手段，信访在解决纠纷方面能够“一步到位”，甚至“突破法律底线”解决问题，成为越来越多信访群众的首选。一方面，个别领导出于维稳需要“法外妥协”“法外施恩”，最终导致突破法律底线，用所谓的个案正义损害了社会的整体公平和正义；另一方面，由于司法权威和公信力不足，又难以摆脱地方党政权力的干预。加之现行法院受案范围有限，致使大量的纠纷不能通过司法途径得到公正解决，甚至会产生“小闹小解决，大闹大解决，不闹不解决”的扩张效应。实践证明，以信访为主的纠纷解决机制不仅架空了诉讼等法定救济途径，而且使党委政府站到了社会矛盾纠纷的第一线。原本行使裁判权的法院之上又出现了更高“裁判”机构，党委、政府成为实际上的终局裁判机关。造成公众寻求无限向上的行政权威。这种纠纷解决方式不仅会增加行政成本，而且会强化人治思维、损害法治权威，不利于社会矛盾纠纷的预防和化解。

（二）行政执法不规范导致很多社会矛盾纠纷

近年来发生的多起群体性事件，基层执法人员暴力执法、不严格执法是重要的因素之一。由于执法不规范，导致相对人不守法甚至抗法。调查表明，许多缠诉和群体性事件，多数发生于城镇规划、社会保障、劳资纠纷、集体土地权属等行政执法领域。2016年1—10月，在自治区涉诉信访的300件案件中，与政府行为相关的房屋拆迁、土地征用、政府颁证等问

题引发的涉诉信访案件占到了32%。可见，行政管理与行政执法所引发涉诉信访问题的严重性。可以说，行政执法中大量存在着执法不严、执法不公等不规范现象导致了很多社会矛盾纠纷，也激化了党群关系。

（三）解决社会矛盾纠纷的能力不足

1.缺乏民众合法表达意愿的渠道。宁夏的发展离不开稳定的环境，但稳定的环境并不是指社会中不存在矛盾纠纷或暴力冲突，而是指政府处理社会冲突能力的不断提高。一方面，如果政府制定了一系列释放这种不满情绪的“安全阀”制度，基层民众有一个合法发泄不满情绪的渠道，那么社会冲突可以起到维护社会关系的作用。另一方面，随着社会诚信的缺失，群众对基层调解组织也不信任，许多婚姻家庭和邻里纠纷发生后，当事人宁愿自己解决，也不愿意找有关组织处理，以致最终拖到矛盾纠纷激化。

2.“三调联动”作用尚未真正发挥。虽然说，以构建多元化纠纷解决机制来应对日益复杂多样的现代社会纠纷已经成为自治区各级党委、政府的共识，各相关部门也制订了工作方案，初步建立了人民调解与司法调解、行政调解相衔接的“三调联动”机制。但是在实际运行过程中，由于人员、体制、经费等方面的因素，人民调解、司法调解、行政调解各自为政，“三调联动”在许多方面衔接不到位，仅仅停留在表面上，且尚未真正运作起来。

（四）法制意识淡薄的利益群体成为影响社会稳定的隐患

处在社会底层的人员，当遭遇到就业难、上学难、看病难等关乎民生的问题时，就会形成一个失意群体，由于法制意识淡薄，此时极易引发各类社会矛盾纠纷，甚至演变为群体冲突，成为影响社会秩序稳定的重要隐患。

五、科学构建宁夏社会矛盾纠纷化解机制的对策建议

社会矛盾纠纷随着经济社会的发展转型，在一定时间内只会增加，不会减少。畅通群众诉求表达的渠道、规范公权力边界、完善法律制度，建立健全考核和责任追究机制等无疑是宁夏化解社会矛盾纠纷的着力点。

（一）健全群众利益诉求表达机制

1.畅通群众诉求表达渠道。政府部门和群团组织在畅通群众诉求表达

渠道方面具有政策业务熟悉、联系沟通相对容易等比较优势。要充分发挥这种优势，在部门、群团组织与特定的群体之间建立起经常性、互动式的沟通管道，收集特定群体的意见建议、受理他们的诉求、了解情况、掌握动态，及时转达和反映其意见和建议。

2.建立领导机关、领导干部联系群众制度和巡访制度。党委、人大、政府、政协等领导机关及领导干部要包干包点联系群众，带头深入了解社情民意，开展专职巡视（巡访）活动，了解和收集有关情况反映，从而更加准确地排查化解各种矛盾纠纷。

（二）规范公权力边界

公权力失范具体表现为越权及权力滥用，决策不当和执法不公，规范公权力必须做到党委依法执政、政府依法行政、司法机关公正司法，确保所有的公权力都在法律的范围内依法行使。首先，要依法执政。县级以上的党委部门应当公开其权力清单，用立法的方式明确其权力界限和关系，实现权力的法定化，防止违法和不当决策。其次，要依法行政。规范约束政府权力的关键是尽快制定《行政组织法》和《编制法》，用法律形式规定其组织职能、权限和编制，依法推进政府职能转变，实现真正意义上的职权法定，防止越权决策和滥权执法。最后，要公正司法。规范司法权力，关键在于继续推进司法公开，强化司法职权的合理配置和相互制约，确保司法公正，积极化解和减少社会矛盾。

（三）完善法律制度

立法是从源头上治理社会矛盾纠纷的重要途径。为此，必须制定更加公正的法律制度，切实维护公众的合法权益，保证社会的基础公平。为了统筹兼顾不同地区、不同部门、不同群体的利益差别，解决好土地征用、房屋拆迁、企业重组改制、环境保护等突出问题，防止和纠正各种损害群众利益的行为，加强保护弱势群体，建议国家尽快制定《济贫法》《社会救助法》《反歧视法》《不动产征收法》等一系列法律法规，保障弱势群体的基本权益。

（四）切实改善民生

自治区党委、政府要坚持不懈地抓好扶贫攻坚、就业创业、教育、社会保障等事关群众切身利益的大事，真正让百姓享受社会福利带来的实惠。一是进一步加大扶贫攻坚力度。整合各类资源，创新扶贫方式，把扶贫与工业化、城市化紧密结合起来，要继续深入实施生态移民工程，帮助贫困群众特别是山区群众早日脱贫致富。二是着力扩大就业创业。要实施更加积极的就业政策，落实好自治区就业促创业计划，加强对灵活就业、新就业形态的扶持，实施创业能力培训工程，促进多渠道就业创业。三是进一步提高教育水平。扩大家庭经济困难学生资助覆盖面，推进学前教育加快发展，加快实施乡镇幼儿园新、改扩建工程，进一步缓解“入园难”的问题。四是加大对困难弱势群体救助力度。要把社会救助工作摆在改善民生的突出位置，整合社会各种资源，构建以最低生活保障为基础、专项救助为支撑、临时性救助为补充的宁夏城乡社会救助体系。保障城乡低保、农村五保户、孤儿等弱势群体以及退伍、伤残和在乡复员军人等优抚对象的基本生活需求，提高重点优抚对象抚恤补助标准。使困难群众遇急有助、遇困有帮，让社会充满关爱和温暖。五是加快改善城乡居民居住环境。实施农村危房危窑改造工程，优先解决农村低收入困难家庭居住安全问题。同时加快实施老旧小区综合整治工程，加强物业规范管理，进一步改善市民居住环境。

（五）完善人民调解保障机制

1.建立人民调解经费奖励机制。经费不足是制约人民调解组织工作发挥作用的瓶颈，在现有体制下，要充分发挥人民调解“减压阀”“调解器”的作用，首先要出台《宁夏回族自治区人民调解组织经费奖励制度》，对人民调解组织经费实行以奖代补。其次，在解决人民调解组织工作经费的同时，将奖励与整体调解责任挂钩，签订责任书。对全年无“民转刑”案件的进行重奖，发生“民转刑”案件的不奖不补，从而提高资金使用效率，逐步减少“民转刑”案件的发生。

2.不断提高人民调解队伍素质。一是调解人员应从乡镇、街道的经济工作中分离出来专司调解工作。二是要吸收一批具有一定学识和基层工作经验的人员担任调解员。通过以案讲法、观摩开庭、法律知识讲座等多种形式，确保人民调解水平不断提高。三是基层人民法院要定期深入人民调解组织了解情况、沟通信息，发现问题，及时指导调解工作。

（六）完善考核和责任追究机制

一要把社会矛盾纠纷化解工作列入自治区各级党委、政府工作的重要议事日程，与其他工作同部署、同检查、同总结。二要建立有效的考核评估体系，明确各部门在化解社会矛盾纠纷方面应承担的责任。三要加大责任落实和追究力度。对于社会矛盾纠纷化解工作敷衍塞责，激化矛盾造成恶性刑事案件的，要根据引发重大社会治安问题出现的情形和事实，追究有关领导和直接责任人的责任。四要将化解社会矛盾纠纷作为干部考核、任用、提拔的重要参考。

（七）建立健全律师接待群众机制

律师具有客观中立的社会地位，具备丰富的政策法律知识和司法实践经验，更容易引导群众通过法律途径维护自己的合法权益。通过建立律师接访制度，让律师参与处理信访事件，充分发挥律师疏导和化解社会矛盾的“润滑剂”和“连心桥”作用，有利于从源头上防范化解社会矛盾纠纷。

宁夏信访工作在创新社会治理中的作用研究

杨明辉　保建国

党的十八届五中全会把“引导群众依法行使权利、表达诉求、解决纠纷”，“加强和改进信访和调解工作等”纳入加强和创新社会治理范畴，为做好信访工作进一步指明了方向。

一、宁夏的信访形势及信访工作的主要做法

（一）当前宁夏的信访形势

目前全区信访形势总体趋好，但信访总量居高不下，到自治区上访数量同比上升。截至2016年11月，全区县级以上信访部门共受理群众来信、来访、网上投诉44963件人次，同比上升13.5%。其中，受理的群众来信1221件人次，同比上升18.8%；接待群众来访7450批次42727人次，同比批次和人次分别上升31.8%和10.7%；接到网上投诉1015件次，占全区信访总量的10.5%。各项信访数据指标均在可控范围。从信访层级看，自治区信访局受理群众来信、来访、网上投诉7432件人次，同比下降15.5%；市级信访部门受理群众来信、来访、网上投诉12262件人次，同比上升18.2%；县级信访部门受理群众来信、来访、网上投诉25269件人次，同比

作者简介　杨明辉，银川市新华书店有限公司机关党支部书记、办公室主任；保建国，宁夏回族自治区信访局原副巡视员。

上升 23.6%。依法逐级上访的局面正在形成。从目前群众诉求态势看，四个方面的问题需要高度关注。

一是城乡建设类问题仍是热点。今年第三季度，全区信访总量为 13281 件人次，同比上升 8.1%，其中城乡建设类问题来访 42 批 1270 人次，分别占自治区本级来访总量的 24.7%和 51.9%。

二是劳动保障类信访问题仍占较大比重。此类问题共来访 27 批次 113 人次，占自治区本级来访量 15.9%和 4.6%。另外，拖欠农民工工资问题又有所抬头，仅 2016 年 11 月份，自治区信访局接待大厅受理的此类集体上访就有 6 批 403 人次，约占集体访总量的 23%和 44%，大大高于往年同期，其中也有一些工程承包商为索要工程款，蓄意煽动、组织民工上访，进行恶意讨薪。

三是农业农村类问题反映的也不少。此类来访 26 批次 180 人，占自治区本级来访量的 15.3%和 7.4%。突出的有：银川市园富葡萄花卉种植农民专业合作社租赁户王某某等 70 余人反映的承包地被洪水冲毁后的灾后补偿问题；西夏区芦花台宁夏农林科学院枸杞研究所园林场葡萄园承包户反映的葡萄减产要求减免土地租金的问题；中宁县喊叫水乡下庄子村马某某等 5 人反映村委会养殖圈棚补助账目不清问题等。

四是非法集资问题突出。此类问题来访 7 批次 216 人次，占自治区本级来访量的 4.1%和 8.8%。突出的有：兴庆区宁港城 100 余位业主反映所购房屋未按时交房及银川宁港集团公司非法集资；金凤区森林半岛公寓业主李某某等 25 人反映开发商和基金公司停发购房扶助金；金凤区绿韵兰茜化妆品专卖代理商马某某等 78 人反映宁夏绿韵兰茜化妆品有限公司非法集资。还有群众反映宁夏恒源万福清真食品股份有限公司、宁夏恒源通达冷链物流有限公司、宁夏麒阳清真食品股份有限公司法人李某某等涉嫌非法集资。

（二）当前加强信访领域社会治理的主要举措

1.*畅通信访渠道，有效维护群众合法权益*。为畅通人民群众利益诉求表达渠道，自治区信访局不断改进工作作风、创新工作理念、转变工作方式，使群众合法权益得到了维护。一是畅通法定渠道。对群众来信认真进行登记，耐心细致分析归类，及时呈报领导阅批，严格交办督办，力求做到“快接、快转、快办、快结案”；延长接访时间，增加接访力量，节假日安排专人值班，做到上访人员随来随接，确保了上访群众谈得上、劝得走、不滞留。二是拓宽新的渠道。逐步完善领导接访、带案下访、经常巡访、定期回访等已有工作机制，使之更加常态化、制度化、规范化，确保群众信访诉求在第一时间、第一地点得到反映和处理。进一步总结推广“市长热线”“市长信箱”“网络问政”“基层信访工作站”等新经验、新做法，压缩了空间，缩短了时间，减少了成本，使群众反映信访诉求更加方便快捷。三是推动责任落实。严格落实首问、首办责任制，对群众信访诉求，坚持有理的解决到位、无理的教育到位，力求把问题解决在首办环节，防止了“问题积累，矛盾上行”。为提高工作效率，接待受理好群众到自治区党政机关上访，制定印发了《关于妥善处理群众到自治区党政机关上访联动工作方案》，对工作目标、任务界定、处置原则、协调方式、责任追究等逐一进行明确，切实做到上下联动、处置及时。四是开发建设全区网上信访信息系统，目前系统已接入 30 个区直部门、140 个市直部门、660 个县直部门和全区所有乡镇（街道），接入用户 1000 余个，实现信访事项“可查询，可跟踪，可督办，可评价”的要求。开通自治区信访官方网站及网上投诉受理平台，27 个市、县（区）实现信访业务网上全程运行。开通了“宁夏信访”微信公众号和手机 APP，群众通过微信即能反映信访诉求。开通手机短信服务功能，群众能够随时随地知道自己提交的网上信访事项办理进度。截止到 2016 年 10 月份，全区信访工作机构及时受理率达 98.6%，与上年同期相比提升近 6 个百分点。按期答复率达 94.1%，同比上升 14 个百分点。

2.深入排查化解矛盾纠纷，从源头上预防了信访隐患问题。坚持及时分析研判，对每日群众来访信息做到“随受理，随汇总，随分析，随通报”，确保各级领导在第一时间掌握情况，相关地区和部门在第一时间做出反应，大量矛盾纠纷在初始阶段即被化解。坚持定期排查交办，对受理过的信访事项定期梳理分析，排查出可能进一步扩散蔓延、可能产生不良影响、可能影响社会稳定大局的苗头性、倾向性问题，及时向责任地区和部门交办，并跟踪督导问效，有效防止了问题积累。在经常性排查的基础上，重大活动、重要会议、重大节日来临前，都提前筹划、精心部署，对可能诱发非正常上访、可能演变成群体性事件、可能酿成事端的隐患问题进行有针对性地专项排查，并认真制定应对措施，切实做到防患于未然。

3.进一步提高解决信访问题的质量。牢牢抓住解决问题这个核心，锲而不舍地推动“事要解决”。对诉求合理的，一次性处理和化解到位；对“无头案”“骨头案”“钉子案”，多措并举，妥善化解；对“三跨三分离”的信访事项，加强调度、压实责任。制定出台《宁夏回族自治区信访工作责任制实施细则》，进一步压实各级党政机关及领导干部、工作人员信访工作责任，切实从源头上预防和减少信访问题发生。对少数坚持无理诉求并缠访闹访的，配合公安等部门依法严肃处理。一是及时解决初信初访。抓好首问、首办责任制的落实，防止初信初访转化为重信重访，重信重访演变为信访积案。二是解决好民生信访问题。加大对关系城镇房屋拆迁、农村土地征用、劳动社会保障、教育、医疗、卫生、环保等民生信访问题的排查、调处、化解和督导检查力度，会同有关部门联手排查、联手督查、联手解决。三是抓好源头预防工作。高度重视政策效应，积极探索建立信访风险评估制度，在推动从政策层面解决问题上适时提出有针对性的意见和建议。四是规范工作方式，提升规范办理水平。在全区所有信访接待场所安装同步录音录像设备，督促信访干部认真履行职责、提高工作效率，同时，为接访干部配备执法记录仪，倒逼信访干部依法规范接访，同时对接访过程中的违法犯罪行为进行录音录像，为依法处理信访过程中的违法犯罪行为固定证据。

4.加大化解信访积案的力度，进一步减少信访存量。一是加强组织领导。把信访积案化解作为当前的一项重点工作来谋划推进。年初召开“信访积案交办会”，对尚未化解的信访积案逐案落实责任，面对面进行交办；年中召开“疑难信访积案研讨会”，听取工作进展情况汇报，集中研究化解方案；年底召开“信访积案化解总结会”，对照台账验收积案化解成果，部署安排下一步工作重点。自治区信访局先后 4 次组织工作组赴基层开展专项督导检查，安排各业务处（室）带案下访 30 余次，督导解决重点信访事项 200 余件，有力推动了工作进展。二是坚持科学考核，结合全区信访信息系统应用，对各地各部门的信访工作成效用数据衡量、用数据评价，一月一小结、一季一通报、一年一考评，科学的考评办法调动和激励了各级的工作积极性。三是坚持多措并举。对已化解的信访积案，定期进行回访，后续工作做到“三个跟上”，即：“教育引导跟上、关心帮助跟上、监督防控跟上”，防止了案情反复。对遗留信访积案坚持对症施策，通过落实领导包案，压实责任地区、责任部门、负责领导和办案人员的工作责任，提高了化解效率。四是合理使用专项资金。2016 年中央拨付 60 万元解决特殊疑难信访问题专项资金。借此契机，自治区信访局又多方协调筹集资金 140.5 万元，推动各地形成专项配套资金 105.5 万元，在规定时限内将“信访专项资金”落实到位、使用到位，为彻底化解信访积案提供了有力财力支撑。通过各级共同努力，积案化解总数达到 275 件，做到“案结事了，息诉息访”。

5.加强进京非正常上访问题治理。一是强化进京劝返工作。进一步规范进京劝返工作的程序、方法，明确各级任务、责任，健全完善相关制度规定。坚持非正常上访问题挂账销号制度、24 小时值班制度、定期通报制度和责任追究制度，对非正常上访人员的劝返、接回、稳控做到了全程掌握、全面督导。重点敏感时期督导相关地区和部门增加人员、车辆、经费，配合驻京工作组全力做好非正常上访人员的劝返稳控工作，确保不发生问题。二是强化源头防控措施。进一步完善地区、部门、单位三个层面排查机制，健全“区、市、县、乡、村”五级行政区域防控网络，在排查稳控重点人、重点事，解决合理诉求上下真功夫、苦功夫、硬功夫，切实做到把人员稳控在当地，问题解决在基层，从根本上减少进京非正常上访的诱因。三是加大依法处置力度。对少数以“上访”为名谋取不正当利益、屡接屡返、重复“倒流”的非正常上访人员，配合公安部门依法及时处置，逐步树立起“非正常上访不但无助于问题的解决，而且要受到依法追究”的导向。通过努力，截至 2016 年 11 月，全区进京非正常上访总量为 156 人次，同比下降 62.4%，低于全年控制指标 212 人次，进京非正常上访连续四年有较大幅度下降。特别是在重要会议、重点敏感时段都实现了“进京集体非访零指标”，为首都北京的政治稳定和社会安定做出了积极贡献。

二、宁夏信访工作存在的主要问题

（一）基层受理群众诉求渠道还不够畅通

由于村、社区（街道）级信访干部全部是兼职的，相当一部分人兼而不管，素质相对不高，基础性工作的规范性和专业性不强，对群众利益诉求重视不够，群众诉求办结率偏低，造成问题不断堆积，矛盾加剧。另外，少数基层干部群众观念淡薄，对群众反映的问题采用“拖、推、压、顶”等官僚主义态度。群众表达多，得到妥善解决的少，许多正当的利益诉求得不到有效解决。个别领域的信访问题呈高发态势，如金融融资、环境保护、精准扶贫、危房改造等领域的信访问题2016年多发频发。

（二）个别群众由于认识偏差，不能合理合法表达诉求

近年来，群众的民主意识、维权意识在不断增强，但政策观念、法制观念还比较淡薄，恶意登记、缠访、闹访现象时有发生。一些上访人认识偏差，明知诉求不合理，仍然以闹求决、以访牟利。有的群众“信上不信下”，有问题不找基层政府和部门，认为只有找上面的大部门、大领导才能解决问题；有的群众对改革后的利益调整不能完全适应，对一些政策规定理解有偏差，往往坚持过高的、政策规定以外的利益诉求，有的甚至采取一些过激行为

（三）基层信访工作机构相对薄弱，工作开展不平衡

基层信访部门经费少、编制紧、严重影响了工作的有效开展。特别是基层信访工作处于“小马拉大车”的状态，导致信访干部超负荷运转，制约了工作效率。由此造成矛盾沉积，信访积案增多，群众越级求决、重复上访乃至非正常上访居高不下。同时，现有党政机关的信访机构与政府相关职能部门的信访机构之间职能交错，缺乏内在的沟通和协调，信息不共享，信访资源尚未充分整合，综合效应还未形成，多头受理、重复转办信访事项的现象仍然存在，造成行政资源的虚耗和效能低下。

（四）现有群众诉求渠道不够平衡，多渠道多层次受理群众诉求的机制还没有形成

由于人民群众普遍存在的清官情结、畏讼耻讼、诉讼成本高昂等原因，

群众遇到问题仍普遍热衷于信访，而不是通过复议、诉讼和仲裁等法定途径解决问题。矛盾上行趋势明显，群众进京、赴银越级访仍在高位徘徊，群众遇事“找大衙门，找大领导”的传统信访观念一时难以改变。据统计，近年来全区每年通过上述法定途径受理的案件总和，还不及信访受理案件总数的零头。信访部门由于受到体制及人力、物力和财力不足等各个方面的影响，给信访部门的工作带来前所未有的压力。

（五）处理群众利益诉求的保障机制还不够完善

主要表现在部分群众反映的合理诉求得不到及时妥善解决，合法权益得不到充分保护。特别是体制上存在着责权不平衡现象，信访部门对信访事项的承办机关制约乏力，对那些推诿扯皮、敷衍塞责，该作为不作为、不该作为乱作为，对重大问题漠然视之、隔岸观火，甚至当面承诺、背后撒手以及方法简单，激化矛盾的少数部门和单位，缺乏有效的制约办法。

三、完善宁夏信访工作的对策建议

（一）严格落实信访工作责任制

认真贯彻落实中共中央办公厅、国务院办公厅印发的《信访工作责任制实施办法》（厅字〔2016〕32 号）和自治区综治委等 6 部门联合出台的《关于对因组织和人员失职行为造成发生 50 人以上群体性上访和 50 人以上群体性事件的相关组织和人员进行问责的规定》（宁综治办〔2016〕23 号）文件精神和《宁夏回族自治区信访工作责任制实施细则》，进一步压实各级党政机关及领导干部、工作人员信访工作责任，切实从源头上预防和减少信访问题发生，推动信访问题及时就地解决，依法维护群众合法权益。

（二）抓好信访信息系统深度应用

进一步提高网上信访占比，通过整合资源、宣传引导、高效办理、纳入考核等方式，努力将网上信访打造成信访主渠道。大力推进网上群众满意度评价。通过建立即时告知短信平台、开通微信公众号和手机客户端等措施，引导和方便群众参与对信访事项办理情况的评价，切实提高参评率，同时对群众评价不满意的信访事项进行跟踪，通过及时提醒、回访、督办、问责等方式，倒逼改进工作，切实维护群众合法权益。充分发挥信访大数据的优势，加强综合分析研判，对存在苗头隐患问题，及时提出改进工作、完善政策的建议。

（三）坚持以群众工作统领信访工作

建立和完善重大工程项目和重大政策制定的社会稳定风险评估机制，妥善协调各种利益关系，引导群众以理性合法方式表达利益诉求。凡涉及较多群众切身利益和可能引发群众集体上访、群体性事件的重大事项，在实施前必须进行社会风险评估。

（四）深入开展领导干部接访活动

以市、县两级为重点，深入扎实地开展领导干部大接访活动，面对面了解群众诉求、听取群众意见。人对人解决群众切身困难，理顺群众情绪，让群众切身感受到党和政府的温暖。定期听取信访情况汇报，及时发现、研究、协调和处理各种信访问题。

（五）进一步加强源头预防

抓好重大工程项目建设和重大政策制定的社会稳定风险评估，防止因为决策不当引发社会矛盾。敏锐地预测和发现各种苗头性、隐蔽性问题，及早排查、及早预防、及时清理、及时化解，把矛盾和问题解决在本地区本部门，解决在基层，解决在萌芽状态。同时，抓好相关政策法律的制定、完善、配套和宣传，统筹兼顾各方面群众的关切。

（六）进一步畅通群众利益诉求表达渠道

用好已建立的“信、访、网、电”四位一体的诉求表达格局，把合理诉求解决到位，把政策措施落实到位，把群众思想教育工作做到位。在各级人大、政协、纪检监察、信访部门和群众组织在内的现有民意表达渠道的基础上，积极拓展网上在线交流、电子政务、博客论坛、民意调查、社会听证、领导信箱等新型民意表达渠道，逐步完善运行程序和运行机制，使其规范、有序、健康地运行。建立以信访部门为主体，国土、城建、房管、农工、民政、劳动等重点业务部门派员共同参加的信访联合接处机制，通过开展联合接访、强化责任、及时就地解决群众诉求。

宁夏建设沿黄城市带科技创新改革试验区研究

牛国元　张庆霞　苗冠军

《中共中央国务院关于深化体制机制改革加快实施创新驱动发展战略的若干意见》明确提出要遵循创新区域高度集聚的规律，在有条件的省（自治区、直辖市）系统推进全面创新改革试验。宁夏沿黄城市带是宁夏建设内陆开放试验区的重要载体和平台，依托沿黄城市带建设科技创新改革试验区，符合国家和自治区基于“新常态”下实现经济发展由要素驱动走向创新驱动的重大战略部署。

一、建设沿黄城市带科技创新改革试验区意义

（一）宁夏顺应供给侧改革的根本需要

不创新，无未来。当前，宁夏经济发展已进入“三期叠加”、爬坡过坎的新常态阶段。适应新常态，离不开创新精神；解决新问题，必须走创新道路；实现新发展，成功打造宁夏经济升级版，必须把握住新一轮的科技革命与产业变革的重大机遇，加快创新驱动发展，抢占创新驱动的制高点。一个不争的现实是：面对过度依赖投资拉动的粗放式经济增长方式已不可持续，影响经济稳定增长的不利因素还在增多，经济下行压力还在继续加

作者简介　牛国元，宁夏科技发展战略和信息研究所研究员；张庆霞，宁夏科技发展战略和信息研究所助理研究员；苗冠军，宁夏科技发展战略和信息研究所助理研究员。

大，回升向好的基础尚不稳固等严峻形势，必须以内涵发展和自主创新为动力，实现从要素驱动、投资驱动转向创新驱动，促使经济持续、平稳和快速发展。新常态下，要解决宁夏经济发展所面临的产业链条短、竞争力不强、发展方式粗放等结构性问题，关键是要提高产品或服务的层级和品质，而要做到这一点，单纯靠资本投入、劳动力投入已不能从根本上解决问题，所以供给侧改革不能仅仅局限于以往的深化改革开放、释放供给要素潜能等方面，而是要把科技创新和体制机制创新作为供给侧改革的内生动力。

（二）宁夏推进内陆开放型经济试验区建设的根本要求

开放型经济是建立在有效科技支撑水平上的高层次、多领域、内外联动、互利共赢、安全高效的新型经济形态。当前科技经济一体化趋势日趋明显，科技竞争已成为国家和地区综合竞争力的焦点，科技创新对于开放型经济的主导作用和战略地位日益突出。宁夏建设内陆开放型经济试验区的第一要务是加快发展，加大经济的开放度。要做到这些，迫切需要科技进步的支撑与科技创新的推动，把潜在的科技生产力变成现实的先进生产力，在越来越激烈的区域竞争中处于有利地位。依托沿黄城市带建设科技创新改革试验区，通过科技体制改革的先行先试，将有效助推宁夏内陆开放型经济试验区建设。

（三）宁夏适应新常态促进经济转型升级的现实选择

科技创新是加快发展的强大引擎，抓住了科技创新，就能抓住新的发展机遇，拓展新的市场空间，培植新的经济增长点。多年来，宁夏的发展始终没有走出倚重依能、产业链条短、产品技术含量低的局面。特别是随着宁夏资源环境刚性约束加剧和经济发展新常态的到来，要实现经济社会的可持续发展，就必须把科技创新摆在结构优化和转型升级的核心位置，走出一条科技含量高、经济效益好、资源消耗低、环境污染少、人力资源优势得到充分发挥的可持续发展道路。建设沿黄城市带科技创新改革试验区，优先推广国家自主创新示范区试点政策，开展科技创新改革先行先试，将在加快科技成果转化与产业化，担负探索创新驱动、内生式增长道路，叠加放大各种科技创新政策效应方面发挥重要作用。

(四) 宁夏提高自主创新能力的迫切需要

实施创新驱动发展战略是党的十八大提出的战略举措。宁夏沿黄城市带是宁夏资源禀赋最高、产业集聚明显、技术和人才高度集中、现代化集约化程度较高的地区，是宁夏建设内陆开放型经济试验区的主阵地。建设沿黄城市带科技创新改革试验区，就是要借鉴发达地区科技创新经验，盘活本地科技创新资源，引导科技创新资源向西部地区集聚，改变我国区域科技创新资源不均衡格局，缩小东西部地区科技创新能力差剧，推动区域的均衡协调发展。建设沿黄城市带科技创新改革试验区，通过体制机制创新，实施差别化和突破性的科技创新政策，有利于推动科技与经济、成果和产业、项目同现实生产力相对接，释放创新驱动能量，激发内生增长动力，支撑引领产业结构调整和转型升级，真正让创新驱动“动起来”，让经济发展“活起来”，让创新成果“涌起来”。

二、建设沿黄城市带科技创新改革试验区的责任主体和任务

(一) 建设沿黄城市带科技创新改革试验区旨在补齐短板

近年来，宁夏全面实施创新驱动发展战略，科技创新能力得到明显提升。但与建设“四个宁夏”、全面建成小康社会的宏伟目标相比，科技创新仍然是发展中最薄弱的环节。为此，要把创新作为引领发展的第一动力，把创新目标牢牢锁定在第一方阵，把抓科技创新作为必须补齐的第一短板，重点是把“创新、创新、再创新”作为科技工作的主要方向，全力推进创新大平台、大项目、大团队、大环境建设，致力于打造最有活力的创业创新生态系统，用科技创新引领带动经济发展。当务之急是必须尽快破解科技投入产出不匹配、产学研用结合不紧密、科技成果评价不科学、科技创新体制机制不适应等“四不”问题，努力实现科技同经济对接、创新成果同产业对接、创新项目同现实生产力对接、研发人员创新劳动同其利益收入对接等“四个对接”。

(二) 建设沿黄城市带科技创新改革试验区具有明确的主体

建设沿黄城市带科技创新改革试验区，具有明显的经济、科技、人才、政策和区位优势。突出表现在：科技创新资源集聚、经济发展地位重要、

产业空间集聚明显、地理区位优势明显。试验区范围分为核心区和辐射区两大部分，其中银川、石嘴山、吴忠、中卫等四市及宁东能源化工基地构成“4+1”责任主体，根据创新驱动发展需求将承担明确具体的创新与改革任务。区域内的国家高新区、国家农业科技园区、经济技术开发区等各类园区约813平方公里是试验区的主战场。自治区相关厅局根据部门职责，在对“4+1”责任主体给予有效配套项目和扶持政策支持的同时，将协同组织实施九大共性科技创新工程。自治区层面还将以促进科技与经济社会发展紧密结合为重点，以解决制约科技创新的突出问题为目标，从实施差别化科技创新支持政策、建立科技创新市场导向机制、构建结构合理的科技投入体系、改革科技项目和资源管理制度、创新科技人才培养选拔机制、建立科技资源统筹共享机制、建立创新创业评价激励机制、建立政产学研协同创新机制等八个方面着力深化科技体制机制改革。

（三）建设沿黄城市带科技创新改革试验区具有明确的任务

建设宁夏沿黄城市带科技创新改革试验区，要产生一批重要的预期成果：银川市要通过实施“一区多园”高新区运行管理机制，将使银川国家高新区走出灵武、融入银川，促使“一区多园”优势产业向纵向延伸、横向配套、集群发展，一批新产业、新业态将无中生有并形成气候。通过创建自治区高层次人才集聚高地，围绕“产业链”打造“人才链”，将产生“引进一个高端人才，带来一个创新团队，催生一个新兴产业，培育一个经济增长点”的链式效应。通过创建国家科技和金融结合试点，银川市将成为宁夏创业投资基金的集聚区、科技金融服务创新的先行区、对接多层次资本市场的示范区。通过实施“互联网+”创新创业培植计划，将大大促进互联网技术与银川市现代服务业、居民生活的深度融合。通过建立银川国家农业科技园区协同推进机制，将形成一批特色鲜明、示范效果明显的农业科技创新示范基地，成为自治区第六产业率先发展的示范；石嘴山市要通过特色优势产业科技支撑计划、煤炭装备制造业智能化提升计划、建设智慧型国家农业科技园区、提升科技服务业对科技创新的支撑能力、推进现代科技服务业发展、提升对外科技交流与合作水平和层次等重大创新任务的落实，科技创新将成为该市转型发展的重要动力，该市依靠投资拉动增长与项目严重不足，财政增收困难与民生刚性需求增加，转型升级迫切与企业技改投资能力不足等突出矛盾将得到明显缓解；吴忠市要通过落实科技助推“工业优势再造”战略行动计划、打造吴忠国家农业科技园区生态农业“有机谷”、科技助推吴忠清真食品及穆斯林用品产业升级、创建自治区高新技术产业开发区等重大科技创新任务，将为“开放、富裕、和谐、美丽、智慧”吴忠建设提供强有力科技支撑，科技发展的局部跃升将带动吴忠市经济社会的跨越式发展。通过完善和创新科技特派员工作制度，吴忠市推进科技特派员创业工作向常态化、持续化、规范化方向发展，将为有效丰富全国科技特派员工作制度的内涵和外延做出积极贡献；中卫市要通过发展云计算培育信息产业新业态，将在宁夏率先形成安全保障有力，服务创新、技术创新和管理创新协同推进的云计算发展格局，并带动该市相关产业快速发展。通过建设新一代创新创业项目孵化基地，形成综合性平台与专业性平台协同发展的创新创业孵化体系，将有效丰富和提升中卫市创新创业的孵化能力；通过创建中卫文化旅游和科技融合示范基地，构建公共文化科技服务体系和文化、旅游与科技融合产业体系，将助推中卫市形成自治区内领先、西北地区知名的文化旅游产业新业态。通过创建沙坡头区国家可持续发展示范区，中卫市将走出一条以生态建设带动旅游产业，以旅游产业促进生态建设的新路子，为国家可持续发展实验区在西部沙漠干旱地带建设示范区探索和积累实践经验；宁东能源化工基地要通过落实规范宁东基地央企和地方企业创新发展目标，实施创新驱动行动方案，构建科技支撑宁东基地循环经济体系，深化对外科技合作交流水平和层次等创新驱动发展任务，将使科技支撑宁东基地产业发展和环境保护的能力得到大幅度提升。

自治区层面要通过协同实施高新技术产业倍增工程，力争培育高新技术企业200家，促使新增高新技术企业数量和规模以上高新技术产业增加值翻一番；实施科技型中小企业培育工程，力争认定科技型中小企业达到1000家；实施科技创新平台建设提升工程，使各类科技创新平台达到350个以上；实施技术服务机构培育壮大工程，使全区科技服务机构发展到500家，综合性科技孵化器数量达到20家以上；实施技术转化示范基地建设工程，使16个自治区级工业科技园区、30个自治区级农业科技园区的技术转化示范能力得到有效提高；实施科技合作与交流平台建设工程，建立一批国际化科技交流平台和特色新型战略智库，有效助推形成“大科技、大开放、大整合、大联动”的宁夏对外科技合作与交流格局。

建设沿黄城市带科技创新改革试验区，通过各责任主体和自治区相关职能部门系列创新改革任务的具体落实，要打通宁夏沿黄城市带科技成果向现实生产力转化的通道，促使试验区乃至整个宁夏的科技创新载体集约高效，形成完善的平台合作模式和运行机制；科技投入强度大幅提升，基本形成财政投入为引导，企业投入为主体，金融、风险投资活跃的多元化科技投入结构；高层次人才队伍迅速增长，全社会的创新活力得到充分调动；科技产出效益实现跃升，创新资源配置效率大幅提高；企业创新能力普遍增强，科技支撑产业发展能力明显提升，促使试验区传统产业“有中生新”“老树开出新花”，战略新兴产业“无中生有”“从新芽长成大树”。

三、建设沿黄城市带科技创新改革试验区重在抓落实、关键看效果

建设沿黄城市带科技创新改革试验区是一项复杂的社会系统工程，需要加强组织领导，成立由自治区政府主要领导亲自担任组长的沿黄城市带科技创新改革试验区建设领导小组，把建设绩效纳入自治区政府对各责任主体的效能目标考核范围，形成行之有效的协调推进责任制；要将试验区建设任务列为宁夏区政府和科技部省部会商的重要内容之一，确定双方长期合作机制，积极争取在科技部的支持下，与北京中关村示范区、上海张江示范区等建立协同推进自主创新战略合作关系，建立有效工作对接和推进机制；要强化试验区科技创新投入，自治区财政和“4+1”实施主体每年各安排自主创新资金5亿元，共计10亿元专项支持试验区创新体系建设，形成1:4的社会及民间资本放大效应，力争在五年内带动试验区科技创新投入总规模达到200亿元以上；要建立起沿黄城市带科技创新改革试验区总体方案“滚动”修订机制。通过对方案实施效益评估、目标实现程度评估、任务完成情况评估、政策措施的效果评估，提出方案综合评估报告，

并据此提出方案修订的建议；要建立阶段性方案建设任务完成情况评估机制。通过定期评估、发布评估报告，监测沿黄城市带科技创新改革试验区总体方案实施的阶段成效，分析解决方案实施中存在的困难与问题，保证方案实施的速度和质量；要营造保障有力的政策供给与实施环境，制定出台一批管用、解渴、针对性强的支持科技创新政策，形成一整套政策支撑体系；在试验区建设中要将推进科技进步和技术创新真正落到实处，做到重大改革与创新有法有据、科技立法主动适应试验区改革和创新的需要，依法推进试验区建设。要根据建设方案内容制定明确的时间表和路线图，确定责任部门和责任人。

建设沿黄城市带科技创新改革试验区，要使宁夏的创新驱动发展战略真正落地，科技创新真正落实到创造新的增长点上，创新成果真正变成实实在在的产业活动。科技引领转型升级，创新驱动协同发展，必须成为宁夏经济社会发展的亮点之一。要咬定科技创新和体制机制创新不放松，依托宁夏沿黄城市带全力打造创新型人才高地、创新型企业高地、创新型产业高地，助推宁夏经济社会发展走上科技引领、创新驱动之路，为宁夏建设内陆开放试验区、打造丝绸之路战略支点以及建设“四个宁夏”提供强劲动力。

宁夏区域创新能力比较分析及对策建议

——基于《中国区域创新能力报告 2015》

马忠莲

党的第十八届五中全会通过的《关于制定国民经济和社会发展第十三个五年规划的建议》强调指出："创新是引领发展的第一动力。"宁夏如何加快实现创新驱动发展，使创新真正成为引领"四个宁夏"建设的第一动力？本文以《中国区域创新能力报告 2015》为例，在分析归纳宁夏区域创新能力成效与不足的基础上，提出进一步提升宁夏区域创新能力的对策、建议。

一、宁夏区域创新能力取得的成效

《中国区域创新能力报告 2015》主要通过"知识创造，知识获取，企业创新，创新环境，创新绩效"五个一级指标对全国各省、自治区、直辖市的创新能力做出分类评估。《中国区域创新能力报告 2015》显示，宁夏创新能力的综合分值是 18.52，位居全国第 28 名。虽然如此，这也比 2014 年的第 30 名提升了 2 个位次。这说明宁夏的创新能力在逐步提升。

在知识创造方面，比 2014 年的第 25 位提升了一个位次。创新人才的作用日益突出。虽然研发人员数只有 8234.4 人年，位居全国第 28 位，但是研发人员的原始创新能力比较明显。国际论文数增长率位居全国第二；

作者简介　马忠莲，宁夏区委党校哲学教研部教授。

国内论文数增长率位居全国第3位；每10万研发人员平均发表的国内论文数位居全国第11位（比2014年上升4个位次）。正因为宁夏研发人员原始创新能力比较强，所以宁夏的发明专利申请受理、授权数等指标在全国也占有靠前的位次。发明专利申请受理数增长率位居全国第2位；每亿元研发经费支出与产生的发明专利申请数位居全国第4位；发明专利授权数增长率位居全国第11位（比2014年上升11个位次）；每10万人平均发明专利申请受理数位居全国第15位，比2014年上升5个位次。这说明创新人才的作用是突出的。

在知识获取方面，虽然2015年与2014年一样位居全国第25位，但在基础研发合作方面还是有明显的成效：作者异国科技论文数增长率位居全国第一；同省异单位科技论文数增长率位居全国第二；作者异省科技论文数增长率位居全国第三；每10万研发人员作者同省异单位科技论文数位居全国第四。宁夏横向科技合作也是值得肯定的，高校和科研院所研发经费内部支出中来自企业资金增长率位居全国第五。值得一提的是，宁夏大力推进科技成果的转化取得了不错的成效，规模以上工业企业国内技术成交额增长率位居全国第三，比2014年上升25个位次；技术市场交易金额（按流向）位居全国第11位。

在企业创新方面，宁夏从2014年的第27位上升到第23位，上升了4个位次，这其实是宁夏2015年综合排名提升2个位次的重要原因。企业研发机构建设步伐在加快，规模以上工业企业中有研发机构的企业占总企业数的比例位居全国第六。企业依靠科技进步推动转型升级的意识明显增强，规模以上工业企业（平均）研发经费外部支出增长率位居全国第三；规模以上工业企业技术改造经费支出增长率位居全国第四（比2014年提升了25个位次）；规模以上工业企业新产品销售收入增长率位居全国第五；规模以上工业企业平均技术改造经费支出位居全国第六（比2014年上升7个位次）。这说明企业日益成为了创新的主体。

在创新环境方面，宁夏虽然位次由2014年的第29位下降到了第30位，但可以从两个方面看出，创新的社会范围在日渐形成。一方面是产学研之间呈现日渐密切的合作关系。主要是规模以上工业企业研发经费外部支出2015年虽然位处第29位，但也比2014年上升1个位次；规模以上工业企业平均研发经费外部支出则由上年的第26位上升到2015年第18位（提升了8个位次）；规模以上工业企业研发经费外部支出增长率提升了1个位次（由上年的第4位提升到第3位），正因为有这些变化，所以高校和科研院所研发经费内部支出额中来自企业资金增长率也达到了33.44%的比例，位居全国第五。另一方面是政府对创新的支持力度逐渐提高。在宁夏政府对科技创新的投入虽然从全国来说位次较为靠后，但是政府研发经费投入使用到规模以上工业企业的比重达32.11%，位居全国第四。这说明在宁夏，政府的研发投入较多的是用于企业的，这是符合国际发展趋势的。

在创新绩效方面，2015年宁夏虽然与2014年一样仍然位居全国第31位，但是从相关数据中可以看出，宁夏的创新绩效开始呈现，特别是第三产业产值增长明显，这是科技创新使我区产业结构转型升级带来的。虽然第三产业增加值只位居全国第29位，但是第三产业增加值占GDP的比例达41.99%，位居全国第10位；第三产业增加值增长率达到20.71%，位居全国第2位。正因为如此，我区的区域创新的综合能力从实力上看位居全国第30位，可从潜力上看则位居第10位；创新绩效从实力上看位居全国第31位，可从潜力上看位居第23位。这说明宁夏区域创新的潜力还是较大的。

当然在看到成绩的同时，还要看到宁夏在区域创新能力方面存在着不容忽视的差距和不足。

二、宁夏区域创新能力的主要差距

区域创新能力的提高，政府是关键的主体。但从宁夏科技创新机制来看，政府的作用仍然有限，这主要表现在政府对企业的研发投入和对教育的投入方面。《中国区域创新能力报告2015年》数据显示，2013年（该报告的基础指标来自于2013年的统计数据）宁夏政府研发投入只有4.41亿元，位列全国第29位；政府研发投入占GDP的比例仅为0.17%，位列全国第22位；政府研发投入增长率为10.37%，位列全国第29位（比上一年度下降5个位次）。政府投入的不足还体现在对教育的投入上。报告数据显示，2013年宁夏政府对教育的投资占GDP的比例虽然位列全国第8位，但是教育投资的增长率却位列全国第 17 位（比上年下降了 5 个位次），所以政府对教育经费的总支出位列全国第 30 位。虽然政府投入的不足与宁夏经济发展水平和经济实力是有关系的，但说明政府对创新的支持有待加强。

从创新主体角度看，企业创新能力仍然欠缺。一是企业对研究开发重视不够。首先，规模以上工业企业有研发机构的企业数在全区只有 113 个，位居全国第 27 位。其次，企业的研发经费投入不足。规模以上工业企业研发活动经费内部支出总额、外部支出、技术改造经费支出分别只位列全国第 28 位、第 29 位和第 27 位。二是企业新技术运用能力不强。规模以上工业企业购买国内技术经费支出、国外技术引进金额、平均国外技术引进金额和国外技术引进金额增长率分别位列全国的第 25 位、第 27 位、第 20 位和第 31 位。所以规模以上工业企业新产品销售收入只位列全国的第 28 位。三是企业技术创新成果不够明显。每亿元研发活动经费内部支出产生的发明专利授权数只有 8.8 件，位列全国第 23 位。正因为如此，宁夏高技术企业只有 19 家，位列全国第 28 位；高技术企业数占规模以上工业企业的比重只有 2.03%，位列全国第 30 位；高技术企业数增长率是 - 0.45%，位列全国的第 26 位。也正是因为如此，宁夏高技术产业也未能在我区经济发展中做出应有的贡献，不论是高技术产业主营收入，还是高技术产业主营收入在 GDP 中的比重、高技术产业主营收入增长率，在全国位次都很靠后，分别位列第 29 位、第 30 位、第 29 位，从而使宁夏区域创新的绩效不明显。四是企业给予高校、科研院所的创新支持有限。数据显示，规模以上工业企业研发经费外部支出额位列全国第 29 位。高校和科研院所研发经费内部支出额中来自企业资金的比例位列全国第 26 位（比 2014 年下降了 4 个位次），高校和科研院所研发经费内部支出额中来自企业的资金位列全国第 29 位（比 2014 年下降 1 个位次）。这也说明产学研之间的合作不够紧密。

从创新的人才资源来看，宁夏创新人才队伍建设滞后。一是研发人员数量不足。报告数据显示，2015 年宁夏研究与试验发展全时人员当量只有 8234.4 人年，位列全国第 28 位；每万人平均研究与试验发展全时人员当量 12.59/万人，位列全国第 21 位；研究与试验发展全时人员当量增长率只有 7.07%，位列全国第 24 位。这说明宁夏创新的人力资源不丰富。二是企业研发人员不足。在宁夏不仅创新的人力资源不丰富，而且创新的主体——企业的研发人员也严重不足。规模以上工业企业研发人员数位列全国第28位；研发人员占规模以上工业企业就业人员比重位列全国第21位；规模以上工业企业研发人员增长率位列全国第22位。三是高校和科研院所工作人员作用发挥不够。报告数据显示，在宁夏科研人员发表的国内论文数只有1985篇，位列全国第29位；每10万研发人员平均发表的国际论文数只有2756.73篇，位列全国第30位。发明专利受理数和授权数分别只有1792件和184件，分别位列全国的第28位和第29位。不仅如此，宁夏科研人员的对外交流合作有限，作者同省异单位科技论文数只有546篇，位列全国的第27位；作者异省合作科技论文数只有314篇，位列全国的第29位；作者异单位合作科技论文数只有16篇，位列全国第27位。所以使我区知识创造能力虽然在数值上排名第24位，但实力却位列全国的第29位；知识获取能力虽然排名第25位，但实力却位列全国末位，进而使宁夏的创新绩效不论是排名还是实力都位居全国末位。

三、提升宁夏区域创新能力的建议

（一）有效实施创新驱动战略，快速提高宁夏创新竞争力

2015年3月3日发布的《中共中央 国务院关于深化体制改革加快实施创新驱动战略的若干意见》明确指出：“创新是推动一个国家和民族向前发展的重要力量”，是应对“全球新一轮科技革命与产业变革的重大机遇和挑战”，因此，面对经济发展新常态下的变化和特点，面对实现“两个一百年”奋斗目标以及“四个宁夏”建设的任务和要求，宁夏也必须有效实施创新驱动发展战略，努力提升劳动、信息、知识、技术、管理、资本的效率和效益，并且采取必要措施，“强化科技同经济对接、创新成果同产业对接、创新项目同现实生产力对接、研发人员创新劳动同其利益收入对接，增强科技进步对经济发展的贡献度，营造大众创业、万众创新”的环境。

（二）继续深化政府职能转变，优化创新环境

一般而言，区域创新环境主要包括硬环境和软环境两个方面。所谓创新的硬环境就是区域创新主体进行交流的物质基础和前提条件。《全国区

域创新能力报告2015》显示，宁夏在“基础设施”方面的指标值位居全国第18位，比2014年提升了5个位次，说明宁夏创新基础设施建设方面取得了成绩，但实事求是地说，宁夏的创新硬环境与发达地区相比还是存在较大差距的：电话用户数、互联网络用户数、科技馆数、年度科普经费筹集额等这些测算创新环境中“基础设施”的指标在全国的位次都是挺靠后的。因此宁夏要提升区域创新能力，还必须利用新一轮西部大开发战略以及“一带一路”战略实施的机遇，继续加强公共基础设施的建设，特别是要向公共信息网络等公共创新平台建设倾斜，为企业的创新和创业奠定良好的基础。所谓创新的软环境主要包括社会的法律、制度、文化、中介服务等环境，在这方面宁夏取得了较好成效。全国区域创新能力测评体系中有关创新软环境的指标如市场中介组织的发育和法律制度环境改善程度，分别位居全国第18名、第9名。尽管如此，测算创新软环境的另一个指标——政府与市场的关系，宁夏却位列全国第25名。所以还必须进一步转变政府职能，推进科技合作力度和深度，实现科技、信息资源和成果共享的有机衔接，同时，深化改善区域创新的制度、政策环境、市场及投融资等环境，营造有利于创新的全新环境。

（三）创新人才培养模式，为创新战略提供人才保障

1.要采取措施提高人口素质。既为创新战略的实施提供人力、人才保障，又为培养创新人才提供较为充足的人力资源。

2.创新人才培养模式。人才是创新的第一资源，因此在坚持人才优先的前提下，注重用好现有各类人才，充分发挥他们的应有作用；同时广开门路，广泛吸引更多人才壮大宁夏创新人才队伍；还要大力促进人才的合理流动以及优化配置，真正做到人尽其才、才尽其用。

3.切实落实国务院及宁夏关于进一步做好新形势下就业创业工作的规定和要求，激发科技人员创新活力。国发〔2015〕23号文件——《国务院关于进一步做好新形势下就业创业工作的意见》专章论述“调动科研人员创业积极性”。《意见》就科研人员的在职和离职两种主要创业形式做了肯定之后，就科研人员的离职创业做出了明确规定：“对于离岗创业的，经原单位同意，可在3年内保留人事关系，与原单位其他在岗人员同等享有参加职称评聘、岗位等级晋升和社会保险等方面的权利。原单位应当根据专业技术人员创业的实际情况，与其签订或变更聘用合同，明确权利义务。”不仅如此，《意见》还规定：“完善科技人员创业股权激励政策，放宽股权奖励、股权出售的企业设立年限和盈利水平限制。”宁夏也出台了相关政策。对此一定要切实落实，以激发宁夏高校科研院所科研人员的创新积极性，为宁夏创新能力的快速提升提供人才、智力支持。

（四）加快企业的转型升级，发挥企业创新的主体作用

《中共中央国务院关于深化体制机制改革加快实施创新驱动发展战略的若干意见》充分突出企业创新主体的地位，明确指出，“促进企业真正成为技术创新决策、研发投入、科研组织和成果转化的主体”，而且提出政府要为企业创新做好三方面的工作：一是从知识产权保护、行业监管和市场准入等方面入手营造激励企业创新的市场竞争环境。二是通过扩大企业在国家创新决策中的话语权，完善企业为主体的产业技术创新机制等举措，让企业真正牵头搞技术创新。三是通过降低享受税收政策的门槛和成本，强化对企业创新的普惠性政策支持。提升企业创新能力，宁夏政府必须扎扎实实落实好《意见》给政府提出的助推企业创新主体作用的三个方面的要求，尤其是要解决好政府对企业研发投入不足的问题，既加大投入支持力度，更调整政府投入使用的结构，使政府研发经费投入的较大比例能够用于企业的研发创新，尤其是加大对高新技术企业和中小企业研发投入的扶持。与此同时，企业还必须要有自己的作为：一方面投入和培养更多的研发人员，提升企业创新的内源动力；另一方面加大企业自身研发经费的投入（包括内部经费和外部经费投入），既保证自主研发创新活动的顺利开展，又获得更多的外援支持，从而提升企业的创新能力进而推进宁夏区域创新能力的全面提升。

（五）充分发挥高校科研院所的作用，助推宁夏区域创新能力提升

高等院校和科研院所是知识创新的主体，但是在宁夏它们还没有成为真正的创新主体。在宁夏的大学里虽然有一定的研究机构，但全区至今并没有一所研究型的大学。所以高校要凸显知识创新的主体作用，就要在办学的理念及指导思想方面做必要调整，以素质教育和创新教育为主要内容，培养出更多的具有创新思维、创业精神的优秀人才。与此同时还应该实施研究、教学并重的管理机制，培养和造就一支科技创新意识、能力“双强”的科研、技术研发团队。作为知识创新的另一个重要主体——科研机构，在宁夏的数量也很少：2015 年宁夏统计年鉴资料显示，2014 年末全区拥有国家级工程研究中心 3 个，自治区级工程研究中心 35 个；国家级重点实验室 1 个，省部共建重点实验室 4 个，国家重点培育基地 4 个，自治区级重点实验室 12 个；国家级企业（集团）技术中心 14 个，自治区级企业（集团）技术中心 60 个，技术创新中心 126 个。为此，宁夏政府以及科研机构的管理部门要围绕宁夏经济社会发展的实际新建一些急需的专业性的研究机构；帮助宁夏的科研机构加强与全国研究院所的联系和合并，并吸引其在宁夏设立相应的分支机构，从而提升宁夏整体的研发能力。同时，还要加大对科研院所的支持力度，不仅继续推进科研体制改革，而且还应促使其内部运行机制的有效转换，既提高科研院所的市场开发能力，又提高科研成果的转化率。在此基础上，高校科研院所要主动加强与企业之间的交流合作，充分发挥高校、科研院所具有的智力优势，在为企业在生产创新过程中遇到的问题提供直接具体服务的同时，也使自己的研究活动能够与企业的实际需要有机对接，避免研究活动的盲目性，进而获得更多来自企业的支持，既能实现学、研、产之间的良性发展，又能促进宁夏区域创新能力的提升。

宁夏“公益创投”问题探究

张铁军

“公益创投”是将经济领域中“风险投资”的理念延伸到公益项目与社会公益组织的培育发展之中。2016年8月，中共中央、国务院出台《关于改革社会组织管理制度促进社会组织健康有序发展的意见》，要求进一步“厘清政府、市场、社会关系”，“改进公共服务供给方式，加强和创新社会治理”。公益创投作为当前各地政府购买服务的新形式，对政府提高服务水平、实现社区、社工、社会组织“三社联动”，创新社会治理，促进我国社会公益事业的发展具有重要作用。

一、公益创投的实践模式

公益创投是一种新型的社会公益资本投入方式，主要是针对初创和中小公益组织提供资金、技术、管理支持，其目标是培育具有创新创意精神的社会公益组织和社会公益人才，积极满足社会公共服务需要。其特点是以公益为目标，资助者与受资助者建立一定时期的合作（合同）关系，受资助者需要接受严格的绩效追踪监测和工作评估，以期实现社会效益最大化。[①]目前，国内多地进行公益创投的实践活动，概括起来主要有政府推

作者简介 张铁军，宁夏区委党校社会与文化教研部副主任，副教授。

①岳金柱《试论社会组织与社会动员体制机制创新发展》，《社团管理研究》2010年第4期，第3页。

动、企业领跑和基金会资助三种模式。

（一）政府推动模式

NPI公益组织发展中心是2006年成立于上海市浦东新区的一个民办非企业单位。2007年，NIP公益组织发展中心在上海浦东新区民政局支持下，率先运作“公益组织孵化器”，通过“社区公益创投大赛”，以政府购买公益创投的形式，选择发展潜力较大、领导人能力较强、项目可行性和创新性较高、预期社会效益可观、与政府目标契合的公益组织进入孵化器，通过提供项目资助和场地设备资助，从财务管理、资金募集、人才培养、管理咨询等方面加强社会组织能力建设，最终使社会组织拥有一个较为完善的治理结构、一支社会使命明确和战略规划清晰的精干高效团队、一定的项目开发和可持续发展能力。这在一定程度上推进了社会组织的健康、有序发展。

（二）企业领跑模式

2007年，联想集团出资、NPI公益组织发展中心设计，共同实施“联想公益创投计划”。通过初评和终审，确定全国16家民间公益组织作为资助对象并建立合作伙伴关系，每家获资助金10万~20万元。联想不仅提供资金支持，还将企业发展管理经验引入公益社会组织，联想的管理团队作为志愿者帮助公益组织进行战略规划、问题诊断、管理咨询和能力建设。通过合作伙伴的公益创投形式，社会组织不仅得到企业的资金支持，还得到人力资源和管理经验支持，在志愿者管理、财务公开透明、吸引社会资源、使命目标清晰化、组织信息化等方面都有长足发展，同时使企业的社会责任也得以体现，实现企业与公益组织的合作双赢。

（三）基金会资助模式

NPP为2006年我国国内成立的首家慈善创投基金。基金会资助方式以NPP公益创投基金为代表，这是在中国红十字基金会下设立的，集合麦肯锡、德勤、奥美、摩托罗拉、诺华等国内外一流企业和中国青少年发展基金会、中国扶贫基金会等大型基金会专业资源的专项公益基金。受捐助公益组织除了得到资金上的支持外，还在能力建设上得到NPP各理事单位从自身特长方面给予的相关帮助。

二、宁夏开展公益创投的基本情况与初步成效

(一) 基本情况

2016年是宁夏公益创投活动开展的元年。2016年3月10日，由银川市凤凰北街街道办事处发起并联合宁夏青年社会创新发展中心、银川慈善总会举办的“首届社区微公益创投大赛”正式开赛。此次“社区微公益创投大赛”主要面向宁夏全区公益类社会组织，参赛的公益创投服务项目分为老年服务、助残服务、青少年服务、妇女发展、关爱特殊群体、社会维稳与安全、社区建设与环境保护八大类。共有38个社会组织42个项目参加比赛。入围名单见表1。

表1　凤凰北街社区微公益创投大赛入围项目名单

编号	服务领域	项目名称	执行机构
B06	社区居民互助服务	凤凰北街公益集市	亲民社区建设发展中心
C01	青少年服务	爱上阅读	幸福凤北社区工作室
D02	残障帮扶	情暖凤北服务特殊群体	马小叶家政服务部
C03	青少年服务	第二社区	银川青苗社区服务中心
B07	社区维稳与安全管理	凤凰北街辖区日常安全生产巡查	凤凰北街安全志愿巡查服务队
B04	社区维稳与安全管理	平安社区——安全教育计划	天都减灾社工中心
B01	社区文化服务	放歌梦想·情系凤北	崇安社区市民学校
D03	助残服务	特殊群体创业帮扶服务	西夏区残疾人创业就业者协会
A02	老年服务	健康小屋	中爱养老服务中心
B05	社区维稳与安全管理	社区法律大讲堂	北京中银(银川)律师事务所

同期，宁夏民政厅在银川、石嘴山和吴忠三市市辖区的部分城市社区，创新开展社区公益创投项目试点工作，共收到申报项目131个，项目评审组共筛选出21个入选项目，其中银川市10个，石嘴山市6个，吴忠市5个；社区公益、社区服务、社区文化类项目均占7个，共计投入103万元。[①]

①同春芬、管英《街道公益创投的困境与出路》,《中共青岛市委党校学报》2015第3期,第83页。

（二）初步成效

宁夏针对社区进行的公益创投活动，虽然起步迟，投入少，但是效果初步显现，影响逐步扩大。一是探索出了一条政府购买社会组织服务的新路径，创新了公共服务供给模式，提高了公共服务效率和效果。二是培育了一批社区社会组织，激发了基层社会活力。宁夏通过公益创投的活动，购买、培育、孵化、壮大了社会组织队伍与实力。参与的社会组织不但较好地通过了前期评估，也在承接项目中得到了锻炼成长，为街道社区增添了活力。三是提高了居民生活幸福感，推动了和谐社区建设。宁夏通过社区公益创投实践，实现了基层政府、社区社会组织和社区居民之间的良性互动。扩大了公共服务的供给，满足社区居民的个性化需求，增加了社区居民生活幸福感，无形中推动了和谐社区建设。

三、宁夏公益创投的对策建议

（一）重视社会组织能力建设

社区社会组织在提供社区服务、发现社区问题、参与社区治理方面具有天然的优势。因此，要把社会组织能力建设放在重要位置，这就要求街道或街道委托专业机构对其进行能力培训。

首先，要重视单个社会组织的能力建设。宁夏实践的社区公益创投属于政府主导模式，具体运作过程中应该委托专业团队对社会组织运作项目的能力进行训练和全程督导。在项目实施前，集中对项目进行优化、对社会组织进行能力建设培训；在项目实施过程中，针对社区社会组织的专业能力不强、服务对象需求的多元化和社区环境的复杂性，及时为相关社会组织提供专业咨询、培训以及项目矫正等。其次，要提升整个公益创投队伍的服务能力。引进、培育、孵化并举促进社会组织发展，是有效开展社区公益创投的基础。当城市内社会组织不能满足需要时，要注意从外部引入一定数量的社会组织为我所用，为社区居民提供更优质的服务，充实壮大公益创投队伍的整体实力，并保证初期公益创投项目的成功实施。

（二）引入专业第三方运作与监管

引入专业第三方支持型社会组织进行项目督导和全程监管，是破解地方专业能力限制的有效方法。专业机构不仅可以对承接方实施有效的监管，还可以帮助进行整体策划，提供咨询，对项目实施全过程进行培训。

鉴于公益创投的相对专业性，未来可以聘请相关专业机构作为专家团队，全程指导开展公益创投活动。从而形成政府主导、社会组织运作、第三方监管、社区居民受益的政府购买服务新模式，确保政府购买服务的有效实施。一是在广泛调研和充分论证的基础上，会同专家与专业机构对公益创投进行总体设计。二是通过制定客观公正的标准和具体的评估、评价指标体系，强化公益创投项目的评审、评估工作。三是从项目的总体目标、项目的具体目标、项目的资源整合、项目的实施方案、项目的资金配置以及项目的落地等环节，主抓项目的优化和社会组织的能力建设培训。从进度、质量、效益、经费使用等方面对项目进行全方位监控，协助政府有效降低成本，实现公益创投项目的社会经济效益最大化。①

开展社区公益创投的主要目的，一是培育社区社会组织。二是提高街道购买社会组织公共服务的效率和效果。而在开展公益创投的过程中，通过引入具有资质和专业水准的第三方，对政府购买公益创投项目进行评审，实施全程监管、中期评估和绩效评价，有利于促进街道和社区社会组织形成良性、健康的合作互动关系，能够保证公益创投实现预期目的、取得良好社会效果。同时，可以减少“权力寻租”和“利益合谋”等问题的发生，维护良好的公益形象。

（三）健全退出机制

公益创投是具有连续性的工作，项目启动、实施、过程监管与评估很重要，构建退出机制也很重要。在公益创投中针对差异化的公益项目，除常规化的财务监管外，还需要建立针对单个项目的全程监管和评估机制，及时对公益创投项目的进展和效果进行检查评估，对能力不足的组织进行能力建设培训，对主观上不认真实施公益创投项目的社会组织启动退出机制。退出机制的构建要明确原则与标准。一是退出机制的构建要本着“社

①胡薇《政府购买社会组织服务的理论逻辑与制度现实》,《经济社会体制比较》2012年第6期,第135页。

会组织退出，而公益创投项目不退出”的原则，委托成熟、专业的社会组织执行项目剩余部分。二是退出指标的制定要有科学合理的标准。政府开展公益创投的目的主要有两个：一个是为初创期或中小型社会组织提供资金与项目支持；另一个是为社区居民提供更优质、更高效的公共服务。从这两大标准中提取出具体的指标，就可以对社会组织实施退出评估。一旦认定某一社会组织符合退出条件，就要对其实施退出。

（四）营造社区居民积极参与的良好氛围

公益创投项目因社区居民需求而产生，也因社区居民参与而运行，因此，公益创投的深入开展离不开社区居民的广泛关注和热情支持。公益创投项目的策划更要考虑居民的参与性，既要满足居民需求，又要吸引居民的眼球。对于城市社区来说，更应该积极提倡和举办各类公益创投比赛、评选活动，尤其可以考虑由社区居委会组织社区居民进行民意“金点子”收集，然后会同专家筛选，形成一批公益创投项目，然后面向社会组织进行公开招标，促进形成社会关注和参与的良好氛围。

宁夏高校转型发展的困境与对策

民盟宁夏区委会课题组

近年来，宁夏高等教育随着内涵式建设的逐步深化，在人才培养、科学研究、社会服务和文化传承各方面都得到了快速发展，为宁夏的经济社会建设提供了重要的人才、智力和技术支持。但与此同时，也存在着数量与质量、规模与结构、效益与公平等深层次的矛盾，特别是伴随着宁夏产业转型升级和创新驱动发展的加快，人才培养供给结构与市场需求结构的失调，越来越成为一个突出的问题。

一、宁夏本科高校转型发展现状

为从政府层面推进宁夏高校转型发展，自治区党委、政府先后出台了一系列重要指导性文件和支持政策，发布了具体实施方案，启动应用型转变试点工作，实现“四个转到”、人才培养实现“三个对接”的总体目标，按照高校整体转型、二级学院转型和专业集群转型三种模式，拟在宁夏高校确定一批有意愿、有条件的本科高校、二级学院和专业集群率先探索应

课题组成员 冀永强，宁夏回族自治区政协常委、民盟宁夏区委会主委；高玉琢，宁夏大学信息工程学院院长；龚雪飞，宁夏教育厅高教处处长；李淑兰，宁夏大学教授；张晓勇，民盟宁夏区委会参政议政处处长；王俊，民盟宁夏区委会参政议政处副处长；王晶，民盟宁夏区委会组宣处工作人员；马骥，宁夏工商职业技术学院实训装备处干事。

用型发展模式，组织实施宁夏高校转型发展“3510”计划。计划于2017年教育厅会同有关部门和专家对各试点项目的进展和成效进行检查，从中遴选确定一批具有示范意义的应用型本科高校、二级学院和专业集群,并在第二阶段予以重点支持。在推动高校转型的过程中，如何积极顺应宁夏经济社会发展对高等教育的新要求，加快推进本科高校向应用型转变发展，以培养经济社会快速发展所需要的高层次应用型人才，是目前宁夏政府、教育行政部门及各高等院校亟需思考和解决的现实问题。

二、宁夏本科高校转型发展的困境

就目前情况来看，宁夏本科高校转型发展面临的困境主要有以下几个方面。

（一）观念上对转型认识不清，转型的实际积极性不高

到底哪些高校、学院或专业需要转型？转型的依据是什么？向哪里转？怎么转？对这些基本问题，从政府部门到学校领导，都缺少清晰的认识和深入的思考，致使工作上出现各层面推而不动或表面化的问题。我们的调研表明，有的学校、学院领导对于高校转型的必要性和紧迫性没有明确的认识，因而缺乏转型的主动性；有的虽然理性上觉得应当转，但对学校转型后的前景存在疑虑；有的虽然有目标，但找不到转型的抓手，不知道从何做起；有的学校顶层推进转型很热，但一线教师习惯于传统教学方式，主观上不愿意改。

（二）转型高校的办学定位、人才培养结构与社会需求错位

由于受精英教育思想以及大量聘用宁夏大学离退休教职工的影响，自治区教育厅确定的5所整体转型试点高校（宁夏师范学院、宁夏理工学院、宁夏大学新华学院、中国矿业大学银川学院、银川能源学院）在办学初期大多刻意模仿宁夏大学教学研究型大学的办学思路，重视学术型内涵建设，倾向于培养学术研究型人才，忽视实践教学和学生应用技术的培养，造成人才培养与社会需求的错位。

（三）专业设置与社会经济结构的适切度不高

专业的设置和建设，或盲目追逐所谓“就业热门”，或向教学研究型大学看齐，追求学科专业结构的“大而全”，往往存在着与地方产业及社会经济结构的契合度偏低，同质化、趋同化的弊病，导致某些专业或专业集群毕业生整体存在供大于求的问题，造成毕业生结构性失业。

（四）人才培养体系中忽视实践能力和应用技术的培养

在教学模式上，大部分教师仍恪守以教师为中心的传统教学模式，强调知识、理论的传授，面对应用型人才培养的新要求，缺乏顺应变革的积极性和主动性，依旧固守旧的教学模式而不愿转变。转型高校受现有转型实验实训教学条件不足的限制，学生实践教学课时开设不够充分，影响了学生实践操作能力的提升。在学生学业评价机制上，更多注重了以理论性、学术性成果作为学生获得学分、毕业的评价指标，缺少对学生职业岗位需要的应用技术的考查，导致学生在就业市场缺少竞争力。

（五）适合应用型人才培养的双师双能型师资严重匮乏

本科高校师资基本上都是从学校到学校的理论型教师，普遍缺乏企业实践经历和岗位技能训练；从社会、企业引进具有职业技能的人才进入高校从事教学工作的较少，同时也存在企业人才本身缺少教师职业素养和教学能力以及人事制度障碍等问题。

（六）企业行业参与度低，产学研用结合及协同育人虚化

一方面高校许多科研课题、专业设置、人才培养本身与企业行业存在一定程度的脱节，有“自说自唱”的现象；另一方面企业担心接收学生实习实训会影响其效益、带来安全隐患，而政府也没有针对企业参与高校合作育人的补贴和支持政策，使企业参与的积极性不高，导致高校与企业的产学研结合及协同育人难以深入开展并落到实处。

二、宁夏高校转型升级的对策与建议

在高校转型发展中，政府的主要任务不是主导，而是宏观管理，调动各方力量，疏通合作障碍，加强高校实验实训条件建设投入，建立完善高校转型发展的政策架构，建构有利于转型发展的良性环境，为转型发展提供充分的制度保证和条件保障。

（一）政府应搭建应用技术型人才共育平台，构建转型发展的良性环境

科学界定政府、院校与企业在高校转型发展中的定位与职能，解决好利益与责任的划分，疏通学校与企业行业之间的合作关系，搭建人才共育平台。定期举办有关区域产业布局、经济结构调整及人力资源结构等与应用型人才培养相关的主题研讨会，推动院校与区域产业的紧密协同。

扩大应用技术型大学办学自主权。一是开放应用技术型大学办学模式，允许高校与企业及其它社会力量联合办学，吸收企业行业参与高校管理、专业建设和人才培养。由政府牵头推动应用技术型大学与企业行业共同组建理事会、董事会、专业建设委员会、产学研协同创新委员会等机构，合力推进转型发展。二是给予应用技术型大学一定的自主招生权，制定并完善有利于应用技术人才选拔的招生考试制度。三是允许高校结合自身办学特色和市场需求灵活设置学制、专业、课程结构等。四是探索“高职高专——应用技术型本科”一体化“3+2”人才培养模式。

会同有关部门成立人才需求协调小组，对宁夏人才市场的需求状况及发展趋势、各专业就业现状等进行分析，提出科学预测和合理建议，为政府宏观调控和高校专业调整、转型等提供参考依据。

深化东西部高校对口支援工作，促进对口支援高校与宁夏高校在管理、科研、高层次人才引进及专业建设等方面的深度合作，使对口支援落到实处，以充分发挥对口支援高校对宁夏高校转型发展的引领和援助作用。

（二）教育行政部门应从整体上合理规划宁夏高校发展的格局，为转型发展做好顶层设计，完善管理体制

从宏观上明确转型的方向和路径。对哪些院校和专业集群需要转型、怎样转型等问题首先心中有数，以避免转型发展的盲目性和随意性。

引导高校立足现实，在区域产业发展战略中找准自己的办学定位，科学定位人才培养目标、层次，制定专业建设标准，凝练专业特色，助推其顺利成功转型。

对高校进行分类管理和评价。探索对教学研究型和应用技术型大学不同的管理体制，建立针对应用技术型大学的办学指标和考核评价标准，强化对其专业契合度、成果转化及实践教学等特色指标的考察。

成立专业建设指导委员会，帮助高校完成专业结构的优化和转型。优先建设宁夏新兴产业急需的或与宁夏特色优势产业关联密切的学科或专业集群；新专业的设置必须要做好结合人才市场和区域产业结构调研的可行性论证；对于服务同一产业链的关联专业要整合为应用型专业集群统筹管理，降低趋同度；对于目前就业率不太高的专业，要分析原因，找准病根，对症下药，不能一撤了之。

（三）引导高校探索应用技术型人才培养机制与模式

支持高校探索具有自身特色的人才培养创新机制与模式，鼓励应用技术型大学尝试“高职高专——应用技术型本科”一体化“3+2”人才培养模式。

建设和完善培养学生应用技能和实践能力的应用型课程群，提高实践课程的课时比重使之不低于35%。

组织教师实践教学成果评比、教学技能大赛等活动，引导教师将教学方法从传统讲授式向启发式、项目式、问题导向式转变。

采用多元化的学生学习成绩及学业水平评价体系。允许高校用艺术创作、科技发明、调研报告等应用技术性成果作为学生毕业考核方式；制定针对应用型大学学生的学业考核方法和标准，提高学生实践学习、创新活动等在学分中的比重。

（四）拓展双师双能型教师培养方式和路径，建立、完善院校与企业之间师资双向流动和联合培养的机制

根据高校转型发展的需求，制定合理的人才评价和人事评聘与管理制度。一是在津贴待遇、职称评聘、教学评优方面向双师双能型教师倾斜。二是在职称评聘、教学评优中淡化学术评价权重，增加实践教学成果、应用技术能力的权重，引导教师自觉转型。三是新进教师必须有产业工作背景。

与企业行业深度合作，建立双师型教师联合培养机制。在挂牌实习、实训基地的企业或自治区龙头企业留出一定的技术或管理岗位，安排教师到企业全职顶岗工作或学习培训。

建立企业高层次技术、管理人才和高校教师流动互聘制度。出台优惠政策，吸引社会上既具有较高学历和一定的高校教学能力，又具有高水平专业技能的人才到高校任教；在转型院校中特设“产业特聘教授”岗位，聘请行业企业中的优秀技能人才担任院系领导或专业建设、人才培养项目带头人，对特聘的企业技术人才采取特殊人事政策。

（五）加强实训实验实习基地建设

出台对企业参与高校应用转型的资助激励政策，对挂牌实训、实验、实习基地的企业，政府给予一定的资金补助，以提高企业参与高校转型和产学研结合的积极性，帮助高校建立一批稳定、实用、可长期合作的实训、实习基地。

（六）加强对高校转型发展的资金投入

安排资金支持高校加强基本实验实训条件建设，改善人才培养实践操作条件。区内 4 所民办高校是应用型人才培养的主力军，建议设立民办高校建设发展资金，加强民办高校在设置成非营利性机构后的资金投入。此外，政府还应鼓励民间资本以多种形式的办学主体参与高校转型发展，拓宽融资渠道，为高校转型发展提供宽松的经费条件。

总之，本科院校的转型发展是一种从结构到形态、从形式到内涵、从宏观到微观的整体性位移与变革，不可能一蹴而就。因此，转型不宜采用“运动式”或“大跃进式”的快速推进模式，一下就推出多所高校同时转型，宜循序渐进，采取由易到难、由局部到整体的步骤，先从那些与市场和产业结合紧密的专业集群的整合与转型做起，逐步总结经验，扩大范围，最后实现向院校的整体推进。

宁夏高校大学生思想状况与价值取向研

王红艳　　马红波

大学生的思想状况，是社会思想状况的晴雨表，也是反映马克思主义理论研究和建设工程实施成效的重要维度。对于民族地区，还关系到地区意识形态建设，民族团结和地区社会稳定等深层次问题。因此，民族地区意识形态建设必须以高校大学生为主，如何引导当前大学生思想认识，使其健康成长，是眼前迫切需要解决的课题。本文运用调查问卷方式，对2016年上半年宁夏大学、北方民族大学等几所高校1070名在校大学生发放了问卷，围绕基本情况、理想信念、价值取向、思想政治教育四个方面设计相关问题。

一、宁夏高效大学生思想动态统计分析

（一）基本信息

据统计，本次调查对象中女生占37%，男生占63%。由于受实习，创业及参加各种社会就业招聘活动等因素影响，2013级学生接受调查人数较少，主要是2014级、2015级学生，占被调查人数的75%，其中，大学本科生占94%，公办高职高专与民办高职高专院校学生占6%。82%的学生为

作者简介　王红艳，宁夏区委党校经济管理教研部教授；马红波，宁夏回族自治区政协经济委员会办公室主任。

共青团员，11%的学生加入了中国共产党，政治面貌为其他的占7%（见图1）。由此可以看出宁夏在校大学生对党团的意识较强烈，能够积极响应组织的号召。

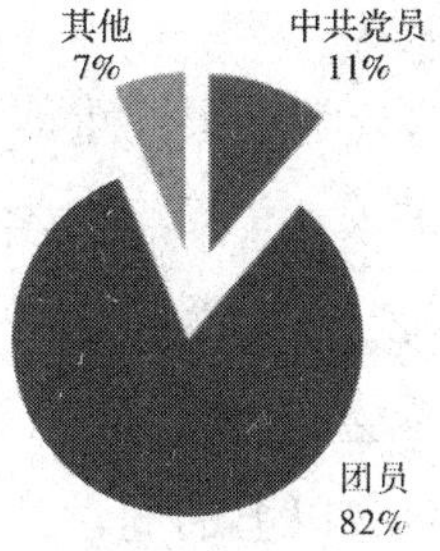

图1　宁夏在校大学生思想政治教育调查人员政治面貌构成

（二）认知情况

1.国内外政治经济形势的认知。调查显示，宁夏在校大学生普遍关心时政，高度赞扬以习近平同志为总书记的中央领导集体，充分肯定党和政府工作。对中央领导集体带头践行“八项规定”、坚持肃贪反腐、全面深化改革工作给予了极高评价。国内时政和国际时政是大学生日常最关注度的两类新闻信息，面对复杂的国内外局势变化，如何维护国家统一、增进民族团结，学生们表现出强烈而理性的爱国热情（见图2）。近九成的学生认为“没有稳定，什么事情也办不成，已经取得的成果也会失去”。至于谈

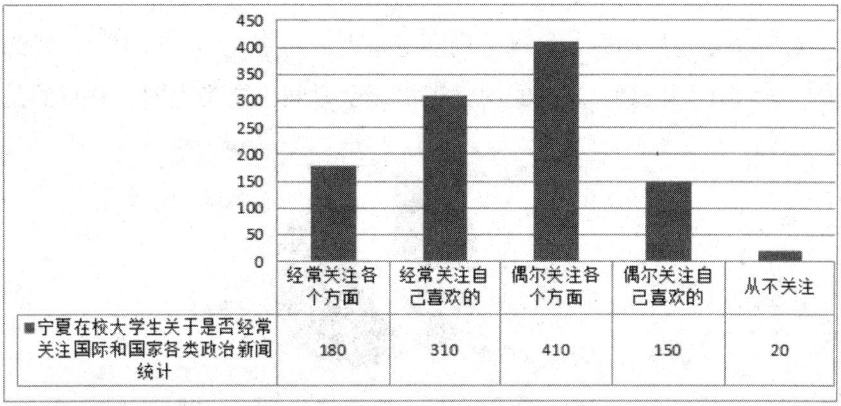

图2　关于宁夏在校大学生是否经常关注国际、国内各类政治新闻情况统计

到影响稳定的主要因素，72%的学生认为区域发展不平衡，个人收入差距扩大所致；36%的学生认为腐败所致；近20%的学生认为大学生不能充分就业所致；18%的学生认为藏独、疆独问题所致；80%的大学生认为中国经济形势变化对自身未来就业影响很大。

2.*学习方面的认知*。大部分学生很注重能力与知识的获取。有85%的学生的学习态度积极向上。进入大学后，对学习的态度没有懈怠，认为大学四年的学习很重要，仍会将学习作为生活的主旋律，希望通过努力学习获得过硬的专业知识，同时希望获得良好的社会活动能力培养。就“如何看待学生经常旷课”问题，90%以上的同学认为学生经常旷课是学生缺乏组织性纪律性的表现。“对于学校组建社团的态度”，69%的学生觉得校园里的社团对自己有帮助，希望通过竞选学生干部提高自己的能力、培养人际关系、加强与同学们的交流及增加就业竞争能力。由此可见，宁夏高校在校学生学习态度总体上值得肯定，立志成才意愿强烈，注重社会责任感和综合能力的提升。

3.*生活方面的认知*。在接受问卷调查的学生中，43%的学生每月的生活费在600~1000元之间，34%的学生每月的生活费在1000元或以上，近20%的学生每月的生活费在300~600元之间，接近4%的学生每月的生活费不足300元。对于就业问题，84%的学生认为当前就业形势严峻，就业难。67%的学生认为大学生太多是导致就业难的首要因素（见图3），希望获得针对性与时效性强的就业指导，并表示愿意先从低层做起，逐步向目标奋斗。对于恋爱婚姻问题，大部分同学还是表示希望大学生活中有一段恋爱经历。对于上网问题，89%的同学表示课余时间主要是上网，其目的是获

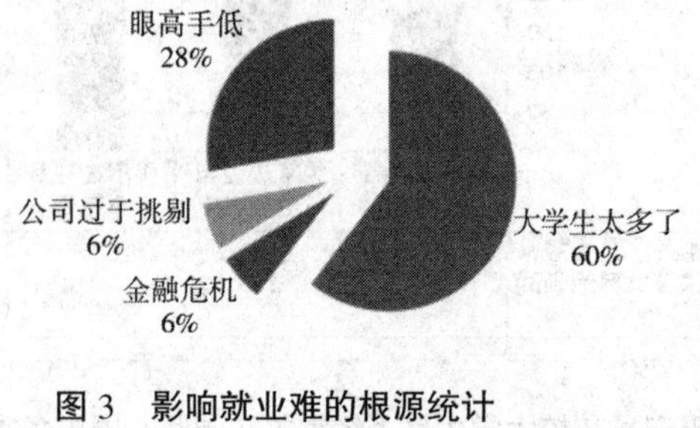

图3 影响就业难的根源统计

取信息（网络新闻）、做作业、交流（论坛/博客）、娱乐（音乐/电影/玩游戏）、生活助手（网上求职/教育/购物/销售/网上银行）。

4.思想教育方面的认知。广大高校学生普遍表示拥护中国共产党的领导，拥护社会主义制度，对实现中国梦充满信心，愿意为社会发展做出自己的贡献，对社会主义核心价值体系高度认同。爱国、敬业、诚信、友善等主流价值标准成为学生普遍的价值遵循和人生追求，具有较强的爱国热情。有50%以上的学生认为在大学入党是为了更好的进步，坚信理想与信念对个人的成长成才非常重要（见图4）。86%的同学对于思想政治理论课教学作用是肯定的。对于思想政治理论课讲授的内容、方法、手段，62%的同学希望多设计一些理论联系实际，当前热点、难点问题，29%的同学希望改革考试、评定成绩的方式，34%的同学希望采用先进的教学手段。对学校工作和教师队伍评价基本良好，但在学术水平、学术道德、人格魅力、敬业精神等方面仍有较高期待。55%以上的同学认同“劳动和奉献是评价人生价值的基本标准”，展示了大学生乐于奉献、勇于担当的精神风尚。把6项性格评价指标由高到低依次排列结果是：“进取”（50.5%）、“自信”（48.6%）、“诚信”（42.1%）、“热情”（34.6%）、“务实”（28.1%）、“活泼”（21.5%），充分反映出当代大学生群体自信及昂扬向上的健康心态。

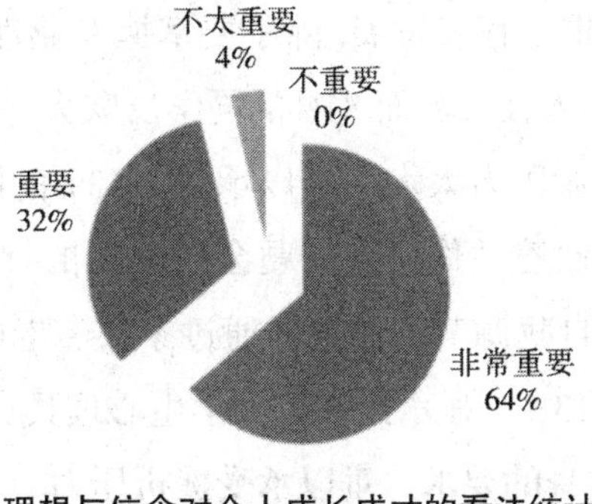

图4　理想与信念对个人成长成才的看法统计

二、宁夏高校大学生思想认知、价值选择面临的问题

(一) 价值观念与选择呈现多元性、功利性

在校大学生正处于思想成长、价值观形成过程中，他们的思想活动与

认知呈现出群体特征和人生阶段特征，对思想政治教育内容、载体、方式、方法表现出的不同需求，必须引起教育机构的高度关注。如对市场经济条件下社会群体利益分配差别产生的深层次原因不理解，滋生较多的困惑矛盾。当学校正面教育与社会消极腐败现象冲突时，表现出无所适从。仍有45%左右的同学不认为“劳动和奉献是评价人生价值的基本标准”，30%的学生认为理想信念对自身的成长不重要。大多数学生对自身人生发展规划设计不足，盲目追求自我发展，不愿吃苦，急功近利现象突出。在学习、择业、择偶和入党动机等方面仍会以个人利益的最大化为出发点，对国家、民族的利益考虑较少。在恋爱婚姻问题上，认识模糊，凭感性选择，“不求天长地久，只求曾经拥有”，缺乏理性思考，行为轻率，对物质利益追求强烈。79%的同学认为人活着首先是为物质享受或在物质满足的基础上追求精神，而仅有21%人认为活着是为了精神追求。在问及“你择业考虑的主要因素是什么时”的问题时，更多的学生回答是薪酬与福利、至于自我价值实现、社会需要、兴趣爱好等方面考虑较少。有66%的同学认为大学生活最需要的是和同学搞好关系。

（二）独立生活与社会融合能力较差

接受问卷调查的学生表示，在校期间经济来源主要来自父母的给予，而其中有50%以上的同学用的是最新版智能手机。被调查大学生普遍表示清楚在当今社会中求生存谋发展，除了要掌握专业理论知识外，更需要了解和适应社会发展，融入社会。而81%的同学反映大学生活与自己想象中的大学生活有差距，就业压力太大，难以承受。43%的同学表示自己不会主动参与创新活动。在回答“你遇到问题会找谁帮忙时”的问题时，93%的同学选择自己解决，自我调节，而选择通过家长、老师、心理咨询室等渠道解决问题的人仅有13%，显示出在校大学生心理具有一定的封闭性。

（三）降低对自身的要求，难以承受挫折压力

据调查，15%的在校大学生认为大学是放松自我的时期，用不着再辛苦地学习，学习激情蜕减，出现昔日“学霸”，今朝“挂课”现象。这种现象在生活节奏相对较缓，教育竞争相对较弱的民族地区表现得更为突出。在思想政治专业课学习方面，70%的学生表示学习政治理论的目的是出于兴趣而不是成长需要。课余时间安排不合理，生活习惯不健康现象突出，出现一些同学旷课上网情况。对于“如何看待旷课现象”，10%左右的学生认为大学生有自由分配时间的权利。在谈到就业难的根源时，多数学生把原因归结到客观、外部，而仅有31%的学生认为是由于自身眼高手低、能力不足导致。目前，宁夏所有高校都出现了学生考试作弊、恶意拖欠学费、用虚假信息资料申请救济、抄袭论文、恶意拖欠国家助学贷款问题，已引起校方高度重视。

同时，调查结果还表明大学生的身心健康状况不容乐观。因患有心理疾病导致休学、退学甚至伤害自己或他人的案例时有发生，且呈上升趋势，给自己、家庭、社会造成巨大伤害。并且调查发现，大学生心理问题的产生及程度，与学生性别、经济能力具有一定的关联性。经济条件相对较差的学生群体这种问题表现越为突出，已成为心理病变的高发群体。

（四）对学校思政教育工作认同度不足

多数大学生对本校思想政治理论课教材、课程体系及内容与教学效果评价不高。有18%的同学认为思想政治课教育与专业学习关系不大，10%的同学认为思想政治理论课程对今后的发展帮助不大或没有帮助，19%的同学认为通过思想政治理论课进行思想道德教育行不通。对学校思想政治理论课教师教学表现综合好评度不高。主要围绕三个方面：第一，认为思想政治教育教学方式方法单一，主要以课堂讲授为主，照本宣科，缺少“创新性”。在回答“有些老师讲课对学生缺乏吸引力，你认为最主要的原因”问题时，50%的同学认为教学方式陈旧、单一，难以激发学生的学习兴趣。第二，认为教学内容存在脱离现实生活情况，空洞说教造成只有“骨感”，没有“血肉”，无生命力，没有切身体验，学生们大多理解不了，只能被动应付。第三，认为任课教师的个人素养有待于提升。29%的同学认为任课教师语言表达缺乏感染力，导致课堂气氛沉闷；10 %左右的同学认为教师言谈举止、年龄、性别、个性以及对待学生的态度都会影响听课的效果。第四，政治辅导员是大学生思想政治教育的骨干力量，各高校普遍存在辅导员服务意识不足、服务能力低，职业角色扮演缺位现象。学生们对辅导员印象不佳、评价不高、认可度低。第五，在形式上宁夏高校早已把社会实践纳入教育教学总体规划和教学大纲中，但缺乏开展途径、办法探索不足，实效性不理想。

三、进一步加强和改进大学生思政教育的对策建议

（一）引领大学生成长成才观

用科学理论武装大学生，用优秀的文化培养大学生，把育人功能融入大学生学习的各个环节。加大对思想理论热点问题的教育引导力度，多渠道、多形式地开展中国梦、社会主义核心价值观、现实国情与建设成就的宣传教育，进一步激扬大学生在勤学报国的现实行动中创造人生精彩的正能量。

（二）营造健康和谐的育人环境

1.提升学生心理承受能力。围绕提高大学生心理健康水平和综合素质目标，根据大学生的心理特点及心理现象发展规律，构建大学生心理健康教育服务体系，形成了教育、咨询和治疗“三位一体”的大学生心理健康教育工作模式。深入了解学生情感、意志、个性等特点，抓住思想问题症结，说服教育，以理服人，关心体贴，以情感人，启发诱导，使其觉悟，进一步提高思想政治教育工作的能力。通过心理咨询、心理测评和危机干预工作，准确评估大学生心理健康状况，帮助心理困难同学走出困境。同时，加强心理健康预警机制和危机干预机制研究，建立健全心理健康危机干预网络工作系统。具体可着重做好以下几方面工作：一是重视心理咨询室建设，配备专人，优化队伍。通过培训，提高了教师心理辅导水平，为更好地服务学生打下了坚实的基础。二是强化广大师生关注心理健康的意识，营造互助关爱的和谐校园氛围。三是创新思路，努力发挥学生自我教育的功能。建立大学生心理社团，提高社员助人的意识和能力。四是在日常心理咨询工作中，采取预约方式，做好来访者个体咨询档案记录。咨询教师除了面对面咨询以外，还通过电话咨询、开设信箱、电子邮箱等多种渠道咨询，为有心理问题但没有勇气走进咨询室的学生开设“绿色通道”。

2.推动“双创工作”出成效。加强大学生就业指导工作，将大学生就业教育、技能培训、创业意识及创新能力培养贯穿于大学生素质培育的全

过程。实施“促进毕业生就业工程”，落实国家和自治区促进毕业生就业的各项政策措施。建立大学生就业创业专项资金，用于待业学生低保、养老保险、失业保险、创业贷款担保等，解决学生的后顾之忧。立足宁夏区情，把贫困学生资助和毕业生就业有机结合起来，利用国家和自治区关于贫困生资助的各项扶持性政策，建立毕业生到基层、到艰苦地区就业的国家助学贷款代偿机制。

3.推进校园文化建设。发挥第二课堂对大学生思想道德素质的潜移默化作用，结合传统美德与主流价值取向，积极营造良好的校园文化氛围。第一，丰富宣传内容和方式，除充分利用好传统校刊、校报、广播等媒介外，开发新媒体的传播作用。第二，继续深入开展学术、科研、文化、艺术、体育等丰富多彩的校园文化活动，陶冶学生情操，使大学生从中受到教育和启发，内化为自己的自觉行动。第三，互联网具有信息量大、交流直接和预警及时等优势，应加强校园网络管理，主动占领高校网络教育阵地，严防各种错误观点和有害信息在网上传播。重点规划建设有特色、有吸引力和影响力的思想政治教育网站、微信群团、微博平台，在班级、年级、学校甚至校外营造一种健康向上的校园网络文化氛围，使网络成为弘扬民族精神，开展思想政治教育的重要手段。第四，加强社团建设，更好地发挥其凝聚学生和培养专长的积极作用，激发学生的热情和创造力。

（三）实现工作理念创新，工作方法创新

1.充分发挥“两课”教育的主渠道作用。全面加强高等学校思想政治理论课的学科建设、课程建设、教材建设，提高大学生政治认同感，建立和完善丰富多样的思想政治教育议题设置模式。要加强马克思主义理论学理支撑，深化基础理论学科建设，有的放矢地进行马克思主义理论教育和形势政策教育，推动大学生思想政治教育与时俱进。加强思想政治理论课与专业课教学的德育渗透作用，用科学理论武装大学生，用优秀的文化培养大学生，把育人功能融入大学生学习的各个环节。

2.加大思想政治教育内容与方式方法创新力度。了解大学生内心需求，有针对性地进行引导，满足他们的合理需要。应贴近生活、贴近实际、贴近大学生，创新发展大学生愿意倾听、乐于接受的教育内容，通过主题班会、学生论坛、网络论坛、时事政治专题讲座、达到潜移默化、润物无声的教育效果。

3.加强教师队伍建设，完善工作保障机制。提高学校“思政课”教师的教学技能，规范“思政课”的考核制度，加强“思政课”教学管理与监督。用教师良好的思想政治素质和道德风范影响教育学生。开展社会实践，探索和建立与择业就业相结合的社会实践机制。建立思想政治教育队伍建设长效机制，实施大学生思想政治教育队伍人才培养工程。做好大学生思想政治教育工作的经费保障。加强大学生思想政治教育科学研究工作，把大学生思想政治教育研究列入规划，充分发挥学生在大学生思想政治教育科学研究方面的积极作用。

宁夏义务教育均衡发展政策研究

王　勇

一、宁夏义务教育的基本现状

近年来，在自治区党委、政府的坚强领导下，各级政府始终坚持教育优先发展战略，全面贯彻《义务教育法》，加大对党中央、国务院关于推进义务教育均衡发展系列决策部署的落实力度，制定出台《宁夏中长期教育改革和发展规划纲要（2010—2020年）》《宁夏回族自治区进一步推进义务教育均衡发展实施方案》等多项系列配套文件，层层签订目标责任书，坚持把教育作为民生实事大力推进，不断缩小山川、城乡学校间发展差距，为推动义务教育均衡发展提供了强有力的组织、制度和政策保障。全区义务教育各项工作有序开展、成效突出，教育均衡化发展水平显著提高。至2015年底，全区小学学龄人口入学率达到99.98%，六年巩固率达到94%；初中阶段毛入学率达到102.21%，三年巩固率达到93.01%；进城务工人员随迁子女在公办学校接受免费义务教育比例达到99%；小学划片就近入学率达到100%，初中划片就近入学率达到96%；残疾儿童入学率达到85%。全区22个县（市、区）中，16个已经通过国家义务教育均衡发展考核验收（见表1）。

作者简介　王勇，宁夏回族自治区政府研究室社会处副主任科员。

表1　各县（市、区）国家义务教育均衡发展考核验收情况

市	县(市、区)	考核验收情况
银川市	兴庆区、金凤区、西夏区、贺兰县、永宁县、灵武市	已通过验收
石嘴山市	大武口区、惠农区、平罗县	已通过验收
吴忠市	利通区、青铜峡市	已通过验收
	盐池县	已通过验收
	红寺堡区	2018年验收
	同心县	2018年验收
固原市	原州区、彭阳县	已通过验收
	隆德县、泾源县	2017年验收
	西吉县	2018年验收
中卫市	沙坡头区、中宁县	已通过验收
	海原县	2017年验收

二、宁夏义务教育均衡发展的政策举措

（一）逐年加大教育投入，不断改善教学环境

各级政府将义务教育经费纳入地方财政保障范围，建立并完善义务教育预算内经费拨款逐年增长机制，保障教育投入“三个增长”。大力推行学校标准化建设，使区域内、城乡间学校享有同等的硬件资源。实施中小学校舍安全工程，总投资42.5亿元，改造校舍415万平方米。实施“全面改薄”项目，共投入45.47亿元，改造贫困地区义务教育薄弱学校1496所。实施数字教育资源工程，实现了农村教学点全覆盖，全区80%的中小学校接入互联网，60%以上学校信息化基础设施得到改善。新建室外运动场128.63平方米，购置设施862.7万（件）套、图书348.3万册。率先在全国开展农村义务教育阶段营养改善计划，膳食标准从每生每天4.6元提高到5.6元，惠及28万农村学生和1.1万教师。完成农村中小学供暖设施改造项目学校1086所，改造面积81万平方米，基本结束了农村学校火炉供暖的历史。

（二）健全各项机制，不断提升教师队伍素质

扎实开展中小学教师“一退一补”工作，建立转岗退出机制，为不适应教育教学岗位的中小学教师办理提前退休手续，通过招聘特岗教师、安

置免费师范毕业生、公开招考、引进高层次人才等多种途径，进一步优化教师队伍结构。启动实施第二轮“国培计划”（2015—2020年），累计培训校长教师6.2万人次，培养“塞上名师名校长”57名，一批教育教学骨干茁壮成长，带动提升了全区教师队伍教学水平。建立健全校长教师轮岗交流机制，促进优质教育资源下沉，将其纳入党政领导干部教育工作督导考核体系。制定出台《宁夏乡村教师支持计划（2015—2020年）》，从能力提升、待遇保障、编制管理、职称评定等方面，出台多项倾斜性政策，确保乡村教师能下得去、留得住、教得好。

（三）推进教育教学改革，不断提高教学质量

将教学质量作为教育教学改革的核心。一是持续深化优质教育资源扩面提升。广泛开展中小学“一师一优课，一课一名师”活动，建设名师教研工作室189个，“晒课”1.5万节。加强信息化建设，通过网络资源、远程授课、课程录播等形式，扩大优质教育资源覆盖面。二是深化课程改革。广泛开展体育、书法、艺术、音乐、绘画、综合实践等多种类型的课程，创建足球、排球、书法、科技发明等特色学校。中卫市四中赵强同学在第30届全国青少年科技创新大赛中获初中组一等奖，实现了宁夏在该项赛事上的历史性突破。三是推进资源共享。银川市创新教育组织方式，组建学校发展共同体，建立“一个法人，一套班子，多个校区，统一管理，资源共享”机制，组建了银川一中、二中等七个发展共同体，将优质教育资源更多向新校、弱校倾斜，有效缓解了热点学校招生压力。吴忠市推行家校合作教育模式，邀请家长走进学校，听课、授课，参与教学管理工作，家庭、学校、社会三方互动，促进现代家庭教育理念深入人心。

（四）补齐教育短板，切实保障教育公平

结合全区脱贫攻坚战略，大力实施教育扶贫全覆盖行动，以结对帮扶为抓手，建立贫困地区学校、教师、学生三个层面的长期帮扶机制，有效提升贫困地区自我“造血”能力。建立完善家庭经济困难学生资助机制，2011—2015年共筹集各类资金37.63亿元，资助学生127.1万人次。加大特殊教育政策扶持力度，全区义务教育阶段残疾学生全部享受“三免一补”政策，所有特教学校全部开设了劳动技能和职业教育课程。特殊教育学校生均公用经费标准由1000元提高到5000元。

三、宁夏义务教育均衡发展中存在的问题

（一）教育经费保障方面，欠账多，基础弱，不平衡

部分地区存在短期内突击提高应付考核，考核过后急剧下降，缺乏稳定投入的持续增长长效机制。特别是南部山区因地方财力薄弱，“三个增长”欠账严重。

（二）教育资金使用方面，重硬件采购，轻软件配备

重视学校标准化建设和教学设备采购，忽视教师队伍的配备和教学设备、仪器的有效利用，各种功能教室设备齐全、各具特色，但在专业教师、教学课时等方面远远不能满足学生需求，硬件资源闲置浪费问题比较突出。

（三）师资队伍方面，总量不足、结构失衡

在数量上，教师总量不足，特别是城市学校，学生数量不断增加，而教师补充的步伐缓慢。现有的“师生比”编制配备方式过于死板，动态调整机制不灵活。同时，绩效工资制度沦为大锅饭，对一线教学岗位的倾斜不足，难以有效激发教师积极性，部分教师转向管理岗或过早退出一线教学岗位。在结构上，“音体美”等小科目教师不足，不能有效保证学生全面发展的需要。川区学校对山区学校优秀教师的虹吸效应不断加大，拉大了城乡、山川教学质量差距，造成教师队伍结构新的失衡。在权益保障机制上，学校在后勤、服务等岗位不得不大量聘用临时人员，没有编制和稳定的经费保障，存在较大的社保隐患。

（四）学校布局方面，存在城乡二重压力

由于城镇化的快速发展，大量农村人口向城市流动，现有学校布局已经不适应区域内义务教育均衡发展的需要。城市学校大班额现象仍然突出，农村学校班额小，麻雀化和空心化问题不断加剧。

（五）教育阶段方面，对学前教育和特殊教育的重视仍然不够

一是将学前教育过度推向市场，“入园难，入园贵”没有根本缓解，专业幼教缺乏、学前教育质量差等问题突出。农村地区公办幼儿园负担沉重，缺编缺经费，学前教育成为农村孩子享受教育公平的一大短板。二是

特殊群体教育配套制度不完善。特殊教育学校未能按照标准配备编制，高素质、专业化、稳定性高的师资力量严重不足。

四、加快宁夏义务教育均衡发展的政策建议

（一）不断完善可持续的教育投入增长机制

一是不断完善义务教育经费投入保障机制。将义务教育经费投入纳入地方政府绩效考核范围，确保稳定增长。同时加大向山区和农村倾斜力度。二是建立完善义务教育均衡发展经费补助机制。自治区财政资金对困难地区予以倾斜，适当对“三个增长”欠账较多的地区进行补助。

（二）多措并举激发教师队伍活力

一是改革现有的绩效工资制度。赋予学校、校长更多办学自主权，将绩效工资更多地向一线教学岗位倾斜。建立优秀教师、小科目教师返聘和社会化聘用制度，保证和提高教学质量。二是加大小学全科、多科教师和“音体美”等小科目教师培养、培训力度，依托现有师资开设更多课程。推广“复式教学”模式，缓解“麻雀学校”和农村教学点教师短缺压力。三是稳住山区、农村教师队伍。效仿“基层公务员五年基层工作服务年限”的规定，补充完善乡村教师招聘、使用和管理制度，降低山区、农村教师的流动频率。四是扩大乡村教师特设岗位数量，采取免费教育、学费补偿等方式为乡村学校定向培养教师。大力实施乡村教师支持计划，将更多资源向农村、向山区倾斜，让年轻教师下得去、留得住，使农村和山区教师有更多获得感。

（三）加大对存量教育资源的有效利用

一是让硬件软件相匹配。盘活学校现有存量硬件资源，通过培训、聘用、允许学校从校外聘请专业人才等方式，让更多的教师掌握现代教学设施，提高各类硬件资源的使用效率。二是大力发展信息化和远程教育。鼓励学校建立教学共同体和其他教学形式，提高校园信息化网络的使用效率，扩大优质教学资源的覆盖面，提高农村和山区学校的教学质量。三是鼓励基层创新。建立健全校长、教师交流轮岗机制，推进交流制度化、常态化，不断提高城镇中小学教师到乡村任教比例。鼓励教师多点从教，变“学校

人”为“系统人”，促进优质资源的流动。通过走教、送教上门等形式，为农村偏远学校和教学点学生开设更多课程。推进“名师带徒”模式向深度发展，为偏远薄弱学校培养更多优秀教师。

（四）下大力气提高教育管理水平

一是调整和创新编制配备方式。在编制调整中，“生师比”和“班师比”并用，对农村学校达不到标准班额的，按“班师比”核定教师编制，对达到标准班额的学校，按“生师比”核定编制。同时，试点推行编制备案制，定期灵活调整编制数量，给予地方教育主管部门一定权限。二是出台专项政策，统筹解决学校后勤聘用人员社保问题。由自治区人社、财政、教育等部门共同研究出台统一政策，明确学校后勤聘用人员各类保险的缴纳标准、途径，对困难地区和学校给予帮助和补贴。三是鼓励家校合作，让更多家长走进学校，参与学校管理和教学，将家庭教育和学校教育双结合、两促进。

（五）切实保障教育公平

一是合理规划和布局学校。根据城镇化发展、城乡人口流动和二孩政策未来影响，加大教育资源的整合调配力度，采取新建、扩建、合并、调整等方式，科学规划、合理调整学校布局，确保各类适龄学生充分享受教育权利。二是大力发展学前教育特别是农村学前教育。加大普惠性幼儿园和托儿所建设，支持民办托幼机构发展。提高对农村地区、城乡结合地区、南部山区学前教育的支持，出台特殊性照顾政策，加强政策宣传和补贴力度，让更多农村适龄幼儿享受学前教育。在部分地区探索免费学前教育试点、3+9+3免费教育试点（3年学前教育、9年义务教育、3年高中或职业教育）。三是加大对特殊教育的支持力度。加大特教学校和特教资源中心建设，加强特教师资培养和培训，增加特教机构编制，不断提高残疾人受教育的整体水平。

宁夏学前教育发展存在的问题与对策研究

马　妍

2016年是“十三五”的开局之年，也是宁夏学前教育大发展的一年。自2010年《国家中长期教育改革和发展规划纲要》(2010—2020年）实施以来的五年，宁夏各级政府和教育行政部门积极贯彻落实《规划纲要》和学前教育“国十条”①，进一步推进第二期学前教育三年行动计划，在扩展学前教育资源，加大学前教育财政投入，构建公益普惠的学前教育公共服务网络，促进教师队伍建设等方面都采取了积极有效的措施，学前教育事业发展取得了显著成绩。

一、当前宁夏学前教育发展现状

（一）总体发展情况

2010年学前教育被正式列入《宁夏中长期教育发展规划纲要》，当时宁夏回族自治区学前三年入园率仅为44.6%，比全国平均水平低6个百分点。截至2015年底，宁夏全区有各级各类幼儿园788所，其中公办、公建民办及部门或企业办幼儿园333所，占42.3%；民办455所，占57.7%；农村幼儿园252所，占31.98%；在园幼儿19.23万人，全区学前三年毛入园率71.44%，比2010年提高27个百分点；学前教职工14504人，其中专任

作者简介　马妍，宁夏社会科学院社会学法学研究所助理研究员。

①《国务院关于当前发展学前教育的若干意见》(国发〔2010〕41号)，也称“国十条”。

教师 8427 人，占教职工总数的 58.1%，在编教师 3018 人。公办学前教育发展状况良好，民办幼儿园发展迅速，多渠道、多形式办园体制已基本形成，保教质量大大提高。①

（二）学前教育发展特点

1.学前教育普及率大幅提高。学前教育是终身学习的开端，是国民教育体系的重要组成部分，发展学前教育，必须坚持公益性和普惠性。学前教育的普及率是公益性和普惠性的具体体现，也是评估学前教育的可获得性或“入园难”问题缓解程度的实效性指标。“十二五”期间宁夏在园幼儿数和学前三年毛入园率呈现稳步增长趋势，学前教育普及率大幅提高。学前教育三年毛入园率 2010 年仅为 44.6%，2015 年达到 71.44%，至 2016 年 9 月份达 73%以上，六年时间提高了 28 个百分点，提前实现《宁夏中长期教育发展教育规划纲要》目标，“入园难”问题得到有效缓解，农村幼儿、流动儿童、留守儿童、残疾儿童等处境不利幼儿，特别是学前教育基础薄弱的宁夏南部山区连片贫困地区适龄幼儿在园数和学前三年毛入园率快速提高，大幅度增加了处境不利幼儿接受学前教育的机会。

2.学前教育资源快速扩大。继 2011—2013 年实施第一轮“学前教育三年行动计划”之后，2015 年宁夏启动了第二期“学前教育三年行动计划”。由于普惠优质幼儿园的数量不足，人民群众对普惠优质学前教育的需求得不到满足，幼儿入园难问题显著。为此，2015 年宁夏全区共投入 3.4 亿元新建、改建、增设幼儿园 80 所，扩大学前教育资源。宁夏还鼓励和引导民办幼儿园向社会提供普惠性服务，自治区财政划拨 2000 万元专项资金，在全区 18 个县（市、区）确定了 69 所幼儿园，开展政府购买学前教育，使更多的民办幼儿园能够进入普惠性幼儿园行列，目前已惠及幼儿 15000 人，教师 1700 人。政府购买学前教育服务力度的加大，扩大了普惠性学前教育资源，进一步满足了群众对质优价廉学前教育的需求。2016 年宁夏又选择了 93 所幼儿园作为政府购买学前教育服务的试点。

政府购买学前教育主要采取发放助学券、购买学位、补贴教师工资等

①数据来源于宁夏教育厅《统计手册》(2013—2015)。

方式。政府购买学前教育的服务主体是市、县（区）教育行政部门，承接政府购买学前教育服务的主体是在教育行政部门登记并取得办学许可证的非公办学前教育机构。试点幼儿园具备独立承担民事责任能力，能提供服务所必需的设施，具备人员和专业技术能力，具有完备的管理制度、良好的社会信誉。自治区教育厅根据《宁夏回族自治区普惠性民办幼儿园评定标准》，统计全区范围的普惠性幼儿园，进行了新一轮普惠性民办幼儿园评定。2016年，宁夏全区普惠性幼儿园占到幼儿园总数的85%以上。

3.新增学前教育资源向农村倾斜。宁夏农村地区的学前教育发展相对缓慢，为全面推进农村学前教育发展，合理规划农村公办学前教育布局，完善县、乡、村三级学前教育网络，2016年宁夏以多种形式实现扩大公办农村学前教育资源。教育部门办园是农村学前教育发展的主要支撑力量，针对宁夏农村学前教育发展相对滞后，特别是南部山区和中部干旱带农村学前教育发展差距较大的实际，2016年6月宁夏研究制定了《关于推进全区农村学前教育发展的意见》，进一步强化地方政府在学前教育发展中的主体责任，坚持因地制宜，从实际出发，办符合当地实际的幼儿园，为农村幼儿和家长提供方便就近、灵活多样、多种层次的学前教育服务。在该《意见》实施过程中，按照“适度规模，确保质量，就近入园”的原则，优化农村学前教育资源配置，合理调整农村幼儿园布局。每个乡镇至少办好一所乡镇中心幼儿园；规模较大、人口集中的村独立办园；规模小、居住分散的村举办校中园或幼儿班；交通不便、偏远地区利用村委会、农户院落或其他可利用的场地举办游戏小组，每个游戏小组由所托管的幼儿园（班）每周送教2次，每次组织实施2个领域的游戏活动，游戏小组幼儿纳入学前学籍管理，计入送教教师所在幼儿园的在园人数。通过办园、办班、组织游戏小组等，保障农村孩子享有平等受教育权力，让每个孩子有更好的未来。新增学前教育资源、尤其是教育部门办园向农村倾斜，这表明新增普惠性学前教育资源向农村倾斜、努力扩大农村公办学前教育资源的政策取向在宁夏得到了较好的贯彻落实。

4.学前教育管理更加规范有序。2016年宁夏各教育和相关行政部门按照“准入一批，整改一批，取缔一批”的思路，对所有无证幼儿园全面排查，对达到看护点要求的无证幼儿园颁发“学前儿童看护点”许可证，并纳入学前教育管理，注册学籍，既解决了城市家庭经济困难幼儿及进城务工人员子女学前教育难题，又促进宁夏民办幼儿园有序健康发展。通过加强思想和业务指导，规范幼儿园保教行为的科学性和规范性，在全区范围内组织开展幼儿园教师课程游戏竞赛，提高教师专业素质，发现并培养一批优秀教师。在2016年全国第五个学前教育宣传月期间，宁夏开展了“幼小协同科学衔接”主题宣传教育实践活动，采取家长、幼儿园、小学三方协同教研活动，引导广大教师和家长遵循儿童生长发展规律和教育规律科学保教，从根本上减轻幼儿和小学低年级学生的学业负担，避免幼儿园“小学化”倾向。

5.建立学前教育经费保障机制。2016年，宁夏建立了学前教育成本分担和运行保障机制，逐步提高学前教育经费，加大对保安全、保工资、保运转、保发展的投入。拓宽财政性学前教育经费来源渠道，每年从土地出让收益中计提的教育资金、地方分成的彩票公益金和地方教育附加中，按照一定比例安排学前教育经费。宁夏确定公办幼儿园生均公用经费指导标准为每生每年300元，由各市、县（区）财政预算予以安排保障，自治区财政对达到指导标准的市、县（区）给予奖励补助，奖励资金用于市、县（区）公办幼儿园公用经费补充，今后将结合宁夏财政发展状况适时调整公办幼儿园生均公用经费指导标准。另外，继续实施“‘十二五’幼儿园建设工程”，预计到2016年底，将完成所有乡镇建成一所标准化幼儿园，新建小区尽量配套一所幼儿园的目标，使新建小区配套幼儿园与公办园达到同等收费标准，鼓励就近入园。

6.加大对特殊和弱势儿童的关注与救助。2015年，宁夏在助困方面重点资助学前一年家庭经济困难儿童，发放学前教育资助金617.32万元，资助困难儿童12344人，资助覆盖面在山区为30%，川区为20%。采取发放教育券等形式，给予幼儿家庭一定补贴。农村地区或偏远贫困地区则根据经济状况，合理确定民办幼儿园收费标准。政府可通过购买教师岗位、补贴租金、以奖代补等方式给予支持。家庭经济困难儿童、留守儿童、流动儿童、残疾儿童可由政府出资，助其购买优质民办幼儿园学位，确保弱势儿童接受正规的学前教育。

在促进学前教育均衡发展方面，2016 年宁夏政府积极支持通过名园办分园、强园带弱园等集团化办园模式，建立符合当地学前教育发展实际的幼儿园发展共同体的措施。部分新建小区配套幼儿园通过政府补贴租金的方式，由公办幼儿园办分园。鼓励有条件的发展成熟的农村小学举办附设幼儿园。为均衡幼儿教育资源， 实行城市公办幼儿园与农村幼儿园、民办幼儿园“结对子”“手拉手”等方式，进一步促进学前教育事业均衡发展。

二、学前教育发展中存在的问题和面临的挑战

（一）事业发展与社会需求之间的矛盾依然突出

学前教育作为宁夏教育体系的薄弱环节，最突出的问题是学前教育的发展速度滞后于社会发展的需要，主要表现在：城市大班额现象突出，农村大多数地区仍以学前班为主，农村地区学前教育发展的压力很大。目前宁夏学前教育结构中高质量幼儿园比例较少，优质的学前教育资源呈现供不应求的状态，学前教育由过去入园难已转变为入好园难。另外，随着家庭结构逐渐趋向于核心家庭模式，三代同堂的居住方式逐渐减少，很多年轻的父母需要自己承担照顾婴幼儿的任务，而他们需要更早从照顾婴幼儿的负担中解脱出来，更好地参与社会实践，以实现其社会价值，因此婴幼儿入托需求普遍提前。绝大多数家长希望孩子 2 岁入园，但这一需求与宁夏现阶段学前教育机构设置、收托能力有一定的矛盾。幼儿园需要拓展办园渠道，进一步挖掘托幼一体化的市场潜力，把收托年龄再向低龄延伸。

（二）学前教育发展不均衡

从宁夏全区来看，学前教育发展不平衡，山川之间、城乡之间差距较大。从城乡来看，宁夏全区农村地区仅有 252 所幼儿园，覆盖率还比较低，有近 2.5 万名幼儿在小学附设学前班接受学前一年教育，还有近 5 万名农村幼儿因教育资源不足无法接受正规的学前教育。学前教育生均经费在城乡的投入存在较大差异，师资队伍也存在城乡差异，城乡幼儿园师资失衡问题日益严峻。长期以来，由于农村幼儿园教师劳动强度大，工资缺乏保障，个人发展问题没有受到重视，配备数量明显不足，远低于地区平均水

平和城镇水平。城乡教师学历结构比例严重失衡。据教育部门统计数据显示，宁夏农村幼儿园教师中拥有专科以上学历的为62%，而城市幼儿园教师中拥有专科以上学历占83%，相差19个百分点。另外，学前教育资源配置也存在较大的城乡差异，城乡幼儿园在场所面积、硬件设施、幼儿学习生活条件等方面差距明显。

（三）民办学前教育机构办园有待规范

“十二五”期间，宁夏民办学前教育机构的存在虽然在一定程度上弥补了幼儿园数量的不足，缓解了入园难的矛盾，但由于政府对这些幼儿园承办者的资格、办园条件、教师资格、登记注册、收费标准、办园质量与督导评估等都还缺乏有效的规范与管理；同时，一些办园者为经济利益所驱动，为降低成本，增加盈利，或扩大班额，或克扣幼儿伙食，低薪聘用非专业、不合格的教师及工作人员等，这些问题造成了部分民办学前教育机构办园条件差，保教质量低，而且存在诸如食品、环保方面的安全隐患。

（四）多元化办学机制有待完善

学前教育的公益性、普惠性要求当前公办幼儿园必须扩大办学规模，必须引入市场竞争，形成多元办学机制。尽管宁夏的学前教育已经初步形成多元化的办学体制，但仍然存在公办和民办学前教育衔接不够等问题，极大地影响了学前教育扩大规模和提高办学质量。一方面，各地对学前教育性质定位不准，特别是受幼儿园教师无专项编制等因素影响，公办幼儿园难以扩大规模；另一方面，因政府和社会往往不能一视同仁地对待民办幼儿教育机构，在教师继续教育、职称评定、评先奖励等方面无法享受公平待遇，导致民办园难以得到健康发展；同时，随着农村义务教育管理体制改革推进和中小学校布局调整，附设在小学的幼儿园和学前班也大量停办或被合并，受办学经费筹措制度不完善等制约，导致民办幼儿园难以有效承接学前教育需求。

三、促进学前教育发展的对策与措施

（一）健全法规体系，优化学前教育顶层设计

建议自治区政府要科学规划，统筹学前教育发展规划与全区教育发展整体规划、经济社会发展整体规划、城乡建设和土地利用总体规划发展，结合宁夏实际情况完善相应的支持和优惠政策，对学前教育发展中涉及的土地利用、工程建设、税费征收、安全卫生检查以及园长和教师聘用、社会保险、权益保障等问题，制定具体政策和条例，逐步形成比较完善的学前教育政策体系。自治区政府要和市、县级政府明确权责划分，既要做好全区统筹规划发展目标和发展方向，又要坚持以县级政府为核心切实履行发展学前教育责任，适当下沉权力到县一级人民政府，配合县级政府制定适合当地实际情况的特色学前教育发展规划和实施方案。

建议自治区人大尽快研究制定促进宁夏学前教育健康发展的单行条例，完成学前教育的地方立法。在依法治国的背景下，要规范学前教育健康发展，就要强调教育立法。对学前教育予以立法保障，不仅对学前教育的发展至关重要，也对健全完善我国教育法律法规体系、全面推进各级各类教育协调发展具有重要的现实意义。为加快学前教育立法进程，应尽快启动立法程序，明确学前教育在教育体系中的基础性地位，明确各级政府发展学前教育的主体责任和投入责任，同时研究制定相关政策，调动社会力量参与学前教育，完善多渠道筹措学前教育发展经费的机制办法，明确学前教育教师资质要求，明确学前教育教师在开展保教业务、教科研、职务晋升、生活保障等方面的相关待遇规定，明确各相关部门的监管责任和部门协调合作的具体办法，切实保障办园者、教师及幼儿合法权益的同时，明确违法违规办园行为应承担的相应法律责任，明确学前教育教学计划、教学内容的设置要求，注意培养孩子的全面素质，防止学前教育内容小学化倾向，让幼儿们在快乐的氛围中健康成长。

（二）完善扶持政策，推动学前教育多元办学

应继续坚持“政府主导，社会参与，公办民办并举”的多元办园方式，在不断加大公办园建设力度的同时，大力引导社会企事业单位主管的社企办、民办公助、民办、家庭托办等多元并举，形成多元主体举办、促进协调发展的良好格局。积极发展公办幼儿园，合理确定公办园的布局，逐年安排新建、改扩建一批公办园，并加大农村公办园建设力度，合理规划农村公办学前教育布局，完善县、乡、村三级学前教育网络，多种形式实现扩大公办农村学前教育资源。城镇住宅小区按国家和地方相关规定要补足配齐幼儿园；大力扶持民办幼儿园，实行成本合理分担机制，对家庭经济困难幼儿入园给予财政补助，认定一批普惠性民办园，通过政府购买服务、减免租金、派驻公办教师、培训教师等方式，支持民办园提供普惠性服务，维护民办幼儿园健康发展。

（三）加大政府投入，扩大学前教育普惠范围

目前，我国公办园的教育经费主要来源于政府的财政拨款和幼儿家长缴纳的保育费，政府拨款存在严重的偏向性，优质园、上等级园获得的财政支持较多，而普通公办园得到的财政支持十分有限，普通公办园办学资金不足的问题突出。民办园办园经费基本靠收取幼儿家长缴纳的保育费，虽然某些地区政府通过“教育券”等形式给予民办园一定的财政补助，但不能解决绝大多数民办园资金来源单一有限的问题。此外，民办园不容回避的是要以营利为目的，办学经费来源单一导致一些民办园办学和管理不够规范，这些因素都使民办园难以持续健康发展。建议政府应加大投入，稳定和保障对学前教育经费的持续投入；通过增加学前教育财政投入，合理配置学前教育资源，不断提高幼儿园生均财政拨款标准。采取县聘乡用等多种方法加强农村学前教育和民办学前教育师资队伍建设，为农村幼儿园配备教师和保教育人员。根据实际情况，参照公办园生均公用经费标准，对普惠性民办园给予适当补贴，引导促进普惠性民办幼儿园规模化办学，通过规模效应提升保教质量和办园水平，消除普惠性民办园规模小、质量低、分布散的弊端。优先支持坚持正确办园方向、质量好、群众满意度高的民办园，增加布点，扩大规模。

（四）支持特色办学，满足学前教育多样需求

以市场为导向，鼓励民办园提供多形式、多层次的学前教育服务，鼓励引入国内知名幼儿园资源，满足家长对优质服务、个性化课程、较高环境配备等学前教育服务需求。同时，应积极倡导社会力量办幼儿园，吸纳大量的社会闲散资金投入学前教育事业，解决学前教育经费不足的困难，保证学前教育事业的发展满足不同群体的需要，规范学前教育发展的层次化、多样化。进一步完善托幼一体化的办园机制，推进学前教育向纵深发展，给幼儿园创造生存与发展的新契机。重视园内自主发展的探索与研究，促进办园向个性化发展。适应学前教育需求的多样性，引导学前教育机构要积极把握发展方向，创造具有特色的现代化幼儿园，如形成具有特色的课程结构，设置相应的课程情境，开展相应的课程活动和课程评价活动，同时又要针对当前家长热衷于幼儿接受艺术教育、英语教育、特色教育等现象，学前教育机构要注意引导家长认真深入地认识特色教育的实质，避免走入特色教育的误区。

（五）关注弱势与特殊群体，推进免费学前教育

建议积极争取国家将西部边远贫困地区学前教育纳入国家重点项目建设，进一步加大对宁夏学前教育的支持。通过转移支付、以奖代补等方式进一步完善宁夏基层幼儿园网络体系建设，继续完善执行中的助困制度，加大助困力度，帮助困境儿童接受学前教育，使所有的受教育者都能够不因贫困、性别、民族、身体残疾等因素影响，能够公平地接受各级各类教育。宁夏应该充分发挥民族区域自治制度的优越性，制定符合地方实际情况的学前教育贫困儿童、特殊儿童资助法规或条例，完善已经在执行中的学前教育资助制度，全面促进学前阶段的教育公平。

调研篇

DIAOYANPIAN

宁夏人口老龄化形势调查报告

张国芳　徐东海

一、全国人口变迁比较

“人口老龄化是指总人口中因年轻人口数量减少、年长人口数量增加而导致的老年人口比例相应增长的动态。两个含义：一是指老年人口相对增多，在总人口中所占比例不断上升的过程；二是指社会人口结构呈现老年状态，进入老龄化社会。国际上通常看法是，当一个国家或地区60岁以上老年人口占人口总数的10%，或65岁以上老年人口占人口总数的7%，即意味着这个国家或地区的人口处于老龄化社会。”①

图1显示，2015年，我国城乡65岁以上老年人口总数已近1.44亿。实际上，进入新世纪，我国65岁以上老年人口就已经近0.9亿，占比约为7.0%，已经进入人口老龄化社会。截至2015年末，这一比重已达10.5%。老年抚养比在世记之初为9.9%，2015年已达14.54%。我国人口老龄化呈

作者简介　张国芳，宁夏回族自治区人民医院高级经济师；徐东海，宁夏社会科学院社会学法学研究所实习研究员。

① http://baike.so.com/doc/206568-218477.html。

现以下特征。

图1　2000年以来全国城乡65岁以上老年人口情况

单位：万人、%

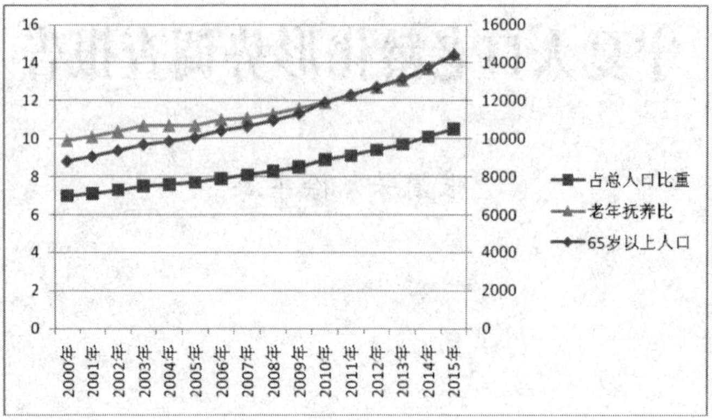

注：数据资料根据《中国统计年鉴2015》以及《2015年国民经济和社会发展统计公报》整理。

（一）人口老龄化增速加快

从占比来看，进入新世纪以来，老年人口年均增速仅为0.22%。从各年份具体增速来看，2005年以前年均增速仅为0.1%；2005年至2009年年均增速为0.2%；2009年至2015年年均增速已达0.3%~0.4%（其中2011年增速为0.2%）。

（二）65岁以上老年人口绝对数大且增速快

如前所述，世纪之初我国城乡65岁以上老年人口总数已近0.9亿，与世界上人口最少的国家梵蒂冈城国（总人口约1400人）以及亚洲人口最少国家马尔代夫共和国（总人口约27.8万）相比，2001年我国仅65岁以上老年人口约是上述两国总人口的64728.57倍和523.97倍；2015年我国65岁以上老年人口约是上述两国总人口的102757.14倍和517.48倍。从绝对数增速上看，2008年至2015年的年均增速为0.05亿~0.06亿，是世纪之初年均增速的2~3倍。

（三）未来40年内我国老年人口数量将达峰值

“我国60岁以上人口规模在2013年、2025年、2033年将分别突破2亿人、3亿人、4亿人，每10年增加1亿人，2053年达到峰值4.87亿人。”① 根据《2013年国民经济和社会发展统计公报》统计数据，这一年我国60岁以上老年人口绝对值已经达到2.02亿，未来情况并不乐观。

二、宁夏人口发展与老龄化态势

图2 2000年以来宁夏总人口情况

单位：人、%

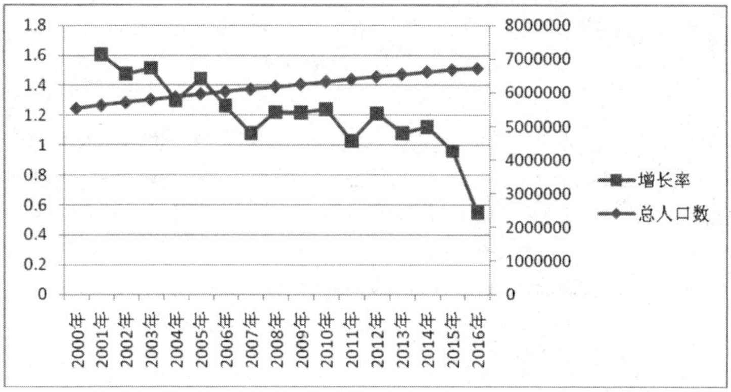

注：数据资料根据《宁夏统计年鉴2015》以及《2015年宁夏国民经济和社会发展统计公报》整理；2016年数据截止到11月15日，根据宁夏公安厅户籍数据库资料整理。

2015年“年末全区常住人口667.88万人，比上年末增加6.34万人。其中，城镇人口368.90万人，占常住人口比重55.23%，比上年提高1.6个百分点。人口出生率为12.62‰，死亡率为4.58‰，人口自然增长率为8.04‰，比上年下降0.53个千分点”。②从世纪之初至2015年末，宁夏人口增长113.56万，增加约20.49%，年均增加约1.28%，但整体而言人口增长率呈下降趋势（见图2）。与全国相比，新世纪以来，宁夏人口增加高出全国12.03%。

宁夏人口快速增长，对于减缓人口老龄化具有积极作用。与全国情况

①国家应对人口老龄化战略研究人口老龄化态势与发展战略研究课题组《人口老龄化态势与发展战略研究》，华龄出版社2014年版。

②《宁夏回族自治区2015年国民经济和社会发展统计公报》，宁夏回族自治区统计局网，2016.5.10，http://www.nxtj.gov.cn/nxtjjxbww/tjgb/2015ntjgb/201605/t20160510_65955.html。

相比，65岁以上老年人口占比明显低于全国平均水平2.82%。近年来，从绝对值看，宁夏60岁以上人口增长快于65岁以上人口；从占比看，宁夏60岁以上人口占比的增长速度则明显快于65岁以上人口。从2016年数据看，截至11月15日宁夏人口增长率仅为0.55%，不足2015年宁夏人口增长率的六成，这不利于于减缓宁夏人口老龄化（见图3）。

图3 近年来宁夏人口老龄化情况

单位：万人、%

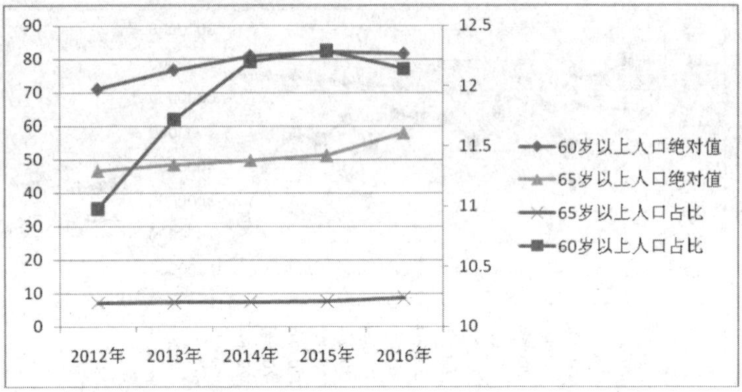

注：数据资料根据历年《宁夏国民经济和社会发展统计公报》整理；2016年数据截至11月15日，根据宁夏公安厅户籍数据库资料整理。

从图3可以看出，2012年宁夏就已经处于人口老龄化社会，2015年这一状况在60岁以上老年人人口占比情况的变化上更加明显。虽然2016年60岁以上老年人人口占比趋于下降，但是65岁以上高龄老年人人口绝对值在11个月内增加了6万余人。

根据主要年份人口自然变动情况，在未来10到15年间，宁夏将迎来人口老龄化小高峰。1965年，宁夏人口出生率为48.08‰、人口自然增长率为38.79‰；1970年，宁夏人口出生率为40.27‰、人口自然增长率为33.94‰。而近年来，尤其是新世纪以来，宁夏人口出生率、死亡率和人口自然增长率逐年下降，2015年，宁夏人口出生率为12.62‰，死亡率为4.58‰，人口自然增长率为8.04‰；除死亡率外，人口出生率和自然增长率降幅近半个千分点。

三、宁夏人口老龄化发展存在的问题及影响因素

（一） 人口老龄化发展速度快

据统计，宁夏老年人口于2009年首次达到总人口的10%，从此进入老龄化社会，与全国步入人口老龄化社会时间相比，这一时间相对晚了10年。至2015年仅仅6年间，宁夏60岁以上人口占比已达12.29%，年均增加近0.4%。与全国刚刚步入老龄化社会时的老龄化平均速度相比，宁夏人口老龄化发展速度已达全国的4倍。

（二） 未富先老，经济社会发展步伐迟滞

党的十八大以来，宁夏人均国民生产总值在全国的排名越来越有优势，但也无法掩盖增速放缓的趋势。根据Woo（2011年）所提出的追赶指数（CUI）①计算方法以及依据Maddison（2010年）数据集建立起来的收入水平基准②，采用其认定标准：当CUI>55%时为高收入国家；20%<CUI<55%时为中等收入国家；当CUI<20%时为低收入国家。若以宁夏人均GDP占天津人均GDP的比率为依据，宁夏从2002年就属于中等收入省份，直到目前，宁夏CUI一直没有突破40%，十几年来一直较为平稳，我们可以断定，宁夏正处于长期中等收入状态，或将陷入中等收入陷阱。在这一背景下的人口老龄化，对于宁夏成功跨越中等收入陷阱、经济社会进一步发展，可谓是一大不利因素。

一般而言，人口老龄化是人口转变过程的产物，其原动力在于低出生、低死亡。宁夏人口老龄化的主要影响因素与全国乃至世界人口老龄化的主要影响因素大致相同，即人口出生率和人口死亡率降低。然而，在这两大主要影响因素的背后，还有许多影响因素。

1.低人口出生率的影响因素。

（1） 生育意愿的影响。生育意愿是指人们关于生育行为的态度和看法，

①追赶指数（CUI）是指某国家收入水平占世界经济领军国家收入水平的百分比。

②利用Maddison（2010）数据集里从公元1年到公元2008年里的GDP（用1900年国际元度量）与人口数据来建立收入水平的基准，将CUI与大多数西欧国家为高收入国家和大多数泛撒哈拉国家为低收入国家的普遍认定相匹配。

它包括四方面：一是为什么要生育子女；二是生育几个子女为理想子女数；三是生育什么性别的子女；四是什么时间生育子女。总体而言，近20年来（见图4），宁夏生育意愿的客观表现为，已婚育龄妇女人数稳中有增背景下，采取各种节育措施的人数和节育率稳步增长。

图4　近20年宁夏已婚育龄妇女、采取节育措施和节育率情况

单位：人、%

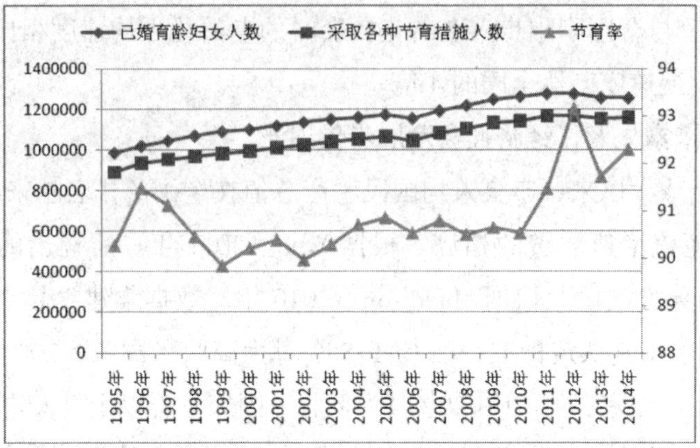

注：数据资料根据历年《宁夏统计年鉴2015年》整理。

(2) 生育政策的影响。生育政策是指由国家制定或在国家指导下制定的规范育龄夫妇生育行为（包括生育数量和质量）的准则。中国现行生育政策主要是，国家鼓励公民晚婚晚育、提倡“一对夫妻生育一个子女”；符合法律、法规规定条件的，可以要求安排生育第二个子女。具体办法由省、自治区、直辖市人民代表大会或者其常务委员会根据当地的经济、文化发展水平和人口状况规定。少数民族实行计划生育的办法由省、自治区、直辖市人民代表大会或者其常务委员会规定。《人口与计划生育法》把国家确定的现行生育政策法律化、制度化，从法律上确定了中国现行的基本生育政策。

(3) 经济社会发展的影响。“养儿防老，多子多福”的观念是我国传统社会在经济发展落后时代特有的生育观念。伴随我国改革开放近40年的步伐，成果越来越显著，人均可支配收入明显增加、生活水平显著提高，传统生活方式已经被现代生活方式所代替；与此同时，婚姻成本、生育成本、养育成本等也随经济发展水涨船高，直接或间接导致适龄人口将婚育时间推后。

受各种因素影响，当前育龄女性中因身体原因导致主观有强烈生育意愿而客观生育困难或不能生育的现象也不容忽视。

2.低人口死亡率的影响因素。社会救助和保障制度、文化医疗卫生等条件的优化和完善是人口死亡率降低的影响因素。其中医疗卫生条件是主要因素之一。在古代，由于生产力水平低下以及医疗卫生条件的限制，死亡率肯定是极高的。按一般估计，在小农经济以及中国传统的生育观的作用下，古代人口出生率无论如何不会低于30%~35%的水平，但多年平均自然增长率不过只有1%~2‰，这说明死亡率也差不多高达30‰。直到民国时期情况基本上还是这样。1936年国民党政府实业部编的《中国经济年鉴》提供了全国的资料：粗死亡率27.6‰，婴儿死亡率156.2‰。两年后国民党政府内政部编的《卫生统计》提供的资料也十分近似：全国死亡率28.2‰，婴儿死亡率163.8‰。可以说，直到1949年，这种高死亡率的形势始终没有多大的变化。

图5　2000年以来宁夏医疗卫生机构数

单位：个

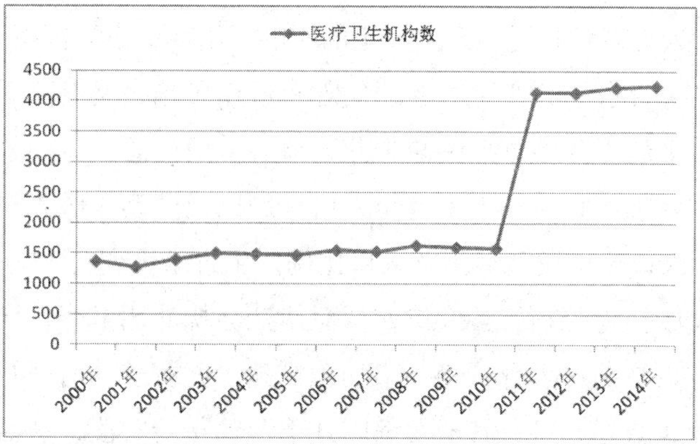

注：数据资料根据历年《宁夏统计年鉴》整理。

新世纪以来，宁夏医疗卫生条件显著优化，最主要的表现就是医疗卫生机构的数量逐年递增（见图5）。2011年，宁夏全区医疗卫生机构数量由1583个飙升至4143个，此后这一数据一直稳中有增。

除此之外，人们对健康状况的关注程度也是间接降低死亡率的因素。比如从央视到各地方卫视的健康栏目、以健康为主题的各类会所建设、各医疗卫生机构的健康体检等。

四、宁夏人口老龄化存在问题的影响因素模拟结果

“十二五”初期，伴随着20世纪50年代中国第一次人口生育高峰人群步入老年，宁夏老年人口将进入快速增长期。截至2010年，60岁以上老年人口已达70万人，占宁夏总人口的10.9%，比2009年增加4.9万人，增速超过7.5%，高于全国增速4个百分点。到“十二五”末，宁夏老年人口已达到82.08万，占总人口的12.29%，高龄老人、空巢老人和失能老人增速加快，快速增长的老年人口使社会保障面临更大的压力。高龄老人、空巢老人、失能失智老人的增加，加大了社会养老服务的压力；日益增长的老年人物质和精神文化需求更加凸显社会供给的不足；亟待发展的老龄事业和资金投入相对不足的矛盾更加明显；复杂多变的人口老龄化问题对老龄工作机构和队伍建设提出了新的更高的要求。

通过上述分析，可以证明：生育率下降是影响宁夏人口老龄化最主要的因素；此外，人口城镇化、预期寿命延长、出生性别比失调等多种人口因素也都会对人口老龄化进程产生一定的影响。由此，可以模拟以下结果。

第一，生育水平的变化对老龄化既有近期影响，又有滞后的中远期影响。生育水平的下降将直接削减少儿人口，从而使总人口中的未成年人口比例下降，并进而相对扩大了老年人口比例以及劳动年龄人口比例。反之则降低老年人口比例及劳动年龄人口比例。生育水平变化15—20年后，相应出生队列成长为劳动年龄人口，从而使社会抚养比下降，同时他们也开始进入生育高峰期，生育量相对增加，导致少儿抚养比有所提高；35—40年后，因为此队列人口及其子女都同处于劳动年龄阶段，这时能极大缓解老龄化；60年后，该人口队列将进人老年，人口老龄化会出现一定回升态势。

第二，人口城镇化会改变农村向城镇转移人口的生育水平和死亡水平，因而在推动宁夏人口老龄化的影响巨大。如果没有城镇化的影响，那么城乡人口老龄化将只受生育和死亡这两种人口自然变动的影响，城镇人口的

老龄化将更为严重。

第三，预期寿命延长会增加老年人口的规模，提高老年人口的比例，但影响相对较小。

第四，近年来，宁夏的人口性别比一直在103~105之间，虽然这一性别比没有失调，但加上出生以后的存活率、生活各方面条件等的影响，对于人口老龄化还是有或多或少的影响。相对于其他因素，这一因素的影响微乎其微。

五、宁夏应对人口老龄化的对策分析

因此，宁夏要抓住机遇，科学判断人口老龄化的形势和挑战，努力探索老龄事业改革路径，保障老龄事业全面协调可持续发展。为进一步促进新时期、新常态、新形势下宁夏老龄事业发展，应当在以下方面做出努力。

（一）加强“十三五”时期宁夏老龄事业顶层设计

宁夏“十三五”时期的老龄事业，应当在形成现代老龄事业发展体系，在更大范围、更高水平上实现老有所养、老有所依、老有所为、老有所学、老有所乐。为此，要“健全养老服务体系。强化政府提供基本养老服务的责任，实施基本养老服务体系建设工程，大力推进居家和社区日间照料服务设施、养老护理机构、农村五保供养机构建设，确保广大老年人特别是特殊困难老年群体人人享有基本养老服务。支持社会力量建设和运营养老服务机构，提供方便可及、价格合理的各类养老服务和产品。健全完善政府为高龄和失能失智老年人购买基本健康养老服务补贴制度。开展养老服务机构责任保险、老年人意外伤害保险和护理保险。加快发展智能化养老服务。改善自治区老年大学办学条件，办好老年大学。到2020年，全区每千名老年人拥有养老床位35张以上，其中护理型床位占养老床位的30%以上，建成功能完善、规模适度、覆盖城乡、医养结合的养老服务体系，基本满足日益增长的养老服务需求”。①

①《宁夏回族自治区国民经济和社会发展第十三个五年规划纲要》。

（二）完善养老社会保障，强化老年医疗卫生服务体系

统筹发展城乡居民基本医疗保障制度，实现城镇职工基本养老保险制度和城乡居民基本养老保险制度全覆盖，努力提升城镇职工和城乡居民平均养老金水平，扩大高龄老人医疗护理计划覆盖面。建立老年综合津贴制度，完善救助帮困制度，发展普惠型老年福利。完善老年医疗护理体系，加强老年康复和中医药服务及慢性病健康管理，深入推进家庭医生制度和家庭病床建设，优先为老年人服务，开展居民健康期望寿命评价。

（三）健全社会养老服务体系，提升老年人生活质量

加强医养结合和护理员队伍建设，强化保障体系，以失能失智老人照护需求为重点，完善服务供给体系。形成发挥市场作用的政策支撑体系，构建老年照护统一需求评估体系，养老基本公共服务实现“应保尽保”，其中符合条件的困难老年人实现“应补尽补”；健全行业监管体系。

（四）发展老年人文教体娱，丰富老年人精神文化生活

创建适老宜居的社区环境，提升老年人的幸福感。加强对城市适老环境建设的宏观研究和总体规划，推进与老年人生活相关的公共设施和家庭无障碍改造，丰富拓展各类文体设施、载体、项目，加快构建现代公共文化和公共体育服务体系，实现老年教育参与人数、机构总数、学习资源、学习组织数量的提升，营造舆论引导环境，树立积极老龄化观念。

（五）加强老年维权和优待，发挥老年人的社会价值

宣传涉老法律、法规、政策、典型案例，完善老年维权四级网络建设，简化维权程序和手续，建立和完善涉老纠纷的多元化纠纷解决机制，完善老年监护制度及各项老年优待政策，保障老年人合法权益。搭建“老有所为”平台，建立老年人专业人才库，培育老龄工作志愿者队伍，扶持基层老年协会等老年人组织，鼓励老年人积极参与社会、发挥余热，充分发挥老年人的社会价值。

（六）加速发展老龄产业，满足老年人多样化需求

制定老龄产业发展专项规划，探索产业孵化机制，拓展老龄产业市场融资渠道和保险产品，大力推进“智慧养老”，深入推进信息无障碍建设。

宁夏“医养结合”养老模式调研报告

王世敏

“医养结合”是在做好传统生活照料、精神慰藉等养老服务的基础上，整合养老和医疗资源，在服务方式上保证老年人能够就近、迅速获得医疗服务，在服务内容上更加注重老年人的医疗保健服务。

一、宁夏“医养结合”养老的做法与成效

近年来，各地坚持党委领导、政府主导、社会参与、全民行动相结合，坚持应对人口老龄化和促进经济社会发展相结合，坚持满足老年人日益增长的物质文化需求和解决人口老龄化问题相结合，充分发挥服务资源优势，在推进“医养结合”方面进行了有益的探索和实践，取得了一定成效。

（一）全面落实国家和自治区“医养结合”相关政策

1.高度重视，加强顶层设计。自治区党委、政府按照加快发展养老服务业各项精神，坚持保障基本、统筹发展、政府引导、市场驱动、深化改革、创新机制的基本原则，做好顶层设计。先后出台《关于加快发展养老服务业的实施意见》《宁夏基本养老服务体系建设规划（2015—2017年）》和《关于加快推进医疗卫生与养老服务业发展的实施意见》等一系列配套政策，把医养融合式发展作为经济社会建设的重要内容大力推进。目前，

作者简介　王世敏，宁夏回族自治区政府研究室社会处副处长。

以“居家养老为基础，社区养老为依托，机构养老为补充”的社会养老服务体系基本形成。

2.政策支撑，推进医养结合。自治区发改委牵头12个部门制定下发《宁夏回族自治区关于加快推进健康与养老服务工程建设实施方案》，自治区卫计委牵头联合相关部门制定《关于加快推进医疗卫生与养老服务业发展的实施意见》，自治区民政厅牵头联合相关部门下发《关于政府向社会力量购买养老服务的实施意见》《关于鼓励民间资本参与全区养老服务业发展的实施意见》等文件，提出医养结合发展的目标、任务、标准和要求，明确土地供应、税费减免、投融资、民办养老机构一次性床位补贴、运营管理补助和水电气热等方面的优惠政策，有力推动了全区医养结合工作规范、有序、健康发展。

3.积极支持，培育医养结合产业。各市积极落实中央、自治区政策措施，因地制宜，大力推动医养服务业发展。银川市制定《关于加快推进养老服务业发展实施意见》，加大社会力量投入医养服务业发展的鼓励和扶持力度，将民办养老机构的床位补助从每张8000元提高到12000元，运营补助从每人每年1000元提高到2000元。2015年市本级财政为民办养老机构发放一次性床位补贴和运营补贴206.53万元。支持具备老年病、慢性病、中医和回医、骨伤科等诊疗条件的民营医疗机构开办养老机构，对于申请设立老年病医院、康复医院、护理院、临终关怀等医疗机构的优先予以审核审批，给予多方面政策扶持和业务指导。对现有养老机构内设的门诊部、诊所、医务室、护理站优先予以执业登记。石嘴山市将“医养结合”纳入“十三五”规划，通过党委督查、人大建议、政府协调、政协提案、部门落实的机制，协调、督促符合条件养老院建立基本医疗服务机构，促进养老机构和医疗机构有效对接，按照就近、方便、安全的原则设置医疗诊所(室)。吴忠市积极探索“医养结合”的基层卫生服务新模式，医疗机构与养老机构挂靠，通过设立绿色通道，派医生定期上门问诊等形式，实现医养无缝对接。固原市结合老年病、慢性病的特点，在中医医院设置老年门诊、老年康复理疗区、老年住院专科，开展推拿、针灸、按摩等医疗服务，深受老年患者欢迎。中卫市制订《加快推进医疗卫生与养老服务业相结合的实施方案》，完善鼓励优惠政策，支持社会力量积极兴办“医养结合”的养老机构，依托智能化服务平台，为老人提供医疗救助、养病护理、精神慰藉等服务。

（二）大力推进医养机构及服务设施建设

1.推进公办养老机构及服务设施建设。“十二五”期间，自治区先后筹资7亿多元，建成了宁夏老年人服务中心、陶乐养老中心等一批在全国具有影响力的老年服务机构，新增床位5400余张；建成五保供养机构58所，床位5693张；建设关爱护理院5所，设置床位840张；社区老年人日间照料中心63所、农村幸福院1199个，为城乡老年人提供日间照料、就餐文化娱乐、医疗等服务。近年来，争取中央专项彩票公益金10亿元，支持各县市（区）建设25所农村敬老院、25所老年活动中心、420个农村“老饭桌”、75个城市社区日间照料中心和34个农村互助养老院，全区医养服务业发展正在进入快车道。

2.民营资本投入医养产业发展势头良好。截至2015年底，已建成并投入使用的民办养老机构33所，设置床位5961张，占各类养老机构床位数34.6%。据初步统计，正在建设的医养结合项目20个、投资额达48亿元，共有医疗、康复、养老床位约20000张。如宁夏福源医养产业项目、永宁市中阿文化城养老公寓、宁夏浩海桃园民族养老院项目、平罗县银北民营养老院、吴忠市新区医院养老康复楼、利通区悦祥养老服务中心、固原市正祥老年公寓等项目，建成后基本能满足“十三五”末全区老年人机构养老的需求。

（三）积极探索切合实际的不同模式

经过艰苦努力和积极探索，各地形成了一些立足当地、特色突出的“医养结合”新模式：

1.“支撑辐射”模式。形成以乡镇卫生院，社区卫生服务中心（站）为基础，县级医疗机构为补充的医养服务网络，为居民开展健康管理服务。一是开展“居家养老，社区养老免费送医”服务活动。通过入户调查、疾病筛查等，建立老年人健康档案。二是免费体检。2015年开始全区将50周岁以上老人健康体检全部纳入民生计划，对65周岁以上老年人每年免费体检一次，将已确诊的高血压、糖尿病等患者纳入相应档案管理并开展防治工作。三是建立家庭医生签约制度。组建由全科医生、护士、公共卫生人员为主的家庭责任医疗团队，分片包户，与辖区居民签约，为老年人开展诊疗服务。这种模式目前已在宁夏普遍推行，效果良好，深受广大老年人欢迎。

2.“整体照料”模式。由单一机构为老年人提供医疗养老服务，分两种情况：一是“养老院办医院”，即医疗机构和养老机构双方签约合作，由医疗机构直接进入养老机构开展医疗服务。如宁夏老年人服务中心与自治区人民医院签署医养结合服务协议，设立“康复医学中心”。石嘴山市社会福利院内设门诊部，专门为入驻人员提供基本医疗服务。二是“医院办养老院”，即在有条件的医院，依赖专科优势，增设“养老护理区”。如宁夏正源骨关节疼痛病专科医院设立“宁夏唐徕老年托护中心”，提供老年人康复护理、生活照料、养老等综合服务。

3.“联合运行”模式。养老机构与医疗机构合作，医疗机构到养老机构开展驻点服务，在方便老人就医的同时，实现互利共赢。如青铜峡市中西医结合医院，定期在各个养老机构坐诊，为入住老人以及周边居民服务。惠农区沟口医院与沟口老年康复中心在同一院内，泾源县将县城社区卫生服务站与社区敬老院规划建设在同一院内，以此实现医养自然融合、无缝对接。

4.其他模式。一是集养老护理服务、教、学、研、产为一体的民办医养结合护理人才培训基地——永宁县邦尼沁椿养老院。二是银川燕鸽湖长庆基地全天候高智能化居家养老服务中心，为全国首创，拥有对签约老人实现365天24小时医疗服务的高清数字语音视频系统，实时跟踪与监测。

二、宁夏“医养结合”养老存在的问题

（一）医养服务总量不足

目前，90%以上的老年人选择居家养老。他们最关注的是日常护理、慢性病管理、健康咨询、中医保健服务，失能半失能老人还需要在生活照料的基础上进行医疗诊断、康复护理等服务，但基层卫生院、社区卫生室

存在药品单一、基础设施简陋、医护人员短缺等问题，家庭医生签约服务存在服务半径大，对象多，服务内容和项目难以落实，服务时间难以保障等问题。

（二）养老机构经营困难

一是床位空置率高。养老机构因收费高、服务层次低，不能满足老年人综合、连续、适宜的生活和医疗需求等原因，导致无人入住、床位大量闲置。如宁夏老年人服务中心，设置床位2146个，现入驻老人630人，空置率高达70%。二是专业人才缺乏。目前，按照配备护理人员制度（护理人员与生活自理老人比例1:10，与失能失智老人比例1:3），全区养老机构共有护理员950人，持证上岗760人，持证上岗率只有80%，不足目前护理老人配备比例的50%。同时，从事护理工作的大多是城乡“4050”人员，文化水平不高，参差不齐，缺乏护理常识，需要培训认证后才能上岗。三是待遇保障低。护理员大多是初级水平，工作量大，任务重，但待遇低，人员流失频繁，队伍极不稳定。

（三）政策设计不够完善

目前，医药、医保政策创新不够、限制较多，已成为制约“医养结合”模式发展的瓶颈。一是老年病常用有效药品，在基层卫生院、社区卫生室受药品制度限制，没有配备，不能满足老年人用药需求。二是失能、半失能老人需要在生活护理基础上，进行有效的后续医疗、康复护理，但医院不能提供长期医养护理，养老机构又无医疗能力支撑。三是随子女异地养老受到异地医疗、医保报销比例低、不能及时结算等一系列问题困扰。

（四）医养服务发展不平衡

城市社区居家养老服务初具规模，但农村养老服务基础差，农村老年人享受公共服务的水平与城市相比差距很大。医养服务市场化程度较低，产品供给不足，老年人健康咨询指导、体育健身、文化娱乐、旅游、疗养等产业亟需培育扶持和规范引导。

三、对加快宁夏“医养结合”养老发展的政策建议

（一）将医养服务业纳入宁夏服务业“十三五”规划

着眼长远，将医养服务业作为新型服务业的重点产业来培育，纳入经济发展、城乡建设和土地利用规划，对全区医养服务业的发展进行科学合理布局。加强医养配套保险制度的研究，做好顶层设计。

（二）坚持市场化经营方向

在居家养老和社区养老方面，可以学习借鉴兰州、珠海、无锡等地经验，引进专业公司，借鉴“虚拟养老院”模式，依托现有基础设施及补贴政策，广泛开展社区组织、志愿服务、爱心帮助等差异化服务。

（三）规范“医养结合”机构

针对老年人不同情况，批准设置不同类型的“医养结合”养老机构。如医院参与经营养老机构，应重点针对失能、半失能老人治疗，建立康复护理院、临终关怀机构等。在地域环境优美、设施条件较好的地区，批准设置疗养院，对能够自理的老人提供体育健身、文化娱乐、疗养、旅游等高层次养老服务。

（四）加大护理人员培养和补贴

一方面，在技术院校设立护理专业，通过政府补贴、定向培养等方式，加大不同层次护理专业人才的培养力度；另一方面，建立护理人员补贴制度，按照护理人员层级，分城乡不同区域，设置补助标准，不断提高护理人员待遇。

（五）创新制度设计

卫生、社保、民政、财政等部门加强协作，制定符合实际情况、切实可行的政策措施，解决好老年人看病养老等问题。针对老年人常用药品管理，以及失能、半失能、失智老人康复护理和随子女异地养老的医保报销等问题，及时调整相关政策，创新工作机制。

宁夏“扩权强县”的实践与探索

魏向前

按照中央批复宁夏的机构改革方案，从2009年起，宁夏已经开始了从财政直管县体制改革到“扩权强县”改革的试点探路，并把提高行政效率、壮大县域经济作为新一轮的“扩权强县”改革的目标，从而为未来的“省直管县”改革提供充足的政策储备。

一、宁夏“扩权强县”改革的积极探索

“扩权强县”是指在暂时不涉及行政区划及行政层级调整的情况下，将一部分归属于地级市的经济管理权和社会管理权直接赋予经济强县（市），以推进县域经济的快速发展。“扩权强县”改革，有利于进一步调整理顺省、市、县三级政府的权责关系，探索“扁平化”的行政管理新模式，从而提高县级政府的社会管理和公共服务的能力，更直接、更主动为市场主体和社会公众提供服务，创造更好的条件。

2009年，为了合理配置市县经济管理权限，促进县域经济的快速发展，宁夏率先在同心县和盐池县推行“扩权强县”改革试点工作，先后出台一系列具体政策，下放权限多达100项，实施效果明显。自治区编办负责人在2011年2月22日举行的全区机构编制工作会议上介绍，给两县下

作者简介 魏向前，宁夏区委党校公共管理教研部副主任，教授。

放权限后，两县在地方经济发展、计划项目、招商引资、资源共享和财政税收等方面拥有更多自主权，通过减少管理环节、完善县级政府的功能、增强县级政府对经济社会发展的调控能力、激发县级政府发展经济的自主权和积极性，进一步增强两县发展县域经济的活力。目前，盐池、同心两县经济保持较好发展态势，2015 年完成地区生产总值分别为 63.9017 亿元、49.1773 亿元，盐池县综合实力位居宁南八县之首，同心县主要经济指标则全部实现翻番。2015 年，宁夏对试点县落实已经下放的 100 项经济社会管理权限中，将进一步扩大经济社会管理权限，并逐步做到放权对象的普惠化、放权内容的规范化。尤其要加强对制约县域经济发展“瓶颈”问题的研究，对自治区各厅局现有管理权限进行梳理，本着“能放就放，依法合规”的原则，对试点县迫切需要、也有能力和条件承担的一些“管用”“实用”、法律法规没有明确限制的经济社会管理权限，争取年内再下放给试点县，努力为试点县经济发展创造良好的条件。

从调研的情况看，就放权效果而言，给两县下放权限后，两县在地方经济社会发展方面拥有更多自主权，通过减少管理环节、完善县级政府的功能、增强县级政府对经济社会发展的调控能力、激发县级政府发展经济的自主权和积极性，从而进一步增强两县发展县域经济的活力。具体表现在：经济总量快速增长，工业增加值激增，城市化进程速度加快，工业经济项目审批时间大为缩短，社会运行成本大幅降低，行政成本减少，行政效率快速提高。这为今后在宁夏全面推行“扩权强县”以及省直管县做出了有益的探索。

二、宁夏“扩权强县”改革面临的问题

（一）市管县体制下的放权与扩权到位难

从理顺省县关系的角度来看，首要的问题是把大量的行政审批权限及经济管理权限下放到县级行政单位，这是所有县级行政单位在经济发展过程中都普遍存在并需要解决的问题。只有做到真正下放权力，才能使县级政府做到权责一致，使县域经济活力不断增强，使地方经济能够获得快速发展。从课题组调研的情况来看，近两年来，同心和盐池两个试点县的扩

权和放权的落实到位情况不容乐观。在放权过程中都出现权限下放不够和放权事项实效性不够等问题。一方面自治区政府相关职能部门经济社会管理权限下放不够，只是将原来属于市里的管理权限下放到县，但自身管理权限下放不够。也有的地方下放了不少权限，但有许多附加条件，有的有其合理的一面，但有些则缺乏合理性，如此一来，放权的效果就会大打折扣，甚至等于没有实质性放权。比如，对于一些已经审批的中央及自治区的专项项目，中央和自治区的资金已经下拨，但要求所辖地级市的配套资金却往往很难到位，因此，项目就很难开展，县发展也面临着诸多困境。调研显示，许多县里的官员认为，省直管县探索，需要中间环节无所作为，方能给试点县以真正的扩权。

（二）地级市的支持力度减弱

宁夏目前推行的“扩权强县”和省直管县改革，只是仅仅突破过去的财政体制和部分的经济社会管理权限，还没有真正涉及行政体制问题，在行政关系上还是上下级关系。因此，扩权的这部分县（市）事实上与原来隶属的省辖市管理还没有完全脱钩。在省管县体制改革的时代大背景下，一些地级市在本位主义利益的驱动下，往往会利用市管辖县的体制优势，加大截留或变相截留中央及自治区下拨的各项资金，巧设名目，加大对县乡的财政汲取力度，不断侵占县乡的利益。如此以来，地级市对县的支持力度明显减弱，甚至成为阻碍县域经济发展的绊脚石。调研显示，几乎所有的县都主张摆脱地级市的约束，全面推行强县扩权政策，尽早实行省直管县，以提高发展自主权，从而实现县域经济的快速发展。但是在目前的市管县体制下，县里的干部在正式和公开场合还不敢发牢骚，但从内心里希望能彻底地“绕开”地级市，这样资源政策就可以直接到县里，从而避开地级市一级政府在中间拦截。

（三）市县矛盾加剧

如果全面推行省直管县体制，那么市和县的关系将由原来地位不平等的“父子关系”变为平起平坐的“兄弟关系”，县的各项权力增大了，市的权力被削弱或架空。因而市级财政将不会把精力放在县级财政日常事务的处理上，市级财政将会把主要的精力放在建设市区中心城市上，增强中心城市实力、拓展中心城市功能、增加中心城市的影响力将成为市级财政工作的中心，这确实容易导致地级市产生扩大城市规模的冲动。因此，为了应对今后宁夏省直管县改革对地级市带来的冲击和影响，作为应对之策，地级市开始不同程度的扩张地盘，很多地级市一度纷纷把辖区内的经济强县或县级市改为区，或者扩大市辖区的地盘。这就导致市县之间的经济、行政、管理等矛盾逐渐增多。市县矛盾加剧的另外一个方面表现在市县政府之间的横向竞争上。尤其是在沿黄一些地区，县域经济往往与地级市旗鼓相当，甚至更胜一筹。由于县有足够的经济实力与市抗衡，导致各自为政，市县之间的经济摩擦激烈，造成重复建设和产业结构趋同，降低了区域经济发展的整体实力。

（四）垂直管理部门定位模糊

垂直管理目的是为了打破地方保护主义，建立统一市场体系，促进公共服务向地方延伸，防止重要职能部门地方化，重新树立中央权威，掌握宏观经济调控权。但同时也存在一系列的负面效应：垂直管理导致地方政府职能削弱，损害地方政府的能动性，造成中央与地方的沟通与合作日趋减少。垂直管理部门的人事权、财政权、管理权都由本系统内的上级机关掌握，割裂一级政府的完整权力体系，造成一定程度上的人为分割部门与地方政府的沟通和合作日趋减少，这反而损害了行政效率。而且垂直管理后形成的管理惯性和利益固化又导致扩权过程中这些部门配合的积极性不高。垂管部门各自都有自上而下的一套管理体制和运行方式，条块结合是其最主要的特征，垂管部门既要服从条条，也要服务块块。因此，在现行体制下，只有垂管上级有明确文件支持时，垂管部门才会配合支持地方政府的工作，否则只能是无所适从或等待观望。在很多时候，垂管部门往往面临二难选择的困境，要么冒很大的政策风险，要么背上不愿支持省直管县的骂名，这些都会极大地削弱“扩权强县”改革的效果。

三、进一步推进宁夏“扩权强县”改革的政策建言

（一）转变职能，明确三级政府的职责重点

总体而言，围绕政府职能的转变应着力做好三方面的工作：一是政府

职能有“越位”的需“退位”。主要是要解决政府向市场和社会提供的公共产品服务不足和相对缺乏的问题。二是政府职能有“缺位”的要“到位”。应切实地做到政企、政事和政社分开，理顺政府与企业、政府与市场、政府与社会的关系，凡是企业、事业和各类社会组织职责范围或者通过一定方式能够承担的事务，政府都应无条件地淡出。三是政府职能有“错位”的应“正位”。当务之急是依法确定各级政府的职责权限，切实推进政企、政事和政社分开，在社会公共事务的管理上，充分发挥民间组织和社会中介组织的作用。

具体而言，自治区、市、县政府要结合实际，在全面履行职责的基础上，突出各层级政府履行职责的重点和各自应承担的责任，形成全面衔接、分工合理的职能体系。自治区政府及所属部门应该集中力量履行规划发展、政策指导、统筹协调、执行和执法监督的职责；自治区政府及其所属厅局要从大量繁杂、具体的审批事务中解脱出来，把主要职责和精力放在规划、指导、协调、监管和服务上。同时，赋予县级政府与其能力相匹配的财权、用人自主权以及公共事务的管理权。市县政府的重点职责是贯彻执行中央和省制定的政策法规，促进本地区经济社会发展，完善社会保障体系和管理体系，加强公共服务体系建设。

（二）简政放权，激活县级政府发展潜力

给县级政府放权是“扩权强县”改革的重要内容。现行行政管理体制之所以管理繁杂，是因为省市集中了本该由县行使的权力。实行“扩权强县”改革，省级部门将把很大一部分管理权限下放给县，这就减少了省级部门的工作量。从放权效果方面来讲，由于扩权县被赋予了市级经济管理权和审批权，实现了自治区与县的“直通车”，从而减少了经济管理层级和中间环节，提高了行政工作效能，政策信息了解更加及时，产业发展和项目建设的报批更加便捷，区直部门对县的支持力度也进一步加大。因此，经过两年多来的试点运行，扩权试点县的社会经济发展均取得显著成效，表现在经济发展的气氛更浓，经济发展的速度更快。

今后，从理顺省县关系的角度来说，首要的问题便是自治区政府应该把大量的行政审批权限下放到县级行政单位，下放权力包括审批权、财权、事权等。对于经济管理事项，要做到“能放则放”；对于社会管理事项，要区别对待，不搞“一刀切”，但也需要比较多的下放，而且应当是今后下放的重点。要进一步增强县级的财力，完善转移支付办法，加大一般性转移支付力度，让县一级有更大的自主权。

（三）调整和完善垂管体制，理顺和明确权责关系

总的来看，应以职能划分为基础来调整垂直机构。首先要厘清各级政府的责任，然后再进行相应的分权。凡是中央政府的专属职能，一般可实行垂直管理。不是省级的专管事务，也不是中央的专管事务，应属各级政府的共管事务，可考虑由现在的省级垂直领导改为分级领导，以提高各级政府的统筹协调能力。在“十二五”期间，对省垂直的部门，特别是为了解决现有发展难题，具有临时性垂直的部门，应有计划回归属地管理，以提高市、县政府的完整性。

在“扩权强县”改革过程中，各垂直管理部门与市县政府应切实按照改革要求，进一步明确垂直管理部门与市县政府间的关系，建立更加高效的工作配合和衔接运行机制。首先，按照“简化程序，提高效率，服务经济，条块共管，发展县域”的原则进行行政管理体制必要调整，扩大市、县政府的经济调整权限，尽量消除当前行政权力条块分割对县域经济社会发展的消极影响。其次，扎实转变市、县级政府职能，扩大市、县级政府用人自主权，同时加强市县领导班子能力建设。最后，不断强化和完善县级政府功能，应逐步将垂直管理部门改为分级管理，以解决县里“责任大，权力小，权责不对等”等问题。

（四）做到财权与事权相匹配，以事权确定财权

从实际情况看，宁夏实行省直管县财政体制与市管县行政体制并行的双轨体制。因此在实施中势必会出现财权与事权配置不一致的情况。由于地级市只管事不管钱，政府管理积极性因此降低，从而忽略了所辖县的规划发展，对县的支持力度也明显减弱。与此同时，县级政府由于财政自收自支，往往在政绩主义的驱使下大搞重复建设，形成与邻县恶性竞争的局面。因此，应该要合理界定并建立与事权相对应的财政体制，以事权确定财权。

这就要求根据政府职能行使范围划分事权，依据事权行使的需要相应划分财权，由财权决定财力规模和支出责任，从而为不同层级政府履行其职责提供资金供应和物质保障。地方政府的职能和事权分工决定其事权与财权的主要范围在于配置公共资源，而配置公共资源的边界在于公共品和公共服务的受益范围。因此，要根据职能分工和公共品受益范围确定事权的原则，将市级政府的事权和财权确定到市级，将县政府的事权和财权确定到县级，由此确定三层次两类事权财权体系并相应调整到位。划分支出责任同样依据上述原则，将涉及资源配置、区域受益范围的公共性支出划归各级地方政府及相应的财政并调整到位。

（五）建立市县政府间合作协调机制

“扩权强县”改革尽管可以从体制上为县域经济发展放权、赋权、松绑，调动县级的主动性、积极性。但与此同时，市县有可能会各自为政，恶性竞争，相互制造行政壁垒。因此，为了推进区域经济一体化，提高地方政府善治水平，建立区域合作协调机制就显得尤为重要和迫切。

宁夏各市县应以制度创新为突破口，构建区域政府间有效合作机制。首先，要搭建统一的功能性组织机构。建议由自治区政府牵头或授权，建立由自治区各市县合作方政府共同参加的地区合作常设协调领导小组，定期召开政府间合作协调会。本着弱化行政区概念，强化经济区概念的原则，在消除市场壁垒，推进基础设施一体化等方面营造无特别差异的政策环境，实现区域制度架构的融合统一。其次，要强化跨行政区的区域执行监督机制。要通过建立跨政府间的具有仲裁权的协调组织机构订立具有强制性的规章制度，来全程监督地方政府间协议的有效执行，公平仲裁合作方发生的经济纠纷。以保障并维系地方政府间合作的顺畅进行。最后要改进地方政府绩效考核机制。要设计并建立一套科学、规范的干部政绩考核机制。规定不仅考核干部对本地区内的业绩贡献，还要考虑由于本地区发展而对相邻地区带来的正负效应。

固原市乡村旅游扶贫调研报告

郜 贤

乡村旅游已成为我国农民就业增收、农村经济发展、贫困人口脱贫的重要载体。固原市是全区扶贫攻坚的主战场，发展乡村旅游扶贫对于固原市打赢脱贫攻坚战，实现与全国同步全面建成小康社会具有重要意义。

一、固原市旅游扶贫开发基本情况

固原市地处六盘山集中连片贫困区，全市国土面积10540平方公里，辖西吉县、隆德县、泾源县、彭阳县和原州区，共62个乡镇，891个行政村和38个居委会，总人口155.32万人，回族人口71.81万人，占总人口的46.2%。2000年4月，国务院在宁夏六盘山区批准建立了我国第一个“旅游扶贫试验区”。经过十余年的探索努力，试验区在旅游发展、产业联动、扶贫增效、农民增收等方面取得了一定的成效。

（一）加强政策引导，着力培育旅游产业

为加快推进发展，自治区党委、政府专门成立“六盘山旅游扶贫试验区开发建设管理委员会”，明确职能，具体负责开发建设与管理。固原市委、政府出台《关于进一步加快旅游产业发展的意见》，设立旅游发展专项资金，着力营造全社会重视旅游、发展旅游的浓厚氛围，极大地推动了政

作者简介 郜贤，宁夏回族自治区党委政策研究室农村研究处副处长。

府主导型发展旅游业格局的形成。十四年来，国家、自治区、市共投入各类资金3亿多元，开发建设了六盘山国家森林公园、六盘山红军长征景区、须弥山石窟、火石寨国家地质（森林）公园四大旅游景区的10多个旅游景点，已初步形成了“红色六盘、绿色固原、避暑胜地”的旅游城市整体形象。目前，固原市有六盘山国家森林公园、六盘山红军长征景区、固原博物馆、火石寨国家地质公园和须弥山石窟5个国家4A级景区，老龙潭·中华龙文化博览园、胭脂峡等国家2A级景区；有旅行社13家，星级宾馆8家，农家乐300多户，旅游从业者5000多人。

（二）加大投入力度，旅游资源得到开发

近年来，国家、自治区、市共投入各类资金3亿多元，开发建设了六盘山国家森林公园、六盘山红军长征景区、须弥山石窟、火石寨国家地质（森林）公园四个4A级旅游景区，老龙潭·中华龙文化博览园、胭脂峡为2A级旅游景区的10多个旅游景点，形成了以六盘山红军长征纪念馆、将台堡红军长征胜利会师纪念园等为重点的红色旅游区；以六盘山国家森林公园、野荷谷、老龙潭等为重点的生态观光、消夏避暑休闲度假旅游区；以火石寨国家地质公园、震湖为重点的地质观光旅游区；以固原博物馆、须弥山石窟、萧关遗址文化园等为重点的丝绸之路文化旅游区。以大型旅游景区（点）为依托和抓手，逐步开发打造了“清凉六盘消夏游”“长征圣山体验游”“丝路重镇文化游”“丹霞奇观浪漫游”“回乡风情探秘游”等特色旅游产品，形成了“高原绿岛、长征圣山、丝路重镇、丹霞奇观、回乡风情”五大旅游品牌和“六盘山山花旅游节”“须弥山石窟文化旅游节”“宁夏六盘山登山节”等大型节庆活动。这些旅游资源绝大多数分布在山区乡村或城郊，依托当地旅游资源，借助各种外部力量来扶持旅游业发展，通过旅游业的关联带动，使贫困地区资源特色更进一步彰显，资源价值进一步显现。

（三）完善基础设施，产业融合步伐加快

固原市道路交通基础设施有了较大改善，初步形成铁路、高速公路、航空等立体交通网络。城市建设步伐，商贸流通、餐饮住宿、交通运输等服务业不断发展壮大，有力带动了一批特色村镇的发展，一大批民间文化蓬勃兴起，非物质文化遗产得到有效保护和开发。在旅游扶贫产业的带动下，2015年，固原市接待国内外游客343万人次，是2001年的10倍；实现旅游社会总收入10.8亿元，是2001年的850多倍，占全市国民生产总值的4.8%，各项社会事业呈现出齐头并进、协同发展的良好局面，社会综合效益显著提升。

（四）引导农民参与，旅游扶贫成效显著

积极把旅游发展与农业产业区相结合，与城镇化建设相结合，与带动农民脱贫致富相结合，通过采取多种扶贫措施，引导景区贫困人口参与发展农家乐、果树采摘、花卉观赏等旅游项目，探索制作销售手工艺品、土特产品等方式，深度推进了旅游产业与其他产业和扶贫开发的融合。目前全市有农家乐300多户，其中泾源县农家乐集群已颇具规模，冶家村农家乐、新月生态园为其典型代表，隆德县有杨家店“六盘人家民俗文化村”、红崖老巷子、神林山庄自驾车基地；原州区三营镇“毛家台子农家乐园”、市区周边乡村农家乐（垂钓园）；西吉县在火石寨国家地质（森林）公园统一规划建设了15户农家乐；彭阳县茹河生态园农家乐等。现有经营户平均每户年纯收入4万~6万元，高者达到10多万元，通过探索少数民族贫困地区旅游产业发展与解决“三农”问题的途径，走出了一条新型扶贫之路，实现了旅游带动扶贫的目的。

二、固原市发展旅游扶贫存在的问题

（一）乡村旅游产品单一

目前，固原市乡村旅游业态单一，农家乐是主要形式，民俗村、度假村其他业态势单力薄。产品开发局限于观光食宿层次，而结合当地特色资源提供能满足游客观光、购物、猎奇、尝鲜、休闲、度假、参与体验等多种旅游需求的产品发展尚不成熟，体验型、参与型、娱乐型、度假型的乡村旅游少之又少。经营较为粗放、营销手段单一、季节性限制明显，难以形成规模经济的发展格局。

（二）缺乏科学规划

乡村旅游资源虽然有良好的基础，但在发展乡村旅游上还缺乏整体的科学规划，包括乡村旅游的形式、内容和功能定位，旅游景点和旅游线路的设计和布局，旅游基地、旅游产品以及配套基础设施建设等。有些农家乐前不接景区，后不靠县城，在短距离的旅游线路中一般游客是不会选择这里做为休息点的，在建设农家乐点时不能因为乡村旅游所具有的经济带动作用而忽视了它依托的基本条件，一轰而起，带来资源浪费和不良竞争。

（三）从业人员素质偏低

乡村旅游经营者大多数是农民，从业人员的主体是初、高中学历，文化程度、文明意识、市场意识、经营理念等方面都有其局限性，很大一部分人存在“小富即安”的“小农思想”，尤其缺乏旅游扶贫带头人、经营管理人才和规划、设计、营销、统计等专业技术人才，以致产品与市场脱节，管理粗放，模式单一，产品雷同化、同质化现象严重，缺乏特色产品和核心竞争力。目前，泾源县冶家村农家乐的经营人员，基本上95%以上是由农民直接转化而来，只有极少数人以前从事第三产业。

（四）基础设施建设滞后

目前，固原市乡村旅游基础设施还是明显滞后，主要体现在道路、厕所、停车场、餐饮、住宿以及医疗急救设施等方面。旅游厕所建设不达标，没有专门的停车场，住宿和餐饮卫生情况得不到保障，没有标准的医疗急救设施等。特别是部分农家乐经营者观念落后，住宿设施标准低，餐饮特色不突出，有的农户把自家的土炕简单改装，房间内没有卫生间。滞后的基础设施在重大节日期间不能满足客人需求，几乎没有回头客。

（五）乡村旅游与传统民俗文化的融合不够

乡村旅游业发展的核心是独特的乡村民俗文化。在固原市的乡村旅游发展过程中，多数游客能享受本土舌尖上的固原文化，但建筑、民俗和红色等文化融入不足，游客应体验参与到当地生活，开发过程中应强调实质而非形式。大多数农家乐在建筑、服饰、礼仪、餐饮住宿等方面都缺少回族民俗风情和民间文化特色，尤其是具有回族文化特色的饮食、服饰、音乐、建筑等在乡村旅游中没有充分展示出来。

三、固原市发展旅游扶贫的对策建议

（一）加强组织领导，健全工作机制

认真贯彻落实国家旅游局等部门联合下发的《关于印发乡村旅游扶贫工程行动方案的通知》（旅发〔2016〕121号）要求，各相关部门结合各自职能，加快编制区域旅游扶贫规划，打造沿山、沿河、沿路、沿湖乡村旅游扶贫开发带（区），整村整镇、成带成片、全景全域推进乡村旅游扶贫开发，形成旅游扶贫开发合力。

（二）注重品牌培育，打造特色产品

突出乡村自然资源优势，挖掘文化内涵，开发形式多样、特色鲜明的带动贫困户参与的乡村旅游产品，融合自然生态景观和乡村景观，发展一批以农家乐、休闲农庄、森林人家等为主题的乡村度假产品，建成一批依托自然风光、美丽乡村、传统民居为特色的乡村旅游景区，策划一批采摘、垂钓、农事体验等参与型的旅游娱乐活动，大力开发徒步健身、乡村体育休闲运动，培育发展自驾车房车营地、帐篷营地、乡村民宿等新业态，打造丰富多彩的乡村特色文化演艺和节庆活动。

（三）加大投入力度，完善基础设施

结合实施农村“村村通”工程，重点加快乡村旅游景区景点道路改造和建设，逐步开通市和县（区）通往景区景点的旅游直通车或旅游公交，消除乡村旅游发展的瓶颈制约。同时，整合社会资源，加大乡村旅游基础设施建设投入力度，进一步改善乡村广播电视、通信、水电、医疗卫生服务等条件，配套抓好旅游信息服务网络、停车站（场）建设和农村改厕工作。加快农村生活污水治理，深入推进“厕所革命”向乡村延伸，开展“六小工程”建设，大力推进有条件的贫困户开展乡村旅游服务，提升改善旅游接待条件。

（四）注重旅游宣传，拓展旅游市场

坚持把乡村旅游作为主打产品和营销重点之一，制订乡村旅游宣传促销实施方案，突出“红色六盘，绿色固原，生态田园”的乡村旅游形象，借助市内外重点新闻媒体、信息网站以及重要赛事节庆活动，开展乡村旅游进社区、高校、企业单位等宣传，把乡村旅游点变成“单位的疗养院”“学校的实践基地”“社区的活动中心”，全方位开展宣传促销活动。大力推广乡村度假经营理念，利用互联网等信息平台，推介民宿客栈等乡村旅游特色产品，引导乡村旅游扶贫重点村挖掘当地乡土文化、民俗风情，举办农事节庆游、山水美景游、民俗风景、农家乐厨艺大赛等系列节庆活动，打造乡村旅游品牌。

（五）加强人才培训，提升管理水平

围绕“农家乐”及餐饮卫生、住宿接待、服务安全等内容，统一制订乡村旅游质量标准和管理办法，切实加强日常监督管理，促进乡村旅游经营管理规范化、标准化、制度化。依托自治区旅游学校、市职业技术学院和各类中等职业技术学校，开展乡村旅游经营户、乡村旅游带头人、能工巧匠传承人、乡村旅游创客四类人才和乡村旅游导游、乡土文化讲解等各类实用人才培训，提高贫困人口旅游服务能力。加强管理经营企业（包括农民家庭旅馆饭店）和从业人员的等级考试、资格认定以及职业技能鉴定，全面开展“农家乐”评星创优活动。组建乡村旅游协会，制定《诚信经营公约》，健全行业自律机制，规范乡村旅游市场秩序，确保诚信经营和公平竞争。

（六）创新发展机制，优化发展环境

鼓励引导市内外各类企业、经济实体、社会团体和个体工商户，采取独资、合资、合作、承包、租赁、托管等形式，参与乡村旅游开发和基础设施建设；鼓励农民采取集资入股或以村组集体经济组织为龙头，采取“公司+农户”的形式，组建乡村旅游开发公司或合作社，投资开发经营乡村旅游景区景点。深入开展文明村镇、文明村组、文明家庭创建和星级乡村旅游户评比活动，倡导文明生活方式和行为方式，不断提高农民文明素质。加强乡村旅游卫生环境综合整治，着力搞好村组道路、河道两旁、村庄周围以及农民庭院的净化、绿化、美化、亮化工作，营造优美舒适的人居环境。大力倡导社会主义荣辱观，促进乡风文明。

固原市电子商务扶贫调研报告

吴灵捷　俞学虹　孙国华　张存华　梁多勇

作为现代服务业的新业态，电子商务以其广泛的融合性，不断拓展新的营销模式，形成电子商务经济体，为经济社会发展服务。在目前网络信息飞速发展的新形势下，固原市针对当地群众网络购销发展状况，大力发展电子商务扶贫，加快贫困地区精准扶贫步伐。2015 年全市启动了“互联网+农村扶贫电子商务”项目，促进“消费品下乡”和“农产品进城”双向流通，走出了一条精准扶贫的新路。

一、固原市电商扶贫发展情况

固原市积极实施政策引导，凝聚政府、企业和社会三方力量，聚焦贫困群众脱贫致富，发挥当地资源优势，大力加强电商要素建设，推动电商扶贫健康发展。

（一）建设覆盖城乡的电商服务网点

2015 年，固原市专门组成调研组，学习外省市电商扶贫先进经验，针对实际，制订了《固原“互联网+ 农村扶贫电子商务”建设方案》，规定在

作者简介　吴灵捷，宁夏回族自治区党委政策研究室社会发展处处长；俞学虹，宁夏回族自治区党委政策研究室副主任；孙国华，宁夏回族自治区党委政策研究室社会发展处调研员；张存华，宁夏回族自治区党委政策研究室社会发展处副处长；梁多勇，宁夏回族自治区党委政策研究室社会发展处副主任科员。

两年内完成“5+400”农村电子商务服务网点建设，即5个县级电商服务中心和400个村级电商服务站。两年来，固原市发挥政策优势，吸引电商企业入户固原，2016年，在固原市积极推动和引导下，中国电信建设5个县级电商运营中心，64个乡镇村级电商服务站，市供销社建设了80个电商服务站，各县商务主管部门建设256个，各方建设总投资达到600多万元。已建成的电商网点都在有序运营。

（二）打造便捷电商平台

固原市积极创造条件，鼓励电商企业创建适合农民特点的电商平台，各电商平台购销便捷，经济高效，操作简单，很受农民朋友青睐。如“淘翼夏电商平台”创建了农村地区“电子商务+特色地产”的互联网电商运营方式，是当地最大的电商平台，拥有当地62个乡镇电商服务站和270个村级服务站；六盘山生态特产网致力于六盘山原生态农产品的网上宣传，立足于当地特色农产品网销，大力推介当地农民土特产，打造独具特色的六盘山地域品牌；供销e家电商服务平台是供销合作社系统电子商务全国平台，它以“互联网+供销合作社”为核心，发挥供销合作社四大传统业务领域优势和深入基层的网络优势，打通城乡双向流通，为服务“三农”发挥积极作用；彭阳县与漳浦县合作开发电商平台是彭阳县与福建省漳浦县电商企业合作开发，它将两地的特色农产品分别入驻宁夏“淘翼夏”和漳浦县的“任淘网”平台，形成产品优势互补，加强两地深度合作融合，推动固原农产品“走出去”和外地科技产品“走进来”。

（三）开发网销特色农产品

固原市瞄准网上农产品销售市场，加大农业产业结构调整步伐，着力打造“五大优势特色产业带”，积极实施“特色农业增效战略”，以建立特色产业基地、推进标准化生产、实行产业化经营为手段，大力培育提升草畜、马铃薯、冷凉蔬菜三大产业，加快建设清真牛羊肉、马铃薯、冷凉蔬菜、小杂粮、油料、中药材、特色林果和标准化农产品生产加工基地，推进农业产业化进程，充分依托“红色农业的传承者、绿色生态的引领者”——“六盘山”这一“地理标签”，集中打造“六盘山”系列农产品品牌。目前全市已培育中国驰名商标2件、中国名牌产品11个，宁夏著名商标

28件，登记农产品地理标志8个，认证无公害农产品210个，绿色食品10个，有机食品（农产品）2个。其中“六盘山”农产品商标2010年被认定为宁夏著名商标后，对全市农产品的外销带动作用逐年增强。

（四）拓展网销渠道

在固原市政府积极引导下，企业间联手协作，以电商扶贫为发展方向，网上购销方兴未艾。2016年，淘宝、天猫、阿里巴巴等大型网站都销有固原六盘山农产品，其中淘宝店铺主要有六盘山生态特产馆、六盘山药材农家店等；天猫店铺主要有五朵梅食品专营店、天猫商品主要有彭阳云雾山庄果脯等。共有24家企业和个人店铺主要经销清真夏郎牛肉酱、彭阳果脯、西吉胡麻油、固原土蜂蜜等农特产品。近期，固原市工业园区的天海网公司与京东、苏宁易购等全国性电商平台洽谈沟通，完成了“六盘山原生态绿色农产品旗舰店、特产馆”建店、建馆前期筹备，签订了固原市农产品企业20款精品72单品价格协议，累计接收订单582件。六盘山生态特产网整合全市优势农产品资源，涵盖六盘山原生态土特产、无公害清真牛羊肉、宁夏民俗文化等特色农副产品共237个商品。在全国供销社的供销e家电商服务平台，建立了六盘山土特产馆，上线70余种产品，还注册了自己的品牌——“山村润农”，直接销售农民的面粉、胡麻油、土鸡等。去年，固原市电子商务网购人数规模达到10.7万人，电子商务网络零售额达6.72亿元，同比增长110.63%；占全市社会消费品零售总额的8.58%，其中网络销售0.17亿元，网络购物4.78亿元。农产品网络销售额486万元，占全市电商销售总额的28.6%。

二、固原市电商扶贫存在的主要问题

固原市开展电商扶贫，起步较快，政府主导作用明显，工作稳步推进，但也遇到了许多难题，成为电商扶贫发展瓶颈。

（一）对电商扶贫认识难到位

一方面，政府相关部门有的干部对电商扶贫的机理、作用与意义缺乏足够认识，个别人员工作被动应付，认为工作难推动，工作量较大，扶贫工作应该直接点，还是农民“缺啥补啥，要啥给啥”来得快。另一方面，群众对电子商务的接受程度不高，他们更关注电子商务的风险性，虽然电子商务近些年的发展较快，但在相对封闭的贫困地区，人们仍然更信赖“守家在地”“跑得了和尚跑不了庙”的传统交易模式，对于新兴的依托网络的电子商务，总感觉“不托底”“没保障”。同时，一些熟悉电子商务的年轻人也对电商扶贫反映冷漠，都选择外出打工，不愿意回村经营电商，当地人才外流严重，致使在当地很难找到电商经营人才。

（二）市场化发展难运作

全市村级电商服务站均建立在村部，或者建在由电信公司承建乡级电信网络经销部，没有独立的经营场所。电商服务人员收入较低，在各电商网点中，只有当地“淘翼夏电商平台”有2%~8%的佣金，其他网上购物或者免费，或者单笔只收1元手续费，这些费用要维持水电和销售人员工资，服务网点各项开支更显得捉襟见肘，各服务网点的依赖性较强，离开政府的扶持，很难进行市场化运作。

（三）推广资金难筹措

据调查，一个产品品牌，要在网上打出一个推介广告，都需要花费大量资金，这也是固原特色农产品不能在网上广泛推广、占领全国市场的重要原因。如天海网公司精选当地20家农产品加工企业72款产品，开始签约各大网站，预算网上推广投资500万元以上。六盘山农产品+银川社区直配+南京北京上海广州深圳大城市O2O直配，这是一项促进六盘山农产品走进大城市、占领大城市市场重要途径，对于固原市电商扶贫具有重要意义，但网销宣传推广也需要大量资金，这些农产品的宣传推广资金，靠企业单方投入，显得力不从心。

（四）合法身份难取得

农村网店出售的农产品中，有许多属于食品，固原市许多农产品迄今还没有取得食品质量安全市场准入标志（“QS”标志），国家没有质量安全市场准入标志的食品不得出厂销售，网络销售中一旦发生产品质量纠纷，将很难化解。因此，固原市的农产品虽品质优良，独具特色，绿色环保，但由于缺乏质量认证，尽管在当地影响度很高，但还是局限于“墙里开花墙里香”，走不出“深巷”，进不了网络。

(五) 物流配送难到达

农村电商的发展很大程度受限于农村物流快递，由于农村地区物流快递基础设施差，网点少，导致快递下乡很难落实，需要用户通过长途自提，目前，固原市“最后一公里”问题尤为突出，严重制约着农村电商发展的积极性，物流配送已成为农村电商发展的瓶颈。

(六) 企业发展难融资

据调研，电商企业想发展，资金是最大的问题。电商企业性质难以划定，身份不明确，银行贷款门槛高，银行设定贷款优惠项目都靠不上；另外，作为扶贫性企业，目前也没有拿到相关扶贫资金的支持。

三、加快固原市电商扶贫发展的对策建议

在固原市发展电商扶贫，市场前景广阔，具有得天独厚的资源优势，作为政府部门，应积极主导，着力解决好电商扶贫发展中的瓶颈问题，为增加农民收入，帮助脱贫致富发挥重要作用。

一是要提供优惠政策支持。电商扶贫作为电商产业的一个有机组成部分和产业扶贫的创新，要有更加优惠的政策支持。自治区应尽快制订《关于引导和促进电子商务扶贫实施意见》，明确宁夏电商扶贫重点和发展方向，健全农村电商服务体系，扶持农户有更多特色农产品走向网络，推动电商扶贫深入发展。同时加大对骨干企业的扶持力度，出台《支持电商扶贫奖励办法》，以奖励、补贴、扶持等办法，对电商企业发展、推广宣传资金、物流快递、人才引进、大学生创业等提供政策支持。要重视开展电商扶贫相关政策法规的研究，探索建立符合贸易通行规则的电商监管服务体系，规范经营行为；推动建立风险防范和预警机制，健全消费者权益保护和售后服务制度，营造公平竞争的市场环境；加强与伊斯兰国家，尤其是中东阿拉伯国家经济组织、政府部门和商协会组织国际合作，建立完善跨境电子商务纠纷处置和消费争议解决机制，建立良好的跨境电子商务国际营商环境。

二是创新农产品认证方式。政府相关部门应从特色农产品实际出发，对农民自制食品的认证应与一般企业产品认证区别对待：对农产品认证的

标准条件（如营业执照、专业技术人员、检验检疫手段等）应该适当放宽；认证权限应从自治区级质量技术监督部门下放到市级质量技术监督部门；将认证工作由企业（或个人）申请为主变为政府主动上门服务为主简化认证程序，缩短认证时间。

三是推进电商配送体系建设。加大对民营快递企业的优惠和支持力度，完善农村交通物流网络，对农村电商物流配送进行资金补贴。对于由县城至行政村的电商物流配送所产生的物流成本采取按件补贴或按投递公里数补贴，构建市、县、乡、村四级农村物流网络节点，有效提高农村物流网络连通度和覆盖面。

四是引导金融企业对电商扶贫的支持。政府要搭建平台，促进金融机构和电商之间深度交流、互助对接。要引导金融机构为电商提供相应金融服务，支持金融机构将已有的面向中小企业的产品，应用到服务扶持当地电商企业，帮助企业解决融资难、融资贵的问题。一是建议成立电商扶贫协调领导小组。成立由分管领导任组长，经信、金融办、工商、国土、工商联、知识产权、融资担保等部门为成员单位，统筹协调解决扶贫电商企业的融资问题。二是改革全区融资担保机构的运作方式，进一步简化担保程序，大幅度降低非公企业贷款担保门槛。尽量减小盈利空间，最大化发挥支持电商扶贫企业发展作用。三是引导金融机构加大支持力度。由自治区金融办牵头，银监局督促银行机构进一步落实国家、自治区有关支持扶贫电商企业融资的政策，采取有效措施，坚持该贷款的一定贷，以充分发挥银行融资主渠道作用。鼓励金融机构拓展针对电商服务的金融产品，同时简化贷款程序，降低贷款门槛，满足贫困地区的金融基本需求，助力电商企业迅速发展。

五是推动电商扶贫融合发展。要推动电商由消费领域向生产领域渗透，在生产、管理、营销等各个环节融合应用。要建立农业服务平台，围绕固原市的马铃薯、清真牛羊肉、胡麻油等优势特色产业，为农民提供政策、市场、科技、保险等信息服务，支持专业大户、家庭农场、农民合作社、农业产业化龙头企业等新型农业生产主体搞好产销衔接，在蔬菜标准园、畜禽标准化示范场推广成熟可复制的农业电子商务应用模式；推动移动互联网、物联网、二维码、遥感、无线射频识别等信息技术在农业生产加工和流通销售各环节的推广应用，实现农业生产信息快速采集、综合管理、监测预警和实时发布；开展农村电子商务示范工程，构建覆盖全市乡村的农村电子商务服务和物流配送体系，拓展农产品网络销售市场，推动农产品生产经营的标准化、品牌化和电商化；鼓励骨干物流企业和第三方机构搭建跨行业、跨区域的物流信息平台，整合仓储、运输和配送信息，统筹优化社会物流资源配置。发挥社区自提柜、代收服务点等新型社区化配送模式，加快推进从县到村的物流配送网络和村级配送网点建设，打通物流配送最后一公里。

六是抓好电商扶贫培训。要把电商扶贫列为干部教育轮训的必修课程，组织部门通过党校、行政学院等干部培训主渠道，对乡镇、村干部、大学生村官分批次开展电商和电商扶贫的专题培训，以提高对电商和电商扶贫的功能、特点以及经济与社会效益的认知度。加强农村及农产品电商人员的电子商务基础知识、网购操作、信息发布等技能培训，提高企业及电商服务站的电商运营水平；支持学校、企业及社会组织合作办学，探索实训式电子商务人才培养与培训机制，鼓励有条件的职业院校、社会培训机构和电子商务企业开展网络创业培训。

全面两孩政策下生育保障制度实施情况调研报告

宁夏总工会课题组

为深入了解全面两孩政策下生育保障制度实施情况，2016年下半年，宁夏总工会与宁夏人力资源和社会保障厅、宁夏卫生和计划生育委员会组成联合调研组，采取召开座谈会、查阅企业有关资料和发放调查问卷等方式进行了专题调研。座谈会重点与企业负责人、中层管理人员、一线职工进行座谈，获得积极成果。

一、样本构成情况

本次抽样调查共抽取银川和石嘴山两市的12家企业，其中银川市国有企业2家、民营企业2家、合资企业4家，石嘴山市国有企业2家、民营企业2家。每个企业各发放50份调查问卷，包括女职工问卷30份，男职工问卷15份，管理者问卷5份。根据调查主题问卷内容，重点围绕职工群众的健康保障（“四期”保护）、休假保障（孕期、产期、哺乳期休息休假）、经济保障（孕期、产期、哺乳期待遇）、医疗保障（孕期检查费、生育医疗费）和就业保障（孕期、哺乳期就业保护，产后返岗）等5个方面进行设计。调查共发出问卷600份，回收问卷586份，有效问卷576份。

课题组成员　何银玲，宁夏区委党校教授；马启，宁夏回族自治区总工会副主席；田卉，宁夏回族自治区总工会女工部部长；曹建，宁夏回族自治区总工会女工部副部长。

样本构成如下：从性别构成看，女职工370人，占64%，男职工206人，占36%；从年龄构成看，职工队伍逐步年轻化，35岁以下的占49.1%，35~46岁占37.7%，46岁以上的占13.2%；从婚育状况看，已婚已育职工占81.9%，未婚未育的职工占14.6%，其他占3.5%；从文化程度看，职工受教育程度逐年提高，大专及以上文化程度者占70.8%，高中或中专文化程度者占19.8%，初中及以下文化程度者占9.4%；从职业分布情况看，一线职工、基层管理人员中女职工分布较广，其中，一线女职工占52.5%，管理层女职工占18.9%，技术女职工仅占14.9%。

二、宁夏城镇职工生育保障法规政策制定情况

为保障职工生育期间的基本生活和基本医疗需要，维护职工的合法权益，宁夏人力资源和社会保障部门根据《中华人民共和国劳动法》和《社会保险费征缴暂行条例》等有关法律、法规的规定，并结合宁夏实际，于2007年制定《宁夏回族自治区职工生育保险办法》(宁夏回族自治区人民政府令第97号)，该办法自2007年9月1日起施行。生育保险基金按照“以支定收、收支基本平衡”的原则，由市、县（区）统筹。女职工有权报销因生育或者终止妊娠发生的符合生育保险基金支付范围的生育医疗费。生育医疗费包括产前检查费、接生费、手术费、住院费、药费以及因生育引起并发症的治疗费。

2016年1月21日《宁夏回族自治区人口与计划生育条例》(以下简称《条例》）修订实施以来，为贯彻落实好《条例》精神，宁夏卫生和计划生育委员会颁布《条例》解读等相关文件。按照新修改的《条例》规定和《自治区人力资源社会保障厅、财政厅关于生育津贴计发有关问题的通知》精神，2016年1月21日以后依法生育的产妇，除享受国家规定的产假外，增加产假60天，合计158天，并给予其配偶25天护理假。用人单位为职工按规定缴纳参加生育保险的，女职工依法生育，法定产假期间享受由生育保险基金支付的生育津贴。这些法律法规的制定，进一步完善全区的生育保障制度，为保障全区职工群众的合法生育权利发挥重要作用。

三、宁夏不同类型用人单位职工生育权益保障现状

（一）职工就业权益保障现状

本次调查显示，参与调查的职工中有95%男职工和94%女职工与单位签订了劳动合同；55%单位将女职工特殊保护内容纳入劳动合同。但依然有部分职工因为自身保护意识不强、单位重视不够，未与单位签订劳动合同。在签订劳动合同的女职工中，有32%的人对合同内容把握不清，特别是对单位是否将女职工特殊劳动保护内容纳入劳动合同不清楚。调查显示，大多数女职工主要从事一线工作，在其“三期”（孕期、产期、哺乳期）中不能胜任原工作时，75%的企业都会进行调岗或安排休假。《特别规定》和《宁夏女职工劳动保护办法》等有关法规明确规定，不得解雇孕期女职工，调查中没有发现女职工怀孕后被辞退现象，80.7%的女职工在产后都能返回原工作岗位。但个别民营企业在保护女职工权利方面做得比较欠缺，不与女职工签定劳动合同，即使签定了女职工专项集体合同，在履行合同上缺乏具体的措施和对策，履约率较低。

（二）职工健康权益保障现状

调查显示，62%的企业管理者对《劳动法》《女职工劳动保护特别规定》（以下简称《特别规定》）等相关法律法规知识掌握较好，93%的企业保护女职工合法权益的态度明确，对女职工在合同期内或工作几年以上才能怀孕的，并未进行时间限定；女职工“四期”中，66%的女职工对哪些岗位属于女职工禁止从事的劳动范围有所了解，大部分企业基于女性生理上的特殊性，为保护女职工的健康和生育能力，避免其生理机能的变化影响劳动能力，一般不安排其从事一切不利于身体状况的工作。

（三）职工休假权益保障现状

调查显示，在怀孕期，79%的女职工所在单位不会要求怀孕7个月以上的女职工加班加点或上夜班，45%的女职工所在单位对于怀孕7个月以上的女职工安排一定的休息时间，女职工在怀孕期间不胜任工作时，企业会安排调岗或休假。在生产期，大多数企业对依法生育的产妇，严格执行国家和自治区规定的158天产假；64%的女职工怀孕流产的，按照法律规

定享受产假。在哺乳期，76%的女职工能够享受到国家规定的每天1小时哺乳假。

(四) 职工经济权益保障现状

调查发现，在女职工孕期，受身体状况影响，部分企业会对不能胜任原劳动的，根据医务部门的证明，给予减轻劳动量或者考虑调岗，工资水平也随着劳动量及岗位不同而有所下降。大部分女职工在产假期间都有经济收入，按照单位上年度职工月平均工资由生育保险基金足额支付生育津贴占33%，由单位按照女职工产前工资标准发放工资占9%，单位只发放基本工资占9%。但在女职工生育延长假（超过法定158天产假期间的假期）期间工资待遇由生育保险基金支付仅占23%。

(五) 职工医疗权益保障现状

调查发现，用人单位为女职工全额缴纳生育保险占75%，为男职工全额缴纳生育保险比例比女职工低，占67%，被调查的一半以上女职工都能享受单位为其缴纳的生育保险；当职工生育或流产的医疗费用需要报销时，生育保险报销比例为33%，医疗保险报销比例为23%。所调查单位87%的管理者认为已为职工缴纳生育保险，但还有13%的管理者认为没有缴纳生育保险，其原因是职工没有要求，不缴纳保险也不需要承担责任。

四、宁夏生育保障制度实施中存在的突出问题及原因分析

国家“全面两孩”政策的出台，对于全区劳动力的供给、人口老龄化的减缓、人口结构的优化有着重要的促进作用，但在落实这一政策、保障职工群众合法权益的过程中，出现新的问题和挑战。

(一) 企业管理者和职工群众对生育保障相关法律政策了解不够

本次调查发现，用人单位组织职工学习《中华人民共和国劳动法》《女职工劳动保护特别规定》和《宁夏回族自治区人口与计划生育条例》等法律法规不够，使得职工群众对这些法律法规的认知还比较欠缺，存在法治观念淡漠的问题。调查数据显示，对于《妇女权益保障法》《母婴保健法》《女职工劳动保护特别规定》《女职工保健工作规定》表示“了解”的人不到50%；23%的职工和15%的管理者“不了解”上述法律的基本内容；22%的

男职工“不知道”妻子生育期间享有的休假、护理假。同时，由于企业对《特别规定》宣传不到位，高达41%的女职工对单位是否签订了《女职工权益保护专项集体合同》或在《集体合同》中是否有女职工权益保护的专章（节）这一情况“不了解”；32%女职工“不了解”本单位哪些岗位属于女职工禁止从事劳动的范围。企业管理者和职工的法律意识淡漠，必然影响这些法律法规维护职工合法权益作用的发挥。

（二）“全面二孩”政策的实施对女职工的平等就业权带来一定的影响

一直以来，由于受“重男轻女”的传统观念影响和就业形势紧张的压力，女性在求职就业、职业发展上不同程度受到招聘企业有形无形的性别歧视，不能与男性站在同一起跑线上。而生育两孩政策会使女性的平等就业权受到更大冲击。其一，因为“全面二孩”使女职工享受更多假期如产假、哺乳假等。2015年底大多数的省份已规定延长女性享受的产假、哺乳假，这样女职工在孕产期间不但要中断工作，用人单位还要担负补偿费用，这将使得用人单位的用工成本加大，负担加重，效率降低；女职工集中的企业甚至有可能因生孩子的职工太多而面临人员紧缺、岗位空置、生产受损，以及需寻找替代人员而增加经营成本等实际困难。而较高的成本负担不符合企业追求效益最大化的要求，用工单位势必更加谨慎招聘处于婚育年龄的女性，这无疑会加重招工的性别歧视。其二，生育二胎，会使女职工占用更多的时间操持家庭生活，成为家庭责任的主要承担者，而不能全力以赴投入工作，这也会影响企业的用工效益，使企业不愿多雇用女工。本次调查数据显示，80%以上的企业管理者认为女职工休产假会对本企业的运营造成影响。其中，30%的认为“影响很大”，主要是女职工较为集中的企业，52%的人认为“有影响但不大”。这种影响主要来自产假期间的工作安排（83%），怀孕期间的工作安排（58%），产假期间工资发放（42%）和产假后的工作恢复（42%）。因此，一些企业会从自身利益考虑，相应提高女职工招录门槛，从而进一步加剧女性在职场中的相对弱势和不公平待遇。其三，尽管我国有一系列的立法规定男女平等就业，但这些法律条款规定非常笼统，尤其对侵害女职工权益的行为缺乏具体法律界定和实施程序，不能对用人单位进行有效制约，使得一些企业在招聘过程中，钻法律的空子，设置陷阱，规避有关平等就业权的条文，出现一系列所谓的“隐性歧视”等现象。调查数据显示，目前女职工遭遇怀孕歧视比较严重，79%的女职工所在单位有因女职工怀孕、生育、哺乳而降低其工资、予以辞退、与其解除劳动或者聘用合同的现象。严峻的就业形势，使得有职业发展愿望的女性面临“就职升职”还是“生孩养孩”的矛盾，认为“生一个尚可，生两个不可”，因而势必影响“全面二孩”政策的实施。

（三）女职工生育期间享受的生育保险还不到位

本次调查发现，无论企业还是社会，对女职工的合法权益和特殊利益特别是生育权益保障还不到位。调查数据显示，只有33%单位将女职工禁忌从事岗位书面告知女职工，仍有8%的怀孕女职工被要求加班，有27%的企业没有给怀孕7个月以上的女职工安排工间休息，82%用人单位没有建立孕妇休息室和哺乳室；仅有41%单位将女职工产前检查按出勤对待，只有67%的单位为女职工交纳生育保险费，即使缴纳生育保险的用人单位，也存在低于正常工资基数缴纳或者缴费期间不完整的情况；女职工产前检查费用能够全额报销的仅为4%，部分报销的为16%，不报销的为21%；完全通过生育保险途径报销的仅为22%，通过医疗保险报销的为23%，二者各报销一部分的占7%；总体看报销比例较低，说明大部分生育医疗费用由职工自己承担，因而增加了职工家庭的经济负担。另外，仍有29%的生育女职工享受产假不够法定的98天；休产假期间能够享受全额工资的仅占33%，仅能享受基本工资的为9%，没有任何收入的占11%；女职工生育或流产的医疗费用生育保险报销比例仅占33%；用人单位不发放或者不按照正常工资标准发放产假工资的情形也较为常见，女职工因生育而导致收入减少是不争的事实。

（四）目前政府和社会对“全面生育二孩”政策的配套措施和公共服务还不到位

本次调查中，有63%职工反映孩子看病难、入托难、上学难；部分职工反映产前检查难、产检排队等候时间过长，产科和儿科医护人员和服务能力短缺问题也比较突出；还有一些女职工反映缺乏孕期、产期、育儿、医疗方面的系统知识，得到咨询和指导较困难。因此，当问及职工有什么希望时，有75%的职工希望政府能发放奖励补贴；70%的职工希望继续延长产假至一年；65%的职工希望产假期间的工资和生育保险有保障；53%的职工希望开办具有专业资质、收费合理的托幼机构；40%的职工希望得到优质家政服务。这些情况说明，支持职工家庭发展及生育养育的配套政策和公共服务还不到位，资源投入还比较欠缺，现有资源也存在配置不合理、不公平的问题。例如，生育妇女产假之后婴孩的照料已经成为生育家庭的最大难题，因为目前针对零到三岁孩子的公共托幼服务几乎为空白，而雇人照料孩子的费用甚至可能超过夫妻一方工资收入，这是导致育龄妇女不愿意生育二孩的重要原因。

（五）多数符合生育二孩条件的妇女生育意愿不强，生育积极性不高

本次调查数据显示，88%女职工对二孩政策有所了解，但符合条件的女职工打算生育二孩的仅占22%，超过47%的女职工没有生育二孩打算。至于女职工担心的问题依次是没人照顾孩子（60%）、产假时间短（31%）、入托/入学难（30%）、工资待遇降低（28%）、被单位辞退（20%）以及影响职务晋升（15%）。调查数据也显示，有43%女职工认为生育对就业和升迁“有影响”，有29%的女职工认为“影响较大”。数据表明，当前妇女的生育意愿大大低于预期；二孩的实际生育数量又低于生育意愿；许多女职工想生而不敢生，或者说想生而生不起。所以如此，其一是压力太大，就业困难、照料负担、经济负担如三座小山，压在她们心头，使她们不敢轻易生二孩。其二是生育二孩将给女性健康带来一定影响，生育二胎使女职工再次承受从怀孕到分娩近40周孕期内身体上产生的种种不适，特别是超过35岁以上的高龄产妇和二次剖宫产的女性更是面临着诸多不确定的健康风险，这也导致一些育龄妇女不敢轻易要二孩。其三是生育二孩将加重女性的家务劳动并延长劳动时间，给女性生活带来更大压力。现阶段，我国传统的“男主外，女主内”的性别分工还未打破，照顾孩子等家务劳动依然主要由妻子承担。如果选择生育两个孩子，无疑会延长女性的家务劳动时间和劳动强度，这不仅会影响女性的职业生涯，也会影响自身健康，这也使得一些女职工害怕生养二孩。从职工家庭方面看，生育二孩将增加分娩、养育、教育和购房等多项成本，给家庭生活带来更大经济压力，降低家庭的生活水平，甚至影响家庭的生活质量及和谐关系。现阶段国家将生育政策调整为一对夫妻可生育二个孩子，如果“全面生育二孩”的政策难以落实，缺乏响应与行动者，就达不到调整人口结构失衡的目的，导致我国人口失衡风险难以得到有效缓解。

五、全面两孩政策下加强生育保障制度实施的思路和对策

（一）政府及有关部门要加大维权力度，全力保障妇女的平等就业权利

生育养育活动主要由女性来承担，这是女性为家庭幸福和社会发展作出的巨大贡献，但客观现实却是，生育、养育已成为女性遭受职场显性和隐性歧视的主要缘由，女职工孕期、产期和哺乳期的保健福利也成为权益受损的主要方面。因此，急需政府及有关部门进一步加大维权力度，对市场上就业性别歧视进行治理和矫正，切实维护和保障《宪法》赋予女性的平等就业权利，降低受歧视女性就业者的维权成本，以保证“全面两孩”政策的顺利实施。首先，人社部门、工会、妇联等相关部门和组织应当尽快制定出台“全面两孩”的配套政策，为维护女职工的合法权益提供保障。其次，对于合法权益遭到侵害的女职工，司法机构和劳动保障部门应提供相应的援助，对此类侵权案件应加大惩处力度。最后，政府应出台降低企业雇佣女性用工成本的积极措施，给予企业一些补助，特别是在生育保险、医疗保险等领域增加投入，或通过税收减免等激励措施，鼓励企业积极招聘女职工，帮助企业平衡用工效益与女职工平等就业权之间的冲突，切实维护女职工的合法权益。同时，还需鼓励企业承担必要的社会责任，关注员工的家庭生活，为员工提供一个更好地促进工作和家庭二者平衡的环境，为生育女职工提供弹性工作的机会和空间，营造“家庭友好型”企业氛围。

（二）加大宣传和组织实施力度，进一步扩大生育保险覆盖面，充分发挥生育保险的保障作用

首先，通过网站、报纸、微信、电子屏及发放宣传册等形式，大力宣传生育保障制度和两孩政策，形成强有力的社会舆论；通过不断宣传企业缴纳生育保险的重要性，进一步提高企业及职工对生育保险的认识，切实增强生育保险制度实施的强制力和效率，确保生育保险制度有效实施。其

次，政府相关部门要督促用工单位将所有符合参保条件的城镇职工全部纳入参保范围，保障城镇职工的医疗及生育保险权益，彻底解决职工群众“看病难，看病贵”的问题；同时，监督企业落实各项维护女职工权益的法律法规和生育保障制度，特别要注重女职工“四期”保护工作的落实情况，实现生育保险的广覆盖。第三，政府及有关部门要逐步提高生育保险给付水平，确保女职工“三期”待遇的保障力度，保障女职工生育期间的收入水平和基本生活。另外，还要加强对医疗卫生系统的监管力度，不断提高医疗保障规格，规范医疗收费手续，简化生育保险报销程序，适当降低医保护理支出，确保女职工“三期”待遇落到实处。

（三）政府要加大提供面向家庭和生育的公共服务，切实解决职工家庭生育的后顾之忧

落实“全面两孩”政策需制定和完善配套的家庭和育儿支持政策系统。第一，要实施并完善夫妻双方均可享用的产假、育儿假和护理假制度，适当延长女职工产假并保证期间的收入水平，以解决婴儿的照料问题，保证母婴的健康。第二，政府应出台鼓励兴办托幼机构的优惠政策，大力发展公共托幼设施和家政服务业，加大对托幼设施及服务的多渠道投入，特别是完善零到三岁孩子托幼设施及服务，并加强对托幼服务的职业培训和政府监管，为家庭提供更多的优质安全、接送方便、能负担起的公共托幼服务，减轻家庭照料负担。第三，卫生计生等职能部门要建立适应时代要求、满足群众需求的管理服务全新体系，加强孕产妇与新生儿重症救治能力建设，并免费向孕产妇及其家庭提供相关知识讲座；加快改进服务条件、提高服务能力、整合服务流程，积极迎接可能出现的“婴儿潮”，确保“全面二孩”政策稳妥实施；完善生育二孩的医疗费用比例，加快市、县两级孕产妇和急救中心建设，提高孕产妇和新生儿急危重症救治能力。第四，教育部门要设立专项资金发展婴幼儿早期教育工作，增加“中、小、幼”学位，并且完善中、小学和新建幼儿园教育用地的保护规定，更好地应对“全面两孩”政策带来的教育需求。

（四）建立完善家庭育儿社会支持系统，营造有利于生育养育的社会环境

第一，要加大力度宣传男女平等观念，倡导夫妻共同分担孩子养育责任和家务劳动，增强全体国民的社会性别平等意识和创建有利于社会性别平等的社会环境。女性是生育任务的主要承担者，生育政策与女性地位两者紧密相关；女性的社会和家庭地位、女性的生存和发展状况、女性的心理感受和观念意识，都在很大程度上决定着生育政策的实施效果和人口发展的均衡水平。因此，调整“计划生育”政策必须借力“男女平等”基本国策，这是减轻就业歧视和增强女性权利的根本途径，也有助于预防二孩生育中的男性偏好和性别选择问题，促使出生性别比回归正常。第二，当下，应重点关注解决符合合法生育却不愿意生育的问题。这需要政府通过有效的鼓励、帮扶、救助、保险等保障政策措施，使违法生育受罚、合法生育受奖，对于二胎家庭，政府在取消独生子女补贴的同时应该增设二胎子女补助金，并且在补贴金额上加大投入，从而实现人口安全发展和可持续发展。第三，人民法院应当以全面放开二孩政策为契机，切实保障女性平等就业权和相关生育福利。一方面通过制定出台细则等，将《妇女权益保障法》等维护妇女权益的法律法规具体化、操作化，增强保障妇女权益的实际效果；另一方面充分发挥审判职能作用，注重平衡劳动者和用人单位之间的权益，妥善处理涉及女性平等就业权和职业保障的各类司法案件，定期发布典型案例，加强与劳动仲裁机构沟通交流，共同研究此类纠纷的新情况、新问题，努力实现信息共享，从而为实施“全面二孩”政策营造良好的法治环境。

宁夏海原县农村贫困家庭妇女现状调研报告

杨丽琼

党的十八届五中全会把农村贫困人口脱贫作为全面建成小康社会最突出的短板和最艰巨的任务，做出了“实施脱贫攻坚工程，实施精准扶贫、精准脱贫”的重大战略部署。据了解，我国现有的建档立卡贫困人口7000多万中，其中妇女占45.8%，与男性相比，妇女贫困程度更深、脱贫难度更大；妇女既是脱贫攻坚的工作对象，也是脱贫攻坚的重要力量，农村贫困家庭的妇女贫困现状更为严重。目前全区有建档立卡贫困户15.2953户，贫困人口为58.1227万人，其中女性26.13万，占总数的44.96%，涉及全区五个市20个县区和农垦集团。海原县作为国家级贫困县，集干旱山区、革命老区、回族聚居区和贫困地区为一体，全县贫困人口占全区贫困人口的15.1%，贫困妇女占总全区贫困人口的7.2%，农村贫困妇女的状况令人担忧。

2016年10月农工党区委会联合自治区妇联、自治区扶贫办及相关部门组成调研组，开展“宁夏海原县农村贫困家庭妇女现状调查”，以海原县红羊乡为例，采取整群抽样、入户调查的方式，对全乡建档立卡贫困户中的妇女进行入户调研，填写调查问卷，与各级妇联组织及相关部门进行座谈交流，旨在以典型贫困乡为例，综合分析宁夏农村贫困家庭妇女在生活保障、患病就医、子女教育、生产发展、妇女权益等方面的现状及存在的

作者简介 杨丽琼，农工党宁夏区委会秘书长。

问题。

一、基本情况

海原县地处宁夏中南部，全县辖17个乡镇、1个管委会、1个街道办事处，168个行政村、8个社区，总人口45.18万人，其中农村人口35.28万人，占总人口的78.1%；妇女21.85万人，占总人口的48.3%；回族人口32.01万人，占总人口的70.9%，全县有贫困村96个，建档立卡贫困人口23572户，此次调研的红羊乡有4024户，人口15406人。此次调研共入户调查197户，调查人口210人，填写问卷210份，有效率100%。

表1　贫困人口及妇女占比

	人数(万人)	妇女(万人)	构成比(%)
全国	7000	3206	45.8
宁夏	58.1227	26.13	44.96
中卫市	11.82	5.57	47.1
海原县	8.8706	4.1869	47.2
红羊乡	0.3640	0.1747	48

近年来，随着社会保障制度的不断完善，各部门联合扶贫攻坚的力度不断加大，农村贫困家庭脱贫步伐不断加快，部分贫困妇女的生产生活状况、健康状况得到了一定程度的改善。但是调查中我们发现，相当一部分贫困家庭妇女的生产、生活状况不容乐观，她们中既有因生理问题、经济状况、居住状况、消费状况以及卫生保健状况等方面缺乏的物质贫困，还有因文化程度低、权利意识缺乏造成的人文贫困，同时因教育制度、土地使用制度、计划生育制度等制度因素和文化习俗、家庭传统习俗以及个人自身素质低、生活能力差、社会支持弱等非制度因素造成的贫困也不容忽视。

二、存在的问题及原因

从我们调查的情况来看，贫困家庭妇女普遍存在缺乏资金支持、忽略子女教育、看病难、无创业技能、忽视妇科健康检查、无住房或住房差等困难。

表 2　贫困妇女最需解决问题

	人数(人)	构成比(%)
资金支持	151	72
疾病诊治	145	69
子女教育费	48	23
本人创业难	18	8.5
妇科健康检查	203	96.5
住房条件差	65	31

此表根据 2016 年 10 月问卷调查编制。

海原县农村贫困妇女的基本特点及存在问题主要有以下几个方面。

（一）受教育程度偏低，思想落后

本次调查的 210 名贫困妇女中，69.5%的贫困妇女不识字，其中 40 岁以上的贫困妇女中 92%是文盲，年龄最小的 25 岁，没有上过学；有小学文化的占 19.8%，有初中以上文化的占 10.7%；女性文盲率远远高于男性，年轻化的趋势上升，年轻母亲的文化水平直接影响孩子的受教育程度；受文化水平、经济条件、思想保守、认知能力差等因素影响，导致贫困妇女学习新技术、接受新知识与新观念的能力较弱，尤其是贫困山区回族妇女，只掌握传统的种养殖技术，无一技之长，严重影响了妇女脱贫致富的能力；同时落后保守、“等、靠、要”的思想观念，在生产、生活方式和卫生习惯等方面对子女影响非常大，增加了贫困的代际传递。

（二）依靠土地生存，缺乏致富能力

本次调查中 89.9%的贫困妇女留在农村从事农业和家务劳动，还要担负赡养老人、抚育子女的任务；农业生产收入低、没有发展资金，贫困妇女收入很难有大幅度提高，同时，扶贫帮扶贷款和小额担保贷款的门槛过高，贫困家庭无法达到，导致缺乏创业资金；再加上受“男主外、女主内”“以农为本”等传统观念的影响，束缚了她们的思想观念和行动，80%以上的贫困妇女没有强烈要求致富的主观愿望，缺乏就业创业的主动性。

（三）因家庭成员病残等生理原因导致贫困的群体面大

调查显示，因家庭成员生理原因（老、病、残等）导致贫困的人数达到 75 %，这些贫困家庭，一方面病人治病需要大量的医药费，出外看病还需要护理费，这样的家庭60%的收入用于看病吃药；另一方面家庭缺乏劳动力，没有稳定的收入来源，经济负担十分沉重，生活条件相当艰苦，贫困状况加剧；还有相当一部分老年贫困妇女，基本没有收入，虽然政府能解决温饱问题，但有病没钱看，这些贫困家庭95%以上都有借债情况，生活压力非常大。

（四）缺乏自我健康保健意识，健康状况差，心理疾病增加

由于家庭的贫困和长期的农田劳作，有相当数量的贫困妇女患病尤其是妇科疾病不能及时就诊，调查中95%的贫困妇女有妇科病也只是发病时自己买药吃，没有考虑找医生就诊；自我健康意识差，又忙于生计，无暇顾及个人卫生保健，加之基本营养补充不足，贫困妇女常常带病劳作，恶性循环，健康状况普遍很差。同时，调查显示，80%以上的贫困妇女普遍不做定期妇科检查和“两癌”筛查，患各种妇科疾病的比例很高，妇科癌症发病率偏高，而妇科癌症救治费用平均都在每人4万元以上，严重的甚至花费10万元以上，因病致贫返贫的现象时有发生；同时，由于男性出外打工造成家庭不完整，使留守妇女生理、心理上所承受的压力越来越大，心理疾病发病率增加。

（五）农村贫困妇女地位、权益保障亟待改善

虽然妇联和社会各界积极开展维护妇女合法权益和救助贫困母亲等活动，但还不能从根本上解决贫困妇女的地位和权益问题。在去年全区开展的农村土地承包权及房屋产权确权中，调查显示90%的贫困妇女没有要求这方面的权利，有些妇女根本不知道这两项权利；在扶贫项目决策中常处于从属地位，缺乏选择权和决定权，家庭事务、公共事务基本由男性主导，妇女在家庭中基本处于被动状态，缺乏话语权，在很多地方仍然处于边缘地位；同时家庭暴力的现象时有发生，我们调查了解到，受传统思想影响，绝大部分妇女羞于提起，采取“逆来顺受，忍气吞声”等方式解决。

（六）缺资金、缺技术、缺培训导致农村贫困妇女难脱贫

海原县由于受水利、道路等条件制约，贫困人口收入提升慢、与全区差距较大。去年海原县的农民人均纯收入仅为6258元，是全区平均水平的68%，虽然政府针对妇女创业提出各种帮扶贷款，帮助了部分贫困妇女创业致富，但是农村贫困家庭普遍生活困难，收入低，没有担保能力，没有一定的创业技能，不符合申请贷款的条件。同时，一方面农村妇女观念落后，对就业创业的认识不足，不愿参加职业技能培训，组织培训非常艰难；另一方面因受地域限制，农村妇女居住分散，集中培训后产生的交通食宿等费用较高，再加上场地租用费、耗材费以及组织人员劳务费等，培训成本很高，培训单位很难承担。从而导致贫困妇女参加培训的比例低，新知识、新理念难以灌输，贫困妇女宁愿出去打工也不愿意在家创业，妇女脱贫难度大。

（七）“结婚彩礼”“人情债”等陈规陋习成为农村贫困妇女的新负担

据调查，在需要资金帮助的贫困家庭中，60%是因为儿子结婚造成家庭贫困。农村结婚不但要有婚房，沉重的彩礼不是一笔小数目，而且水涨船高，少的十万、八万，多的十几万、二十万，一个普通农民家庭年收入只有三、四万，儿子结一次婚就很有可能要折腾完父母的所有存款，如果该户人家有两个以上的儿子，彩礼就成为沉重的负担，基本上要靠借债来满足女方的彩礼要求，一般家庭就要还好几年的债，严重的则直接“致贫、返贫”。更值得关注的是，农村都默认的现状是：彩礼不涉及儿女，都由父母承担，债也由父母背，贫困家庭更是雪上加霜。

另一方面受“一家有喜，众人送礼”的习俗影响，农民为了把以往送出去的礼金收回来，或是借“喜”敛财，制造出名目繁多的喜事，如“周岁喜”“参军喜”“考学喜”“整房喜”等等，而且人情份额也越涨越高，少则二、三百元，多则成千上万。随着人情消费的节节攀升，使一些农村贫困家庭不堪重负，有的为了随礼不惜向别人借钱。人情消费、结婚彩礼等已成为贫困家庭妇女沉重的负担。

三、对策建议

随着时代的发展，女性生存发展问题成为社会关注的焦点，农村贫困妇女脱贫，不仅关系妇女自身生存与发展，而且关系阻断贫困的代际传递，关系家庭的和谐幸福，关系贫困人口整体脱贫进程。在精准扶贫精准脱贫的工作中，针对海原县农村贫困妇女的特点和问题，我们建议：

（一）将性别意识纳入决策范围，加强顶层设计

按照《中国农村扶贫开发纲要》中“把少数民族、妇女儿童和残疾人的扶贫开发纳入规划，统一组织、同步实施、同等条件下优先安排，加大支持力度”的要求，我们建议：

一是各级政府部门在制定扶贫政策及设计扶贫项目时，要进一步增强性别意识，关注妇女的贫困状况和发展目标，把妇女脱贫工作纳入总体规划；落实各项扶贫措施向妇女倾斜，推动女性和男性平等的资源享有权和发展空间。重视贫困妇女的广泛参与，瞄准贫困妇女的现实需求，尊重妇女的发展意见。

二是各级政府部门要重视农村贫困妇女的状况，根据她们的贫困特殊性，充分考虑到贫困妇女所承担的生产劳动、家务劳动，以及年龄层次、文化水平、地域差别等，制订更加合理有效的扶贫措施，以提高贫困妇女参与的积极性和实效性。

三是各级政府部门要在扶贫监测中，建立性别统计指标，特别要建立和完善体现两性贫困现状比较的分性别指标，如经济资源获得与分配、劳动与收入、教育与培训、健康与保健、社会保障、贫困救助等，以准确反映妇女贫困的生存发展现状。

（二）提高文化素养，加强技能培训，增强自主脱贫意识

据调查，回族聚居的贫困农村，贫困妇女的文盲率很高，已经影响到后代的成长，也阻碍了贫困妇女参加技能培训的信心和能力，我们建议：

一是各级教育部门要按照《中国妇女发展纲要》的要求，创新和完善“扫盲”工作机制。制订出台相关优惠政策，充分利用好“妇女之家”这一阵地，利用农闲时间，组织志愿者深入乡村，组织丰富多彩、形式多样、群众喜闻乐见的扫盲活动，动员、鼓励、引导50周岁以上的贫困妇女接受扫盲教育，加大扫除女性青壮年文盲工作力度，力争做到“脱盲”与“脱贫”相结合，学文化与学科技相促进，扫盲工作向育人、智力开发、科技致富方面转化，实现扫盲与初、中级技术培训接轨，巩固和扩大扫盲工作取得的成果。同时，在政府统一部署下，实行“双线”承包责任制，把扫盲任务作为考核单位负责人工作实绩的一项重要内容，实行专人负责，层层落实。做好文盲人口核对、登记造册工作，制定实施扫盲对象的脱盲计划。鼓励中小学教师和在校学生积极投身扫盲工作，把教师参加扫盲工作的成绩作为职称评定、考核晋级、评选先进的依据。

二是各级政府部门在农村贫困妇女的技能培训上，要注重实用技能和综合素质培训，特别要帮助她们转变思想观念，树立自主脱贫致富的信心和决心。将建档立卡的贫困妇女分批次列入政府再就业培训计划，享受免费职业技能培训，培训合格颁发国家承认《职业资格证书》。在培训内容上，坚持"实际，实用，实效"的原则，因地制宜，突出女性特色，重点开展农村种养殖、家政服务、手工艺、卫生保健、农村电商等技能培训，例如：剪纸、刺绣、编织、清真小吃制作等是海原县妇女的特色技能，政府部门可以加强这些技能培训，扩大培训面，提升培训技能档次，提供创业平台，增强妇女脱贫致富本领和自我发展能力。

三是加大资金扶持，帮助农村贫困妇女创业致富。建议相关部门发放扶贫贷款、小额担保贴息贷款时，在确定贷款对象、贷款流程、担保方式、贴息范围和项目指导等方面进一步加大对建档立卡贫困妇女的扶持力度，优先考虑建档立卡贫困妇女。推动金融机构在坚持"商业可持续"和"风险可控"原则下，将信贷资源向农村贫困地区倾斜，降低贷款对象门槛，放宽异地担保方式，加大贴息范围，提升扶贫政策在帮助贫困妇女脱贫中的减贫效益。加大对贫困妇女领办的专业合作社、农业产业化龙头企业、家庭农场等经营组织的金融服务，着力培养一批"想创业，有能力，讲诚信，缺资金"的妇女创业致富带头人，帮助她们依托小额贷款发展生产、创业就业，增强农村贫困妇女的"造血"功能。大力宣传政策，加强项目指导，促进灵活就业，推动农村贫困妇女实现稳定脱贫。

（三）关爱妇女身心健康，减少因病致贫返贫现象

农村妇女文化教育相对落后，生存条件艰苦，自我保健意识差，如经期只使用一些从市场上廉价批发来的劣质卫生巾，特别是年龄较大贫困妇女基本不用卫生巾，导致农村妇女的妇科患病率远远高于城市。建议自治区政府将全区建档立卡贫困妇女卫生费以每人每月 20 元标准予以补助，并列入地方财政预算序列，提高农村贫困妇女卫生健康水平，减少妇科疾病的发生。

建议将建档立卡贫困户中的“两癌”患病妇女全部纳入政府救助范围，一次性发放救助金，标准为每人10000元，并列入财政预算序列，同时加强农村妇女免费妇科检查和“两癌”筛查的检治长效机制，做到应检尽检、早诊早治，缓解贫困妇女看病难、看病贵和因病致贫扶贫问题

建议对建档立卡贫困妇女，降低妇科病治疗报销起付线标准，将报销比例在现有基础上提高5%到10%，同时将贫困妇女重、特大疾病救助标准提高10%，提高救助金使用效率，让贫困妇女及家庭有更多的获得感。

建议卫生计生部门高度重视农村贫困妇女的心理健康问题，防止出现甘肃“杨改兰事件”；组织相关部门建立相应的心理咨询机构，组建专业工作人员队伍，深入农村贫困家庭，做好贫困妇女的心理疏导工作，为贫困妇女提供心理健康服务，排解不良情绪，化解潜在矛盾。

建议文化部门重视农村贫困地区的文化建设，丰富贫困妇女业余生活。改变文化生活匮乏，形式单一，广大妇女大多以跳“广场舞”为主的业余生活，在文化广场建设中增加投入。对于群众自发组织的文艺活动在演出道具、服装及音响等设施上给予帮扶，对农村妇女文艺队在经费或服装等方面给予支持。

（四）维护贫困妇女合法权益，提高妇女社会参与能力

据调查，90%农村贫困妇女缺乏法律知识和权利意识，大多数妇女法制观念淡薄，没有接受过普法教育，妇女权益受到侵害现象时有发生，我们建议：

一是各级相关部门加强普法宣传教育。在提高贫困妇女文化水平的同时，加强法制教育，提高妇女维权意识，将“七五”普法落到实处。

二是建立健全维权网络。妇联组织要进一步加强妇女维权和法律援助体系建设，帮助贫困妇女运用法律武器维护自己的合法权益。司法部门要深入研究妇女维权方面存在的现实问题，不断健全、完善维护妇女权益的地方法律法规，切实维护妇女在医疗、用工、社保、财产、土地承包权、身心健康等方面的合法权益，加大执法力度，为农村贫困妇女提供法律

保障。

三是加大基层妇女组织经费投入，形成关爱长效机制。由于妇联工作经费有限，只能在春节、“三八”妇女节等活动期间开展走访慰问贫困妇女活动，制度化、常态化的服务很少，乡、村妇女组织更是举步维艰。建议政府部门给予乡村妇联组织一定的经费保障，促使基层工作落到实处、形成关爱长效机制。

（五）倡导节俭文明家风，合力助推农村贫困妇女脱贫

妇女作为家庭生活的核心和纽带，在倡导节俭文明家风、传承中华民族传统美德、自主脱贫致富中起着典型示范的作用。我们建议：

一是各级政府要以村镇为重点，以树立新时期好家风为切入点，开展以良好家风聚文明村风活动，以文明家风带动文明村风，汇聚发展正能量。党员干部带头，以正反两方面的事例，教育广大村民，破除陈规陋习，狠刹彩礼风、人情风，阻断致贫返贫的途径。鼓励妇女带领家人勤劳致富，积极引导妇女传承和发扬勤俭持家、吃苦耐劳的传统美德，依靠自身的努力奋斗改善家庭生活状况，改变贫困面貌。

二是各级妇联组织要进一步加强对贫困妇女的教育和引导，提振她们的致富信心和勇气。扶贫先扶志，教育广大贫困妇女克服“等靠要”思想，树立自尊、自信、自立、自强的精神和战胜贫困的志向和勇气，变“要我脱贫”为“我要脱贫”，实现“他扶”到“自立”的转变。

三是各级妇联组织在扶贫开发工作中，进一步发挥社会扶贫的作用。整合各种社会扶贫力量，推动社会扶贫资源精准帮扶，瞄准贫困群体，坚持“真扶贫，扶真贫”，关注农村留守妇女，援助单亲贫困母亲，救助重大疾病妇女，优先解决最困难、最落后、最贫困地区妇女脱贫致富问题，确保最贫困的农村妇女得到优先扶持。

四是发挥妇联桥梁纽带作用，整合社会帮扶资源，推动创新完善人人皆愿为、人人皆可为、人人皆能为的社会扶贫参与机制，为更多的组织和个人表达社会责任心提供机会，形成合力帮助农村贫困妇女脱贫致富的工作格局。

2016 年宁夏社会大事记

徐东海

1 月

5 日　银川 301 路公交车突发大火致 17 人遇难、32 人受伤。党中央、国务院对此高度重视，中共中央政治局委员、国务院副总理马凯，中共中央政治局委员、中央政法委书记孟建柱，中央书记处书记、国务委员兼国务院秘书长杨晶，国务委员、公安部部长郭声琨，国务委员王勇等领导同志分别做出批示，要求组织精干力量，抓紧查明原因，尽全力抢救伤员，妥善处理善后，正确引导舆论。自治区党委书记李建华、自治区主席刘慧等自治区及银川市领导指挥组织救援，要求全力做好伤员救治工作。

7 日　由宁夏社会科学院编纂的 2016“宁夏系列蓝皮书”正式发布。今年新增《2016 宁夏生态文明蓝皮书》《中阿经贸发展报告》2 种蓝皮书。

8 日　自治区人社厅、财政厅、卫计委近日联合印发《宁夏回族自治区基本医疗保险转诊转院管理暂行办法》，进一步规范基本医疗保险转诊转院管理，方便参保群众就医报销，有效控制医疗费用不合理增长。《办法》自 2016 年 1 月 1 日起施行。

10 日　中国人民政治协商会议宁夏回族自治区第十届委员会第四次会议在银川隆重开幕。来自全区各族各界、各条战线的政协委员汇聚一堂，为加快宁夏改革发展、推动民生改善献计献策。截至 1 月 10 日 18 时，共

作者简介　徐东海，宁夏社会科学院社会学法学研究所实习研究员。

收到提案628件。提案内容涉及经济建设、教育、科技、文化、医疗卫生、社会保障等各个方面。

22日　全区卫生和计划生育工作会议在银川召开。会议总结“十二五”和2015年卫生计生工作，安排部署“十三五”和2016年卫生计生工作。

28日　“网信宁夏”微信公众平台正式开通上线。

2月

1日　中共中央政治局常委、国务院总理李克强来到宁夏固原市原州区中心敬老院，看望生活在这里的“五保”老人。在海保廷、马正秀夫妇的房间，李克强向老人拜年并送上新衣。问及现在的生活情况，马正秀一连说了很多个“好得很”，向总理表达现在的幸福生活。

△　自治区人社厅发布通知，对全区门诊大病政策进行调整，主要调增了部分门诊大病病种支付额度，进一步方便参保人员就医。

2日　国家卫生计生委表彰了100个国家级妇幼健康优质服务县（市、区），彭阳县榜上有名。

3日　吴忠市红寺堡区统一战线助力脱贫攻坚行动在柳泉乡沙泉村举行启动仪式。仪式上，红寺堡区首个脱贫攻坚基地在沙泉村挂牌成立。

4日　2016年自治区民生计划为民办30件实事，经自治区十一届人大五次会议审议通过，向社会公布。

△　自治区主席刘慧主持召开第60次政府常务会议，审议并通过《自治区全面实施两孩政策工作方案（送审稿）》。

22日　根据经济社会和战略发展需求，在全区高校遴选43个“十三五”自治区优势特色学科、重点学科，39个重点专业，计划5年投入1.5亿元，打造一批在西部乃至国内有一定影响力的学科和专业。

23日　据国家统计局反馈资料显示，2016年1月份，银川市居民消费价格环比总指数100.9%，在全国36个大中城市（由高到低）中与大连市、郑州市并列第3位；高出全国36个大中城市环比平均指数（100.6%）0.3个百分点；比最高的青岛市（101.6%）低0.7个百分点，比最低的太原市（100.0%）高0.9个百分点。

24日　自治区财政厅、教育厅于日前共同下发《关于实施普通高中生均公用经费保障奖补机制的通知》。

3月

7日　宁夏“巾帼脱贫”行动在银川全面启动。宁夏将围绕“立志脱贫，创业脱贫，巧手脱贫，爱心脱贫，健康脱贫，互助脱贫，能力脱贫”七大任务，引领带动更多农村妇女实现脱贫致富。

9日　自治区民政厅正式启用新版社会组织法人登记证书。这标志着全区社会组织统一社会信用代码“三证合一”工作启动。 2017年底前，社会组织法人登记证书“新换旧”工作将全部完成。

11日　全国人大代表、自治区党委书记、人大常委会主任李建华在审议《慈善法（草案）》时指出，要坚持共享发展理念，把发展慈善事业作为社会建设的重要内容，大力弘扬慈善文化，抓好慈善队伍建设，进一步推动全区慈善事业发展。

16日　北京市政府与自治区政府在京签署《2016—2020年医疗卫生精准帮扶与技术合作框架协议》。中共中央政治局委员、北京市市委书记郭金龙，自治区党委书记、人大常委会主任李建华分别讲话，北京市市长王安顺与自治区主席刘慧签署协议。

21日《宁夏回族自治区节约用水奖惩暂行办法》正式出台，鼓励引黄灌区农业开采利用浅层地下水，鼓励用水户对节约的水权进行交易、开发利用非常规水源。

25日　银川舰纪念馆正式开馆。该馆是为我国自主研发的第一代导弹驱逐舰“银川舰”而建立的主题纪念馆，也是目前全国唯一一座为纪念海军退役战舰而建造的纪念馆。

28日　自治区卫生计生委、民政厅、财政厅、人社厅和住建厅五部门日前联合下发《关于进一步做好计划生育特殊困难家庭扶助工作的意见》，内容涉及失独家庭经济扶助、养老保障、医疗保障、社会关怀等多个方面。新政策的扶助对象同时包括独生子女发生三级以上伤残的家庭。

29日　当天发布的“中国慈善进步指数”显示，宁夏2014年慈善进步指数排名全国第六，仅次于北京、上海、江苏、浙江、广东。

4月

4 日　自治区政府办公厅转发由自治区卫生计生委、民政厅、发展改革委等 8 部门联合制定《关于加快推进医疗卫生与养老服务相结合的实施意见》。《意见》指出，确定银川市、吴忠市作为首批试点市开展医养结合试点，到 2020 年，全区每个县（区）至少建成一所医养结合护理型养老机构，基层医疗卫生机构为居家老年人提供上门服务的能力明显提升。

6 日　智慧城市（银川模式）新闻发布暨项目签约仪式在深圳召开，银川市联合中兴通讯发布了“智慧城市”银川模式建设成果。同时，TMF（国际电信论坛）宣布“2016 年度全球智慧城市峰会”将在银川举办。

△　自治区发展改革委发布信息，宁夏社会信用体系信息平台一期已建成投入使用，自治区高级人民法院、检察院、公安厅、民政厅、人社厅、环保厅等第一批 13 个行业和领域的信用信息正在归集到自治区公共信息共享交换平台，群众可登录“信用宁夏”网站，查询相关企业的信用信息。下一步，还将有 33 个行业信息数据陆续加入共享。

7 日　银川市残联发布信息，银川市约 1100 名一级特困残疾人将享受个性化服务。此次服务覆盖范围之广、服务项目种类之多、服务方式之新、服务难度之大，在全区尚属首次。

8 日　由中美共同合作的银川国龙医院新院及健康园项目在银川开工动土。这是宁夏首家由民营医院引进美国高端管理公司及医疗专家共同构建的医院。项目投资 7 亿元，预计到 2017 年底，宁夏群众即可在家门口享受到国际化医疗服务。

12 日　宁夏残疾人创业协会正式成立，这是宁夏首个残疾人自发组织经批准成立的创业协会。目前，该协会共有会员 100 余人，40%为轻残会员，有创业意识但缺乏创业资金。

13 日　宁夏、甘肃两省区社保机构在银川市签订跨省异地就医结算经办合作协议。这是宁夏继海南、广州、陕西、内蒙古后，又一个跨省合作的新伙伴。

28日　自治区总工会发布信息，即日起，自治区总工会、人力资源和社会保障厅、扶贫办联合开展困难职工农民工技能培训促就业专项活动，已被录入全国工会帮扶系统、建立困难职工档案的城镇下岗失业人员、转岗待岗职工、农民工等都可参加培训。

29日　中阿教育慈善合作研讨会在宁夏国际语言学校召开。研讨结束后，中阿青年创业园管委会与宁夏国际语言学校共同签署了合作协议，巴基斯坦国际伊斯兰大学与宁夏国际语言学校共同签署了合作办学协议。

5月

5日　宁夏大学中国阿拉伯国家研究院在宁夏大学揭牌成立。作为宁夏着力打造的对阿研究新型高端智库，学院将建立立足宁夏、服务国家、面向阿拉伯世界，集学术研究、决策咨询、人才培养为一体的重点研究基地，力争用5至10年时间，建成国内一流、有世界影响力的对阿研究新型智库。

6日　第五届宁夏公民道德论坛在银川举办。论坛围绕“弘扬传统美德，建设美丽宁夏”主题，表彰先进，交流研讨，并就进一步加强公民道德建设工作进行安排部署。

9日　自治区政府下发《关于进一步完善城乡义务教育经费保障机制的通知》，以整合农村义务教育经费保障机制和城市义务教育奖补政策，建立统一的中央和地方分项目、按比例分担的城乡义务教育经费保障机制。

10日　宁夏减灾救灾应急志愿服务队救援演练活动在自治区救灾物资储备库举行，标志着宁夏第一支综合性减灾救灾应急志愿服务队正式成立。

12日　宁夏卫生计生委与甘肃卫生计生委在兰州市签订医疗卫生合作协议，两省区在疾病防控、中医药、健康服务业、就医绿色通道等领域加强合作交流。

13日　第26个“全国助残日”来临之际，由自治区政府残工委、自治区残联主办的全国助残日活动在石嘴山市启动，活动向各基层残联发放助残物资、资金共计3275万元，惠及残疾人45.6万人。

24日　银川市建筑领域实施农民工实名制管理工作启动仪式发布信

息，即日起，银川市将在建设领域全面推行农民工实名制管理和农民工工资直接支付，严格规范建设领域市场秩序和劳务用工行为，遏制建设领域欠薪顽症及恶意讨薪事件，加快推进劳务用工、考勤记录、工资支付和农民工实名制管理信息化水平，确保农民工权益不受侵害。

30日　宁夏出台《宁夏回族自治区深化高等学校创新创业教育改革的实施方案》，以进一步推动大众创业、万众创新，促进宁夏高等学校把创新创业教育融入人才培养体系。

宁夏与埃及沙拉夫基金会医疗合作签约仪式在开罗举行。根据双方达成的合作备忘录，宁夏卫生部门将与埃及沙拉夫基金会在疾病防控、传统医药、技术支持等六个方面展开合作，埃及方面将支持2017年在宁夏举办的中阿博览会中阿卫生合作论坛、中阿健康产业博览会等中阿交流活动，争取两国达成更多务实合作项目。

6月

1日　宁夏开始建设覆盖五市、全区统一的住房公积金综合服务平台，该平台包括宁夏住房公积金门户网站、12329住房公积金服务热线、12329短消息服务平台、官方微信、手机APP、网上业务大厅六大服务功能。

6日　银川市委办公厅、市政府办公厅印发《银川市公共场所控烟工作实施意见》，即日起全市室内公共场所全面禁止吸烟。

16日　由自治区人社厅与中国建设银行宁夏分行联合建设的“宁夏社会保障卡服务大厅”在银川揭牌运行。

宁夏建筑劳务联合会成立，宁夏建筑劳务行业“政府主导，行业自律，社会监督”的“三位一体”监管体制基本形成。

24日　自治区政府出台《关于加强农村留守儿童关爱保护工作的实施意见》。

7月

1日　宁夏“民政云”与“社保云”实现数据交换和信息共享，今后，民政部门社会救助工作的准确性将进一步提高。

△　银川市统一调整2016年度养老、失业等社会保险缴费基数。城镇职工的缴费基数依据2015年度全区城镇在岗职工年平均工资的60%~300%之间核定；个体工商户及灵活就业人员的养老保险缴费基数由本人根据经济承受能力，在2015年度全区城镇在岗职工平均工资的60%~100%之间自主选择，确有困难的可选择按2014年度全区城镇在岗职工年平均工资的40%或50%缴费。

5日　全区召开深入实施《全民科学素质行动计划纲要》工作会议。

21日　闽宁互学互助对口扶贫协作第二十次联席会议在银川召开。会议全面回顾总结了闽宁对口扶贫协作20年来开展的工作和取得的成效，对“十三五”时期和今明两年的工作作了研究部署。

△　中共中央总书记、国家主席、中央军委主席习近平20日在银川主持召开东西部扶贫协作座谈会并发表重要讲话。他强调，东西部扶贫协作和对口支援，是推动区域协调发展、协同发展、共同发展的大战略，是加强区域合作、优化产业布局、拓展对内对外开放新空间的大布局，是实现“先富帮后富，最终实现共同富裕”目标的大举措，必须认清形势、聚焦精准、深化帮扶、确保实效，切实提高工作水平，全面打赢脱贫攻坚战。

8月

10日　银川举办技工院校改革发展研讨活动，目前全区共有技工院校21所（包括技工班），2010年至2015年共计招生11351人，毕业生总数10091人，毕业生就业率年均达到99%，比自治区其他职业院校就业率高3.5个百分点。

12日　中国社科院法学研究所、国际法研究所，与宁夏社会科学院、自治区人大法工委、自治区司法厅在银川签署战略合作框架协议，协议双方将发挥各自资源优势，开展法治国情科研教学、法治宣传教育以及法治智库等领域的战略合作，为“法治宁夏”建设提供理论和智力支持。

15日　全区首个乡村旅游电商“去村里”在银川开发区TMT正式上线。

16日　全区综合医改试点工作启动会议在银川召开，标志着宁夏综合医改试点工作全面展开。

25日　银川至西安高速铁路陕西段正式开工。该高速铁路开工建设，标志着宁夏将接入我国高铁网。

26日　根据全区法律服务精准扶贫推进会，宁夏将对9个贫困县（区）的800个贫困村，采取政府购买形式，由村委会聘任法律顾问，以律师和基层法律服务工作者为主体、志愿者队伍为补充，实现贫困村“一村一法律顾问”全覆盖。

9月

7日　由自治区民政厅、自治区政府台湾事务办公室主办的海峡两岸（宁夏）养老服务业发展对接会在银川召开。中华海峡两岸医疗暨健康产业发展协会理事长廖国栋出席会议。来自台湾地区和宁夏的200余名养老服务专家、养老机构负责人参加会议。

8日　宁夏国际友好城市论坛在银川隆重开幕。

9日　宁夏空间规划（多规合一）试点工作研讨会在北京召开，国家发改委副主任胡祖才、住房和城乡建设部副部长黄艳、国家首席兽医师（官）张仲秋、国家测绘地理信息局副局长李维森以及中央财经工作领导小组办公室、国土资源部、交通运输部、环境保护部、水利部、农业部、国家林业局等部委相关司局负责人、专家学者出席会议，共同为宁夏空间规划（多规合一）试点工作把脉献策。自治区副主席刘可为主持会议，并介绍宁夏试点工作有关情况。

20日　宁夏社会科学院主办的“纪念红军长征胜利80周年暨豫海县回民自治政府成立80周年”学术研讨会在银川召开。

21日　2016年国际和平日纪念活动在银川开幕，国家副主席李源潮出席并致辞，全国政协副主席马飚出席开幕式。纪念活动由中国人民争取和平与裁军协会、联合国驻华系统及自治区政府联合举办，主题为“人民期盼可持续和平与发展”。联合国秘书长潘基文发来视频贺词。苏里南国民议会议长珍妮弗·西蒙斯、汤加议长图伊瓦卡诺、厄瓜多尔国会第一副议长罗萨娜·阿尔瓦拉多、联合国驻华系统代表花楠，自治区党委书记、人大常委会主任李建华分别出席开幕式并致辞。

21—23日 “长征中的红军将士—纪念中国工农红军长征胜利80周年”学术研讨会在固原市举行，红军后代和国内党史研究专家70余人参加研讨会。

10月

12日 宁夏首届创新创业发展论坛在宁夏科技馆召开。

19日 宁夏出台《推进全区物业服务标准化建设实施方案》，将在全区范围内推进物业服务企业管理、合同文本使用、物业管理招投标、业主委员会建设、物业服务事项公开公示、维修资金使用等各项工作的标准化建设，并将对物业服务企业的资质状况进行一次全面梳理筛查，对资质状况已不符合规定标准的企业，责令限期整改，整改不到位的，按程序予以降低或注销资质；对于无业绩、无人员、无办公场所的“三无”企业直接予以注销。

20日 “集善扶贫健康行”公益项目正式落地宁夏，该项目计划从今年开始，每年为宁夏贫困骨关节病患者实施手术20例，每例补助5万元，共计100万元，为宁夏450名贫困白内障患者实施复明手术，每例补助1000元，共计45万元。

28日 教育部与自治区政府在北京签署开展“一带一路”教育行动合作备忘录。

11月

4日 宁夏社科院举办建院55周年座谈会暨宁夏社科院展示中心揭牌仪式。自治区政协副主席洪洋出席揭牌仪式并为中心揭牌。

10日 自治区人社厅外国专家局向银川卡瓦心脏中心塞尔维亚籍伍科曼诺维奇博士颁发了首张A类外国人来华工作许可证，标志着宁夏外国人来华工作许可制度试点首个全流程服务顺利完成，宁夏外国人工作管理服务步入新阶段。

11日 自治区境外非政府组织管理工作协调小组成立，自治区副主席、公安厅厅长许尔锋主持召开该小组第一次全体会议，专题研究部署全